• 피해자가 아동·청소년인지 여부의 확인
• 피해자가 아동·청소년인 경우 아래 표를 검토한다. 친고죄면 2-3 단계를 검토한다. 그 외는 3 단계

〈표 19〉 피해자가 연 19세 미만(2010. 4. 14.까지는 만 19세)인 경우 성폭력 범죄의 소추요건

범별 \ 범행기간		'06. 6. 29. 이전	'06. 6. 30. 이후 (제7801호)	'08. 2. 4. 이후 (제8634호)	'10. 4. 15. 이후 (제10260호)	'12. 8. 2. 이후 (제11128호)	'13. 6. 19. 이후 (제11572호)
아동법 (구성폭법)	강간(미), 유사강간(미), 강제추행(미)			반의사불벌죄	소추요건X	소추요건X	성폭력 범죄 소추요건X
	준강간·강제추행(미), 위계 등 간음·추행(미)		친고죄 ※고소기간 1년				
형법	강간(미), 강제추행(미), 준강간·강제추행(미)			반의사불벌죄	소추요건X	소추요건X	모든 성폭력 범죄 소추요건X
	미성년자등 간음·추행 업무상위력 등 간음, 의제강간·추행		친고죄 ※고소기간 2년		반의사불벌죄	소추요건X	
성폭법	업무상위력 등 추행 공중밀집장소추행, 통신매체이용 음란		친고죄		반의사불벌죄 반의사불벌죄	소추요건X 소추요건X	

※이첩문上 유사강간(미)은 2010. 1. 1. 시행(제9765호) 이첩문 개정 시 신설

• 피해자가 아동·청소년이 아닌 경우 아래 표를 검토한다. 친고죄면 2-3 단계를 검토한다. 그 외는 3단계

〈표 20〉 성폭력 범죄의 일반적인 소추요건

범별 \ 범행기간	'06. 6. 29. 이전	'13. 6. 19. 이전	'13. 6. 19. 이후(제11572호)
형법	강간(미), 강제추행(미), 준강간·추행(미), 미성년자등 간음·추행 업무상위력 등 간음, 의제강간·추행	친고죄 ※고소기간 1년	모든 성폭력 범죄 소추요건X
성폭법	업무상위력 등 추행 공중밀집장소추행 통신매체이용·음란	친고죄 ※고소기간 1년	

• 고소기간 도과 여부 확인
• 고소를 할 수 없는 불가항력*의 사유가 있지 않으면 고소 기간의 도과로 소추 요건이 충족되지 않으므로 가해자에 대한 처벌은 절대 불가능하다.

* 불가항력의 사유
① 피해자에게 고소능력이 없는 경우.
② 윤리적으로 고소를 할 수 없는 사정이 있는 경우.
③ 고소하지 못할 만큼 가해자의 압도적인 지배하에 있는 등 고소가

사실상 불가능하였다고 볼 만한 객관적인 사유가 있는 경우

2단계:소추요건 검토

2-1 단계

범죄일시의 확인

- 2013. 6. 19. 이후의 범죄인 경우 – 3 단계
- 2013. 6. 18. 이전의 범죄인 경우 – 2-2 단계를 검토한다.

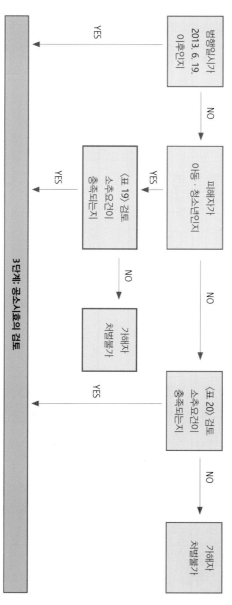

범행일시가
2013. 6. 19.
이후인지

YES → 3단계: 공소시효의 검토

NO →

피해자가
아동·청소년인지

YES →

⟨표 19⟩ 검토
소추요건이
충족되는지

YES → 3단계: 공소시효의 검토

NO →

가해자
처벌불가

NO →

⟨표 20⟩ 검토
소추요건이
충족되는지

YES → 3단계: 공소시효의 검토

NO →

가해자
처벌불가

Sexual Violence Crime Legal Guide Book

제2판

성폭력 범죄
법률
가이드

김형규

박영사

제2판 머리말

이 책의 초판 발행일로부터 2년이 지났습니다. 저자는 초판의 원고를 작성하며 성폭력 범죄와 관련된 문제를 모두 담아 가급적 개정판을 내지 않겠다는 생각이었지만, 그간 성폭력범죄와 관련하여 다양한 추가 입법이 이루어졌고, 법원의 태도에도 큰 변화가 있어 개정판을 내지 않을 수 없게 되었습니다.

특히 촬영물에 대해 소지·구입·저장·시청죄 및 이를 이용한 협박죄와 강요죄가 신설된 점, 강간죄, 유사강간죄 및 특별법상 강제추행죄에 예비죄가 신설된 점, 의제강간죄의 범위가 만 16세 미만의 피해자까지 확대된 점, 다수의 성폭력 처벌법 법정형이 크게 상향되고, 공소시효 배제 범죄가 확대된 점 등은 실무상 많은 변화를 가져올 것입니다. 제2판은 이러한 새로운 입법에 대한 판례가 거의 존재하지 않는 상황에서, 실무자들에게 올바른 방향을 제시하기 위해 저자가 생각할 수 있는 모든 경우를 상정하고 이를 빠짐없이 검토하였습니다.

또한 법원은 위계를 간음이나 추행 등에 대한 속임수로 한정하였던 것을 그 외의 조건으로 확대하고, 알코올성 패싱아웃뿐만 아니라 블랙아웃 상태의 피해자에 대해서도 준강간죄 등이 성립할 수 있다고 한 것을 비롯하여, 위력, 보호감독관계, 기습추행 등 다수의 구성요건에 대한 해석을 확대하였습니다. 제2판은 이러한 새로운 판례를 분석하여 그 경향을 파악하고 향후 실무자들이 가해자를 제대로 처벌하기 위해 유의할 점을 제시하였습니다.

이와 같은 변화의 큰 줄기는 성폭력 범죄자가 자신의 잘못에 상응하는 처벌을 받도록 하는 것으로 매우 바람직합니다. 하지만 여전히 부족한 점이 많이 있습니다. 예를 들어 아직도 위력이나 위계에 의한 성폭력 범죄의 피해자는 미성년자, 장애인(심신미약자), 또는 피보호자로 제한되어 있고, 특수 유사강간죄나 친족에 의한 유사강간죄는 존재하지 않습니다. 공소시효의 배제규정을 확대하면서 부진정소급효 규정을 두지 않는 실수가 반복되었고, 불법의 크기가 더 큰 행위에 대한 법정형이 그 크기가 더 작은 행위의 그것보다 낮은 상태로 방치되어 있는 등 입법의 미진 또한 다수 발견됩니다. 향후 더 정밀한 입법이 이루어지기를 기대합니다.

끝으로 부족한 이 책이 제2판까지 나오게 되는 데 큰 도움을 주신 박영사 관계자 여러분, 특히 오치웅 님, 정은희 님께 감사의 말씀을 드립니다. 또한 이 책 제1판의 내용에 대해 많은 조언을 주신 민고은 님, 백윤석 님, 오상지 님을 비롯하여 성범죄의 근절과 피해자의 보호를 위해 노력하고 있는 모든 분들에게 감사의 말씀을 전합니다.

2021년 9월

김형규

머리말

최근 미투 운동과 더불어 성범죄에 대한 사회적 인식이 크게 변화하고 있습니다. 늦은 감이 없는 것은 아니지만, 가해자에 대한 온당한 처벌과 피해자에 대한 충분한 보호가 그 어느 때보다 강하게 요구되고 있는 것이지요. 하지만 복잡한 성범죄의 법체계로 인해 가해자에게 어떠한 처벌이 가능한지, 피해자는 어떠한 보호를 받을 수 있는지를 정확하게 이해하는 것은 숙련된 실무가라 해도 쉬운 일이 아닙니다.

이 책은 저자가 경찰교육기관과 로스쿨에서 "성폭력 범죄 법리분석" 또는 "성폭력 범죄(특별형법)"라는 주제로 진행하는 수업 내용을 글로 옮긴 것입니다. 수사 실무자와 예비 법조인들에게 성범죄의 법체계를 가장 효과적으로 전달하기 위해 연구하고 강의한 내용에 수강생의 피드백을 통해 많은 수정을 거친 끝에 완성한 것입니다. 저자가 제시하는 방법에 따라 학습하면 누구든지 성범죄자에 대한 처벌과 관련된 형사법을 이해하는 데 큰 도움을 얻을 수 있을 것이라 기대합니다.

저자는 이 책에 성범죄자에 대한 형사처벌과 관련된 모든 실무적 쟁점을 담고자 노력하였습니다. 판례가 확립된 쟁점에 대해서는 실무적인 관점에서 이를 정리하기만 하면 되어 큰 어려움이 없었지만, 죄수 문제처럼 판례를 찾기 어려운 쟁점에 대해서는 통설적인 견해에 따라 합리적인 해답을 제시하고자 고민하였습니다. 저자가 미처 확인하지 못한 판례가 있거나, 저자의 의견에 대한 비판이 있다면 언제든 e-메일(cody96@hanmail.net)로 연락해주시기 바랍니다. 책 내용에 대한 질문 또는 관련 질문도 환영합니다. 2판이 나오게 된다면 중요한 내용은 꼭 반영하겠습니다.

끝으로 수사연수원에서 주요 성폭력 범죄 법리분석의 초석을 마련한 백윤석, 문성준 경감을 비롯하여 성범죄의 근절과 피해자의 보호를 위해 노력하고 있는 모든 분들에게 감사의 말씀을 전합니다.

2019년 9월

김형규

이 책의 구성

　성범죄에는 강간죄, 유사강간죄, 강제추행죄 등은 물론 신체촬영, 음란물 전시, 미성년자 성구매 등과 관련된 다양한 유형의 범죄가 포함되고, 이들은 형법을 비롯한 다수의 특별법에 규율되어 있어 적용법조를 특정하는 것조차 매우 어렵습니다. 게다가 소추요건, 공소시효 및 죄수 등의 문제가 형법, 아동·청소년의 성보호에 관한 법률, 성폭력 범죄의 처벌 등에 관한 특례법에 걸쳐 복잡하게 규율되어 있습니다. 이렇듯 복잡한 성범죄의 법체계를 최대한 이해하기 쉽게 전달하기 위해 성범죄를 주요 성폭력 범죄와 기타 성폭력 범죄, 두 종류로 분류하여 서술하였습니다.

　주요 성폭력 범죄는 강간, 유사강간, 강제추행 등 전통적인 성범죄를 말합니다. 이들 범죄는 적용법조의 특정, 소추요건 및 공소시효가 주로 문제 되는데, 이를 독자가 단계별로 접근하도록 하여 성범죄자의 처벌 가능성을 정확하게 판단할 수 있도록 구성하였습니다.

　기타 성폭력 범죄는 주요 성폭력 범죄에 해당하지 않는 모든 성범죄를 의미합니다. 특정 성범죄가 어떠한 법률에 의해 처벌될 수 있는지 명확하게 하기 위해 기본 사실관계를 제시한 후 이를 조금씩 바꾸어 가며 독자가 각 행위에 대한 적용법조를 익힐 수 있도록 구성하였습니다.

이 책의 구체적인 활용방법

저자는 이 책의 독자를 성폭력 범죄 전담 수사관 또는 상담자로 가정하고 집필하였습니다. 따라서 수사관과 상담자 또는 그와 유사한 업무를 하는 독자는 이 책의 순서에 따라 학습하시기 바랍니다.

주요 성폭력 범죄를 읽을 때는 별책부록을 펴 두고 관련된 내용이 나올 때마다 어느 단계의 어떤 쟁점에 대한 문제인지 확인하기 바랍니다. 주요 성폭력 범죄의 복잡하고 다양한 법적 쟁점을 온전히 이해하기 위해서는 전체적인 법체계에 대한 구조적인 이해가 반드시 선행되어야 합니다.

기타 성폭력 범죄를 학습할 때에는 각 범죄를 개별적으로 이해하는 것은 물론, 주어진 사실관계가 어떠한 법 조항에 해당되는지, 사실관계에 변화가 있다면 적용 법조는 어떻게 바뀌는지를 비교하며 이해하여야 합니다.

변호사 등 법률전문가는 이 책을 통해 성범죄 관련 법체계의 구조적인 이해에 도움을 얻을 수 있을 것입니다. 별책부록을 보고 주요 성폭력 범죄의 법체계를 전반적으로 살펴본 후 생소한 부분이 있다면 본문을 읽어봄으로써 완벽하게 이해하시기 바랍니다. 실제 사건을 맡은 경우에도 별책부록의 순서에 따라 사건을 검토할 수 있을 것입니다. 기타 성폭력 범죄의 경우 최근 문제가 되는 사례나 판례를 모두 반영하였으니 실무에 폭넓게 활용할 수 있을 것입니다.

형사법에 대한 지식이 전혀 없는 독자라면 이 책을 순서대로 읽는 것을 권하지 않습니다. 성범죄의 법체계를 이해하기에 앞서 어떠한 행위가 성범죄로 처벌되는지를 충분히 이해하는 것이 필요합니다. 따라서 아래의 순서에 따라 읽어보시기 바랍니다.

1. "제1장 주요 성폭력 범죄의 기본요소", "Topic 1"부터 "Topic 3"까지
   학습목표: 가장 기본적인 성범죄인 강간죄, 유사강간죄, 강제추행죄의 의미를 명확히 이해한다.

2. "Topic 4"부터 "Topic 6"까지
   학습목표: 준, 위계 · 위력, 의제범죄의 구성요건을 익히고, 강제 관련 범죄와의 차이점을 이해한다.

3. 제2부 기타 성폭력 범죄 전체("Topic 17"부터 "Topic 23"까지)
   학습목표: 기타 성폭력 범죄의 내용을 이해하고 적용법조를 특정한다.

4. "Topic 16. 사실인정과 범행의 증명"
   학습목표: 성범죄자의 처벌을 위해 범행이 어느 정도까지 증명되어야 하는지 이해한다.

위 내용을 충분히 이해하였다고 생각되면 처음부터 책을 읽으시면 됩니다. 다만, Topic 11. 소추요건과 Topic 12. 공시시효는 상당히 과거에 일어난 성범죄에 대한 이해가 필요한 경우가 아니라면 굳이 읽어보지 않아도 좋겠습니다. 소추요건과 공소시효는 2013년 6월 19일 이후 발생한 사건에 대해서는 큰 의미가 없는데, 그 내용이 너무 어려울 것입니다. 또한 Topic 13. 죄수정리도 실무자 등에게는 매우 중요하지만 성범죄자 처벌 가능성에 대한 내용은 아니므로 내용이 너무 어렵다면 읽지 않아도 됩니다.

차례

서장 성폭력 범죄의 정의 / 1

제1부 주요 성폭력 범죄 / 11

제1편 주요 성폭력 범죄의 적용법조 특정 / 19

제1장 주요 성폭력 범죄의 기본 요소 / 26

Topic 1. 추행 (행위 1) / 28

Topic 2. 간음과 유사간음 (행위 2) / 31

Topic 3. 강제 및 관련 범죄 (수단 1) / 34

Topic 3-1. 강제의 의미 / 34

Topic 3-2. 강간죄 / 37

Topic 3-3. 유사강간죄 / 44

Topic 3-4. 강제추행죄 / 47

Topic 4. 준 및 관련 범죄 (수단 2) / 53

Topic 4-1. 준의 의미 / 53

Topic 4-2. 준강간 · 유사강간 · 강제추행죄 / 56

Topic 5.   위계 · 위력 및 관련 범죄 (수단 3) / 60

    Topic 5-1.   위계 · 위력의 의미 / 60

    Topic 5-2.   미성년자 · 심신미약자 간음 · 추행죄 / 66

    Topic 5-3.   업무상위력등에의한 간음 · 추행죄 / 68

Topic 6.   의제범죄 / 73

    Topic 6-1.   미성년자의제강간 · 유사강간 · 추행죄 · 각 살
              인상해죄 · 치사상죄 / 77

    Topic 6-2.   피감호자의제강간 · 추행죄 / 80

    Topic 6-3.   아동 · 청소년 장애인의제강간 · 추행죄 / 81

Topic 7.   주요 성폭력 범죄의 상해 · 치상죄, 살인 · 치사죄 / 83

Topic 8.   미수죄, 예비 · 음모죄 / 92

제2장 주요 성폭력 범죄의 가중처벌 요소 / 95

Topic 9.   주체관련 가중처벌 요소 / 97

Topic 10.   객체관련 가중처벌 요소 / 104

● 제1편의 정리 및 연습문제 / 114

제2편   주요 성폭력 범죄의 소추요건, 공소시효 및 죄수정리 / 120

Topic 11.   소추요건 / 121

Topic 12.   공소시효 / 131

Topic 13.   죄수정리 / 141

    Topic 13-1.   죄수의 일반론, 주요 성폭력 범죄 상호 간의 관
              계 및 타 죄와의 관계 / 141

    Topic 13-2.   성폭력 범죄의 죄수 정리표 / 149

제3편 종합연습문제와 그 외 주요 성범죄 관련 중요쟁점 / 153

Topic 14. 종합연습문제 / 154

Topic 15. 공소사실의 특정 / 161

Topic 16. 사실인정과 범행의 증명 / 164

제2부 **기타 성폭력 범죄** 179

Topic 17. 공중밀집장소추행죄(제11조) / 184

Topic 18. 성적 목적 다중이용장소침입죄(제12조) / 189

Topic 19. 통신매체이용음란죄(제13조) / 195

Topic 20. 촬영물 또는 허위 영상물과 관련된 범죄 / 202

Topic 20-1. 촬영죄 / 204

Topic 20-2. 촬영물의반포등죄 / 208

Topic 20-3. 소지등 죄 / 211

Topic 20-4. 협박등 죄 / 213

Topic 20-5. 허위 영상물등 관련범죄 / 216

Topic 21. 청소년성보호법상 아동·청소년 성착취물 관련범죄 / 219

Topic 22. 아동·청소년 성구매 관련 범죄(제12조 내지 제15조) / 224

Topic 23. 아동복지법상 성적학대죄 / 229

● | 부록 | 연도별 주요 성폭력 범죄 죄명표 및 법정형표 / 235

> Q 저는 만 21세인 남성입니다. 중학생 때 봉사활동을 갔던 청소년 장애인 복지시설에서 누군가에게 도움이 될 수 있다는데 보람을 느껴 매주 방문하고 있습니다. 몇 년 전부터 그곳에서 저를 잘 따르는 세 살 어린 동생을 알게 되었는데 서로 호감을 느끼게 되었고, 지난해부터 연인 관계가 되었습니다. 그 아이는 다른 사람들이 보기엔 여러 가지로 부족해 보일지 모르지만 저에게는 너무나 사랑스러운 여자 친구입니다. 여자 친구는 성적 호기심도 많은 편이었고, 저도 사랑하는 사이에 자연스럽다고 생각해서 지난 해 여자친구의 생일날 성관계를 하였습니다. 다른 사람들이 우리 관계를 이해해 줄 수 있을까요? 여자 친구가 장애인이라는 사실을 부모님들이 이해해 주실 수 있을지 걱정이 됩니다.

　성폭력 범죄란 무엇일까? 우리 형법에는 직관적으로 성폭력 범죄로 떠오를 만한 범죄인 강간죄, 강제추행죄, 유사강간죄 등이 있지만 성폭력 범죄가 무엇인지 정의하고 있지는 않다. 한편 성폭력 범죄의 형사처벌을 규정하고 있는 특별법으로는 성폭력 범죄의 처벌 등에 관한 특례법(이하 '성폭력처벌법')과 아동·청소년의 성보호에 관한 법률(이하 '청소년성보호법')이 있는데, 두 법에는 다음과 같이 어떠한 범죄가 성폭력 범죄에 해당하는지 규정하고 있다. 가볍게 읽어보자.

〈표 1〉 성폭력처벌법상 성폭력 범죄에 해당하는 범죄

형법	〈성풍속에 관한 죄〉 제242조(음행매개), 제243조(음화반포등), 제244조(음화제조등), 제245조(공연음란)
	〈약취 · 유인 · 인신매매의 죄〉 추행 · 간음 · 성매매 · 성적 착취를 목적으로 범한 제288조(추행등목적약취 · 유인), 제289조(인신매매), 제290조(약취 · 유인 · 매매 · 이송등상해 · 치상), 제291조(약취 · 유인 · 매매 · 이송등살인 · 치사), 제292조(약취 · 유인 · 매매 · 이송된 사람의수수 · 은닉 등)
	〈강간과 추행의 죄〉 제297조(강간), 제297조의2(유사강간), 제298조(강제추행), 제299조(준강간 · 강제추행), 제300조(미수범), 제301조(강간등상해 · 치상), 제301조의2(강간등살인 · 치사), 제302조(미성년자등에대한간음), 제303조(업무상위력등에의한간음) 및 제305조(미성년자에대한간음 · 추행)
	〈절도와 강도의 죄〉 제339조(강도강간)
성폭력 처벌법	제3조(특수강도강간등), 제4조(특수강간등), 제5조(친족관계강간등), 제6조(장애인강간 · 강제추행등), 제7조(13세미만미성년자강간 · 강제추행등), 제8조(강간등상해 · 치상), 제9조(강간등살인 · 치사), 제10조(업무상위력등에의한추행), 제11조(공중밀집장소추행), 제12조(성적목적공공장소침입), 제13조(통신매체를이용한음란행위), 제14조(카메라등을이용한촬영), 제15조(미수범)

〈표 2〉 청소년성보호법상 아동 · 청소년 대상 성폭력 범죄에 해당하는 범죄

형법	〈강간과 추행의 죄〉 제297조(강간), 제297조의2(유사강간), 제298조(강제추행), 제299조(준강간 · 강제추행), 제300조(미수범), 제301조(강간 등 상해 · 치상), 제301조의2(강간 등 살인 · 치사), 제302조(미성년자 등에 대한 간음), 제303조(업무상위력등에 의한 간음) 및제305조(미성년자에 대한 간음 · 추행)
	〈절도와 강도의 죄〉 제339조(강도강간)
성폭력 처벌법	제3조(특수강도강간 등), 제4조(특수강간 등), 제5조(친족관계강간 등), 제6조(장애인강간 · 강제추행 등), 제7조(13세 미만 미성년자 강간 · 강제추행 등), 제8조(강간 등 상해 · 치상), 제9조(강간 등 살인 · 치사), 제10조(업무상위력 등에 의한 추행), 제11조(공중밀집장소추행), 제12조(성적목적공공장소침입), 제13조(통신매체를 이용한 음란행위), 제14조(카메라 등을 이용한 촬영), 제15조(미수범)
아동 복지법	제17조(금지행위) 2.아동에게음란행위를 시키거나 이를 매개하는 행위 또는 아동에게 성적 수치심을 주는 성희롱 등의 성적 학대행위
청소년 성보호법	제7조(아동 · 청소년에대한강간 · 강제추행등), 제8조(장애인인아동 · 청소년에 대한 간음 등), 제9조(강간 등 상해 · 치상), 제10조(강간 등 살인 · 치사)

양 법에 따르면 성폭력 범죄에는 강간죄나 강제추행죄처럼 직관적으로 성폭력 범죄라고 인식되는 범죄를 비롯하여, 공연음란죄와 같은 성풍속에 관한 죄 또는 인

신매매죄 등 다양한 범죄가 포함되어 있다. 게다가 강간죄 등 주요 성폭력 범죄에 대해서는 그 범죄로 인한 상해죄나 치상죄, 살인죄나 치사죄 등도 있기 때문에 성폭력 범죄에는 매우 많은 유형의 범죄가 포함된다. 예를 들어 강간죄만 하더라도 관련 범죄로 강간상해죄, 강간치상죄, 강간살인죄, 강간치사죄가 존재한다.

이렇듯 다양한 성폭력 범죄에 대해 대다수의 기존 저서들은 각 범죄를 개별적으로 깊이 있게 살펴보는 방식으로 접근하고 있다. 예를 들자면 일반적으로 특별형법 교과서는 성폭력 범죄를 '성폭력처벌법 제3조 특수강도강간등, 제4조 특수강간등, 제5조 친족관계강간등 …'과 같이 조문별로 나누어 각 조문에 해당하는 범죄의 종류와 중요한 객관적 구성요건 등을 설명하는 방식을 취하고 있고, 다수의 사례집은 중요하거나 색다른 성폭력 범죄의 판례에서 사실관계를 추출하여 제시한 후 '이러한 행위는 저러한 범죄에 해당하여 유죄판결이 있었다.'는 식으로 설명하고 있다.

이러한 개별적 접근방식도 나름의 의미는 있을 것이다. 독자가 이미 형사법에 대한 이해를 기초로 성폭력 범죄에 대한 전반적인 이해를 하고 있는 법률 전문가로서 특정한 부분만 확인하려는 목적을 가졌다면 말이다. 하지만 이러한 저서들을 통해 성폭력 범죄 전문가가 아닌 사람들도 큰 도움을 얻을 수 있을까? 아래 질문은 저자가 최근 실무가로부터 문의받은 내용이다.

> **질문** 2002년 5월부터 2005년 12월까지 수회에 걸쳐 의붓아버지로부터 강간과 강제추행을 당한 피해자가 오늘 경찰서를 찾아와 고소장을 제출하였습니다. 오래된 일인데, 아직 처벌이 가능하겠습니까?

형사법에 대해 어느 정도 지식을 갖추고 있는 사람이라 해도 이러한 질문에 대해 쉽게 답하기 어려울 것이다. 법학을 전공하였고, 10년 이상 수사 실무자로 일하면서 로스쿨과 경찰대학, 경찰수사연수원 등에서 교수 및 강사로 근무하고 있는 저자 역시 5년 전만 해도 위와 같은 질문에 자신 있게 답하기 어려웠다. 성폭력 범죄의 복잡한 법체계로 인해 법전을 뒤져보고 관련 저서들을 참고해도 어떠한 법조항을 적용시켜야 할지, 친고죄나 반의사불벌죄에 해당하지는 않는지, 공소시효는 남아있는지 등에 대해 쉽게 답을 낼 수가 없었던 것이다.

이 책은 지난 5년간 저자가 로스쿨 학생과 경찰관, 성폭력 상담관 등 실무가들에게 성폭력 범죄를 가르쳐 오면서, 성폭력 범죄를 체계적으로 이해하는 데 도움을 주는 것을 목적으로 연구 개발한 수업자료를 글로 옮긴 것이다. 특히 성폭력 범죄를 담당하는 수사관들이 실제 사건에서 정확한 법률적용을 통해 가해자의 형사처벌 가능성을 가늠하고 사건을 공정하게 진행할 능력을 갖추는데 도움이 되기를 기대한다. 또한 피해자와 가장 먼저 접촉하는 상담자들도 이 책을 통해 성폭력 범죄 피해자로부터 필수적으로 확인해야 할 내용을 한 번의 피해 진술로 확보할 능력을 갖출 수 있게 되기를 바란다. 피해내용을 진술하는 것 자체가 피해자에게는 매우 큰 고통인데, 가해자의 처벌가능성을 따져보기 위해 반드시 필요한 내용을 최초 진술 시 상담자가 놓치면 피해자는 수사과정에서 동일한 피해내용을 다시 진술해야 하기 때문이다. 이렇듯 피해자가 피해내용을 여러 번 진술하게 하는 것은 어떠한 유형의 2차 피해보다 더 가혹할 것이다.

성폭력 범죄의 체계적 이해를 위해 성폭력 범죄를 주요 성폭력 범죄와 기타 성폭력 범죄의 두 종류로 나누어 본다. 주요 성폭력 범죄는 강간죄, 유사강간죄, 강제추행죄, 준강간·유사강간·강제추행죄, 위계·위력에의한강간·유사강간·강제추행죄, 의제간음·추행죄 등과 그러한 범죄의 상해·치상죄 및 살인·치사죄이다. 이 범죄들을 주요 성폭력 범죄로 분류한 이유는 이들은 누가 보아도 성폭력 범죄로 쉽게 인식되기 때문이다. 게다가 이들 범죄는 대부분 형법으로도 처벌이 가능하지만 성폭력처벌법이나 청소년성보호법에 가해자나 피해자의 특수성을 이유로 가중처벌 규정을 두고 있어 형법, 성폭력처벌법, 청소년성보호법을 전체적으로 이해하지 않으면 가해자의 행위가 어떠한 법률의 어느 조항에 해당하는지 판단하기 쉽지 않다. 나아가 이들 범죄는 검사의 공소제기 가능성을 결정하는 중요요소인 소추요건(친고죄, 반의사불벌죄 등)과 공소시효에 대해 상당히 복잡한 법리를 공유하고 있다. 따라서 주요 성폭력 범죄는 단편적인 지식의 나열만으로는 제대로 된 이해를 하기 매우 어렵다.

기타 성폭력 범죄는 주요 성폭력 범죄에 해당하지 아니하지만 성폭력처벌법과 청소년성보호법상 성폭력 범죄에 해당하는 것이다. 이에는 성폭력처벌법상 공중밀집장소에서의추행죄, 성적목적공공장소침입죄, 통신매체이용음란죄, 카메라등이용촬영죄 및 청소년성보호법상 음란물소지죄, 음란물제작배포죄, 아동·청소년의 성매매와 관련한 각종 범죄 등이 해당한다. 주요 성폭력 범죄와 달리 이들 범죄는 성폭력처벌법과 청소년성보호법에만 규정되어 있고, 실무상 수년 전에 발생한 사건이 접수되는 경우가 거의 없어 소추요건이 크게 문제되지 않는다. 따라서 기타 성폭력 범죄는 각 범죄에 대한 개별적인 이해 및 관련 범죄와의 관계를 명확히 하는 것이 중요하다.

A

부모님이나 다른 사람들이 이해해 줄 수 있을지는 알 수 없습니다만, 수사기관과 법원은 성폭력 범죄를 저지른 당신을 이해해 주지 않을 것입니다. 피해자는 성행위 당시 연 19세 미만이고 장애인이므로 서로 동의하에 성교하였다고 해도 당신은 청소년성보호법 제8조를 위반하였습니다.

이 문제에 대한 접근방법은 아래와 같다.

먼저 죄명을 특정한다. 간음에 해당한다. 강제, 준, 위계, 위력에는 해당하지 않는 것으로 보인다. 현재 가해자는 만 21세이고 피해자는 만 18세로, 범행 당시 가해자는 만 19세이고 피해자는 만 16세의 장애인이므로 청소년성보호법상 아동 · 청소년장애인의제강간죄이다.

다음으로 소추요건과 공소시효를 살핀다. 작년에 일어난 일이므로 문제가 없다.

끝으로 죄수를 살핀다. 가해자는 피해자를 1회 간음하였으므로 일죄 만이 성립한다.

형사법 전공자나 수사 실무경력이 풍부한 수사관이라 할지라도 어떠한 행위가 성폭력 범죄에 해당하는지, 해당한다면 어떤 법의 몇 조가 적용되는지, 소추요건이나 공소시효의 문제는 없는지를 완벽하게 이해하기는 쉽지 않을 것이다. 하지만, 실제 사건을 처리하기 위해서는 이를 검토할 수 있는 능력을 갖추어야 한다. 이 책을 모두 다 읽은 후라면 성폭력 범죄에 대한 위와 같은 접근방법을 완벽히 익힐 수 있을 것이다. 이 책은 성폭력 범죄의 체계적 이해를 위해 가장 적합한 방식으로 구성되어 있기 때문이다.

특별법상 성폭력 범죄에 해당하면 다양한 절차상 특례가 적용된다. 예를 들어 성폭력처벌법을 살펴보면, 성폭력 범죄에 대해 고소제한에 대한 예외(제18조), 음주 등 심신장애감경 배제(제20조), 공소시효의 정지, 연장 및 배제(제21조), 피해자에 대한 국선변호사 선임(제27조), 영상녹화물의 증거능력 인정(제30조), 신뢰관계자 필요적 동석(제34조), 진술조력인 참여(제36조, 제37조), 증인신문 특례(제40조), 증거보전 특례(제41조)를 두고 있다. 청소년성보호법도 거의 동일한 특례를 두고 있다. 각 특례는 성폭력 범죄의 형사소송 절차에서 피해자 보호를 위한 장치로서 중요한 의미를 가지고 있는데, 성폭력 범죄의 체계적 이해와 직접 관련되어 있는 공소시효는 제1부 제2편에서 자세히 검토하겠다. 나머지 내용은 여기에서 간단히 정리하고자 한다.

제18조(고소 제한에 대한 예외) 형사소송법에는 자기 또는 배우자의 직계존속을 고소할 수 없도록 하고 있으나, 성폭력 범죄에 대하여는 고소할 수 있다. 과거 성폭력 범죄에 친고죄가 존재할 때에는 큰 의미가 있었으나, 현재 모든 성폭력 범죄는 친고죄가 아니다.

제20조(「형법」상 감경규정에 관한 특례) 형법에는 가해자가 음주 또는 약물로 인한 심신장애 상태에서 범죄를 저지르면 법원은 심신장애의 경우 처벌할 수 없고, 심신미약의 경우 형을 감경할 수 있으며, 농아자의 경우 형을 감경해야 한다고 규정되어 있다. 하지만 가해자가 성폭력 범죄를 범한 때에는 이를 적용하지 아니할 수 있다.

제27조(성폭력 범죄 피해자에 대한 변호사 선임의 특례) 성폭력 범죄 피해자는 사선 및 국선 변호사의 도움을 받을 수 있다. 그 내용은 피의자 또는 피고인에 대한 변호인 선임과 유사하다.

제30조(영상물의 촬영·보존 등) 성폭력 범죄의 피해자가 만19세 미만이거나 신체적인 또는 정신적인 장애로 사물을 변별하거나 의사를 결정할 능력이 미약한 경우에는 조사시 피해자 또는 법정대리인이 원하지 않는 경우를 제외하면(가해자가 친권자 중 일방인 경우는 제외) 영상녹화물을 촬영 보존해야 하고, 이에 대해서는 증거능력이 인정된다.

제34조(신뢰관계에 있는 사람의 동석) 주요 성폭력 범죄에 대해 범죄의 피해자를 증인으로 신문하는 경우에 검사, 피해자 또는 법정대리인이 신청할 때에는 법원은 재판에 지장을 줄

우려가 있는 등 부득이한 경우가 아니면 피해자와 신뢰관계에 있는 사람을 동석하게 하여야 한다. 수사기관에서 피해자를 조사할 때도 마찬가지이다.

제36조(진술조력인의 수사과정 참여) 검사 또는 사법경찰관은 성폭력 범죄의 피해자가 만13세 미만의 아동이거나 신체적인 또는 정신적인 장애로 의사소통이나 의사표현에 어려움이 있는 경우 원활한 조사를 위하여 직권이나 피해자, 그 법정대리인 또는 변호사의 신청에 따라 진술조력인으로 하여금 조사과정에 참여하여 의사소통을 중개하거나 보조하게 할 수 있다. 다만, 피해자 또는 그 법정대리인이 이를 원하지 아니하는 의사를 표시한 경우에는 그러하지 아니하다.

제37조(진술조력인의 재판과정 참여) 법원은 성폭력 범죄의 피해자가 만13세 미만 아동이거나 신체적인 또는 정신적인 장애로 의사소통이나 의사표현에 어려움이 있는 경우 원활한 증인 신문을 위하여 직권 또는 검사, 피해자, 그 법정대리인 및 변호사의 신청에 의한 결정으로 진술조력인으로 하여금 증인 신문에 참여하여 중개하거나 보조하게 할 수 있다.

제40조(비디오 등 중계장치에 의한 증인신문) 법원은 주요 성폭력 범죄의 피해자를 증인으로 신문하는 경우 검사와 피고인 또는 변호인의 의견을 들어 비디오 등 중계장치에 의한 중계를 통하여 신문할 수 있다.

제41조(증거보전의 특례) 피해자나 그 법정대리인 또는 경찰은 피해자가 공판기일에 출석하여 증언하는 것에 현저히 곤란한 사정이 있을 때에는 그 사유를 소명하여 제30조에 따라 촬영된 영상물 또는 그 밖의 다른 증거에 대하여 해당 성폭력 범죄를 수사하는 검사에게 증거보전 청구를 요청할 수 있다.

제 1 부

주요 성폭력 범죄

Q 성폭력 범죄 피해자로부터 다음과 같은 진술을 듣게 되었다고 생각해 보세요. 가해자가 처벌받을 수 있을지를 판단하기 위해 어떠한 점에 대해 확인해야 할까요?

"저는 2004년 7월 8일 집에서 잠을 자고 있다가 어머니와 동거하던 사람에게 강간을 당했습니다. 그때는 어머니와의 관계도 있고 그 사람과 한 집에서 함께 살고 있었기 때문에 고소를 할 수가 없었습니다. 시간이 많이 지났지만 지금이라도 형사처벌을 꼭 원합니다."

A 가해자의 처벌 가능성을 판단하기 위해 아래의 사실을 확인해야 합니다.

- 2004년 7월 8일 시행 중인 성폭력 범죄 관련 법률
- 가해자가 강간을 할 때 강도나 절도를 했는지
- 가해자가 강간을 할 때 흉기를 휴대했는지
- 가해자와 어머니의 관계가 사실상 부부관계라 볼 수 있었는지
- 피해자가 장애인인지
- 피해자의 생년월일은 언제인지
- DNA 등 과학적 증거가 확보되어 있는지

가해자를 처벌할 수 있는지를 판단하기 위해 위와 같은 다양한 정보를 확인해야 하는 이유는 무엇일까? A에서 예시로 주어진 질문들은 가해자의 행위가 어떠한 성폭력 범죄에 해당하는지 확정하기 위해 필요한 정보로서 성폭력 범죄의 성립과 관련된 핵심적인 내용이다. 이는 피해를 당한지 상당한 시간이 지난 경우라면 더 큰 의미가 있다. 성폭력 범죄와 관련한 형법, 성폭력처벌법, 청소년성보호법은 구성요건과 그 법정형을 비롯하여 소추요건(친고죄, 반의사불벌죄 여부)과 공소시효 등이 지속적으로 개정되어 왔는데, 전체적인 개정 방향이 가해자의 처벌 가능성을 확대하고 처벌을 강화하는 것이다 보니 과거에 일어난 사건에 대해 현재의 법을 적용시킬 수 있는지의 문제, 즉 소급효의 문제가 발생하기 때문이다.

66 잠깐 99 구성요건, 법정형, 친고죄, 반의사불벌죄, 공소시효, 소급효의 문제?

　　형사법을 공부한 경험이 있어도 갑자기 보면 헷갈릴 수 있고, 그런 경험이 없는 사람은 무슨 말인지 알 수가 없을 것이다. 이에 대해 간단히 설명하고자 한다.

○ 객관적 구성요건, 주관적 구성요건, 법정형
- 객관적 구성요건: 형법이 어떠한 행위를 금지하고 있는지를 글로 적어놓은 것. 이 책에서는 구성요건이라 하면 객관적 구성요건을 의미한다.
- 주관적 구성요건: 고의 또는 과실. 고의란 객관적 구성요건을 인식하고 그 내용을 실현시킬 의사나 의욕을 의미하고, 과실이란 주의의무를 위반하여 객관적 구성요건을 인식하지 못한 것을 의미한다. 우리나라 형법은 고의범을 처벌하는 것이 원칙이고 과실범은 처벌할 것을 따로 정한 경우에만 처벌한다.
- 법정형: 형법이 금지하고 있는 행위에 대한 형벌의 범위를 글로 적어놓은 것

　　우리 형법은 총칙과 각칙으로 나뉘어져 있는데, 총칙에는 모든 각칙에 적용되는 원칙이 기술되어 있고, 각칙에는 각각의 구성요건과 법정형이 기술되어 있다. 아래는 형법 제250조 살인죄이다. 굵은 글자는 구성요건, 강조점 글자는 법정형이다.

　　사람을 살해한 자는 사형, 무기 또는 5년 이상의 징역에 처한다.

○ **친고죄, 반의사불벌죄**

• 친고죄: 피해자가 고소를 하지 않으면 검사가 공소를 제기할 수 없는 범죄

• 반의사불벌죄: 피해자가 가해자에 대한 형사처벌을 원하지 않으면 검사가 공소를 제기할 수 없는 범죄

친고죄는 "고소가 있어야 공소를 제기할 수 있다"라고, 반의사불벌죄는 "피해자의 명시한 의사에 반하여 공소를 제기할 수 없다"라고 법에 명시되어 있는 범죄를 말하는데, 대부분의 범죄는 친고죄나 반의사불벌죄가 아니다. 친고죄의 경우 고소기간이 있는데 일반적인 범죄는 6개월이고, 성폭력 범죄는 과거 1년 또는 2년이었다가 2013년 6월 19일 이후 성폭력 범죄는 친고죄도 반의사불벌죄도 아니게 되었다.

○ **공소시효**

검사가 어떠한 범죄에 대해 공소를 제기할 수 있는 시간적 한계. 일반적으로 범행이 종료된 후부터 기산하는데 우리나라에는 특별한 경우 외에 모든 범죄에 대해 공소시효가 존재한다. 공소를 제기할 수 있는 시간적 한계를 넘어서면 공소시효가 '완성되었다' 또는 '도과되었다'라고 하는데, 이러한 경우에는 범죄에 대한 증명이 가능하다 해도 검사가 공소를 제기할 수 없기 때문에 가해자를 형사처벌 할 수 없다. 어떠한 조건에 의해 일정시점까지 특정 범죄의 공소시효를 기산하지 않도록 하는 것을 공소시효의 정지, 특정 범죄의 공소시효를 늘리는 것을 공소시효의 연장, 특정 범죄를 공소시효가 없는 범죄로 만드는 것을 공소시효의 배제라고 한다.

○ **소급효**

법을 새로 만들거나 고친 경우 그 법의 효력이 발생하기 이전의 행위에 대해 새로운 법을 적용할 수 있는지의 문제. 형사법의 경우 신법과 구법 중 가해자에게 유리한 법을 적용하는 것이 원칙이다.

성폭력 범죄의 개정 방향을 구체적으로 살펴보면 ① 구성요건을 새로 만들어 처벌할 수 없었던 행위를 처벌할 수 있도록 하거나, 법정형을 상향하여 이전보다 더 크게 처벌할 수 있도록 한 경우, ② 과거 친고죄나 반의사불벌죄였던 것을 폐지하

여 피해자가 고소를 하지 않거나 피해자가 가해자의 처벌을 원하지 않더라도 처벌할 수 있게 한 경우, ③ 공소시효를 정지, 연장, 또는 배제하여 상당히 오래 전에 발생한 범죄에 대해서도 가해자를 처벌할 수 있도록 한 경우 등이 있다. 이러한 경우 가해자가 범죄를 저지른 시점의 법을 적용하여 가해자에게 유리하도록 재판할 것인지, 재판을 하는 시점의 법을 적용하여 가해자에게 불리하도록 재판할 것인지가 문제된다. 최근 발생한 범죄라면 현재 시행중인 법률 중 어떠한 조항에 해당하는지만 살펴보면 되지만, 오래 전 발생한 성폭력 범죄라면 가해자의 처벌 가능성을 가늠하기 위해 가해자의 행위가 어느 시점의 어떤 법 무슨 조항에 해당하는지, 범행 당시에는 친고죄나 반의사불벌죄에 해당하지 않았는지, 공소시효는 남아 있는지에 대한 검토가 반드시 필요하다.

먼저, 구성요건이 새로 만들어지거나 법정형이 상향된 경우에는 헌법상 소급처벌금지원칙과 형법상 행위시법 주의에 따라 범행 당시의 법률을 적용하여야 한다. 성폭력 범죄 관련 형사법은 1998년 4월 1일 이후로는 구성요건이 새로 만들어지거나 법정형이 상향되는 방향으로 개정되었기 때문에 그 범죄가 저질러진 시점의 법률을 확인하여 해당 법조를 적용하여야 한다.

다음으로, 과거 친고죄나 반의사불벌죄였던 것이 폐지된 경우에도 범행 당시의 법률을 적용하여야 한다. 친고죄나 반의사불벌죄는 피해자의 의사에 따라 가해자를 처벌할 수 있느냐의 문제인데 그들이 폐지되었다는 것은 피해자가 고소기간 내에 고소를 하지 않았거나, 피해자가 가해자의 처벌을 원하지 않는다는 의사를 표시하였다면 가해자는 형사처벌을 받지 않을 수 있었던 것이 그러한 여부와 관계없이 형사처벌을 받을 수 있도록 개정된 것이기 때문이다. 만약 위와 같은 경우 불리하게 개정된 법을 적용하면 헌법상 소급처벌금지원칙에 반하게 된다. 2013년 6월 19일 이후 모든 성폭력 범죄는 친고죄나 반의사불벌죄가 아닌 일반적인 범죄가 되었는데, 이는 친고죄나 반의사불벌죄에 대한 수차례 법 개정의 복잡한 과정을 거친 결과물이었다. 따라서 성폭력 범죄가 저질러진 시점에서 그 범죄가 친고죄였고 고소기간 내에 고소가 없었다면 가해자에 대한 처벌이 불가능하다. 범행 시점에서 반의사불벌죄였던 경우에는 피해자가 가해자의 처벌을 원하지 않는다는 의사를 표시하지만 않았다면 가해자에 대한 형사처벌은 여전히 가능하다.

끝으로, 공소시효는 조금 더 복잡한 논의가 필요하다. 공소시효를 정지, 연장 또는 배제하는 신법이 입법되었을 때, 이미 공소시효가 완성된 범죄에 대해 신법을 적용하여 가해자를 처벌할 수 있도록 하는 것을 진정소급효라 하는데, 형사법 학자들은 이를 인정하지 아니하고 있다. 우리 법원은 헌정질서의 파괴에 해당하는 범죄에 대해 예외적으로 이를 인정한 적이 있을 뿐으로(96도3376), 성폭력 범죄는 헌정질서를 파괴하는 정도의 범죄라고 보기는 어려우므로 학설이나 판례를 볼 때 성폭력 범죄에 대한 공소시효의 진정소급효는 인정되지 않는다.

공소시효를 정지, 연장 또는 배제하는 신법이 입법되었을 때, 신법이 발효되기 전에 발생하였고 아직 공소시효가 남아있는 범죄에 대해 신법을 적용하는 것을 부진정소급효라 한다. 신법을 입법하면서 부진정소급효의 인정 여부를 미리 정하였다면 그 내용을 따르면 된다. 신법에 부진정소급효와 관련한 내용이 없는 경우, 대부분의 학자들은 신법을 적용할 수 있다고 하여 부진정소급효를 인정한다. 공소시효는 어떠한 행위를 형사처벌 할 수 있는지 여부에 대한 문제가 아니라 언제까지 형사처벌 할 수 있는지에 대한 문제에 그치기 때문이다.

공소시효에 관한 일반법은 형사소송법인데, 2007년 12월 21일 시행된 형사소송법(법률 제8730호)은 모든 범죄에 대한 공소시효를 전체적으로 연장하면서 부칙 제3조에서 공소시효의 부진정소급효를 부정하고 있다. 따라서 2007년 12월 20일까지 발생한 사건에 대해서는 발생 당시의 형사소송법의 공소시효를 적용해야 하고, 2007년 12월 21일 이후 발생한 사건에 대해서는 새로운 공소시효를 적용해야 한다. 성폭력처벌법 및 청소년성보호법은 성폭력 범죄의 공소시효의 정지, 연장 또는 배제와 관련하여 3번의 중요한 개정을 거쳤는데, 2010년 4월 15일 및 2013년 6월 19일 시행된 개정법에는 부진정소급효를 인정하는 부칙을 두고 있지만 2011년 11월 17일 시행된 개정법에서는 부진정소급효와 관련된 부칙을 두지 않았다. 이로 인하여 2011년 11월 17일 이전에 발생한 성폭력 범죄에 대해 개정법 시행 전의 공소시효를 적용해야 하는지 시행 후의 공소시효를 적용해야 하는지 다툼이 있었다. 법원은 깊은 고심 끝에 부진정소급효를 부정했기 때문에(2015도1362, 2015전도19) 판례의 변경이 없는 한 2011년 11월 17일 시행된 개정법의 공소시효 특례는 2011년 11월 16일 이전에 발생한 사건에는 적용되지 않는다.

위와 같이 성폭력 범죄는 3단계의 검토를 거쳐야 가해자의 처벌가능성을 가늠해 볼 수 있다. 그런데, 가해자가 여러 개의 범죄를 저질렀다면 어떻게 될까? 이러한 문제를 죄수라 하는데 가해자가 하나의 범죄를 저지른 경우에는 일죄, 여러 개의 범죄를 저지른 경우에는 수죄라고 한다. 죄수는 가해자의 처벌범위를 정하는 기준이 되기 때문에 가해자가 여러 개의 죄를 범하였다면 반드시 검토해야 한다.

지금까지 설명한 내용인 주요 성폭력 범죄의 체계적인 이해를 위한 검토 순서를 간단히 정리하면 아래와 같다.

〈그림 1〉 주요 성폭력 범죄의 체계적 검토 순서

1단계	적용 법조의 특정 – 행위시법(구법)의 적용

↓

2단계	소추요건 확인 – 행위시법(구법)의 적용 (특히 친고죄의 경우 고소기간 도과 여부 유의)

↓

3단계	공소시효 확인 – 2010. 4. 15., 2013. 6. 19., 2020. 5. 19. 기준 부진정 소급효 인정

↓

4단계	죄수 정리 – 처벌 가능한 범행이 여러 개인 경우

제1부는 위 4단계 검토 순서에 따른다. 제1편은 가해자의 행위에 대한 적용법조의 특정을 다루고 있고, 제2편은 소추요건과 공소시효의 확인 및 죄수정리의 순서로 가해자의 처벌 가능성과 처벌의 범위를 다루고 있다. 각 단계에서 중요한 내용을 Topic으로 선정하여 설명하고 있는데, 세부적인 내용을 볼 때에도 위 그림의 검토 순서를 머릿속에 두고 있기 바란다. 계속 이야기하듯 주요 성폭력 범죄는 세부적인 내용을 아무리 잘 알아도 전체적 체계를 놓치면 제대로 된 이해를 하기 어렵다.

제1편 주요 성폭력 범죄의 적용법조 특정

주요 성폭력 범죄는 강간죄, 유사강간죄, 강제추행죄 등 기본 범죄와 가해자의 특수성 또는 피해자의 특수성에 의해 가중처벌 되는 범죄로 구성된다. 주요 성폭력 범죄의 적용법조 및 죄명은 아래의 순서에 따라 특정할 수 있다. 강제, 준, 위계 · 위력, 준 등의 의미에 대해서는 Topic 3부터 Topic 6까지 설명되어 있는데 이들 개념에 대해 전혀 모른다면 그 부분부터 먼저 읽어보는 것도 좋을 것이다.

〈그림 2〉 1-1단계. 간음, 유사간음, 추행 여부 검토

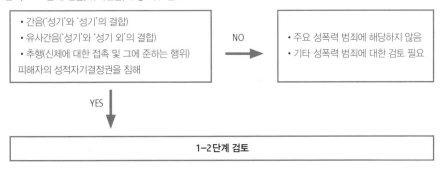

적용법조를 특정하기 위해 가장 먼저 할 일은 가해자의 행위가 간음, 유사간음, 추행의 세 가지 행위 유형에 해당하는지 확인하는 것이다. 이에 해당하지 않는다면 주요 성폭력 범죄에 해당할 여지가 없기 때문이다. 위 그림과 같이 간음이란 가해자와 피해자의 성기 간의 결합, 유사간음이란 성기와 성기를 제외한 신체 또는 도구의 결합, 추행이란 피해자의 신체에 대한 가해자의 접촉 및 그에 준하는 행위인

데, 각 행위들은 피해자의 성적자기결정권을 침해하는 것이어야 한다. 아래의 내용을 보고 가해자의 행위가 강제추행죄에 해당할 것인지, 폭행죄에 해당할 것인지 생각해 보자.

> 회사 동료인 남성 A와 여성 B는 회식 도중 승진문제로 말다툼을 하게 되었다. A남과 B녀는 서로 언성을 높이던 중 B녀가 먼저 A남에게 욕설을 하였다. A남은 크게 흥분하면서 양손으로 B녀의 가슴 부분을 밀어서 넘어뜨렸다.

A남의 행위는 강제추행죄일까, 폭행죄일까? 사실관계를 조금 변경해서 A남이 B녀를 밀면서 'B녀의 가슴을 움켜쥐었다'면 어떨까? A남이 먼저 B녀에게 욕설을 하였고, B녀가 A남의 가슴을 밀어 넘어뜨렸다면, 혹은 밀면서 A남의 가슴을 움켜쥐었다면 어떨까? 이러한 질문에 대한 답은 가해자가 피해자를 밀어 넘어뜨린 행위에 피해자의 성적자기결정권에 대한 침해가 있었는지에 따라 달라진다. 피해자에 대한 성적자기결정권에 대한 침해가 있다면 강제추행죄가, 그러하지 아니하다면 폭행죄가 성립하는 것이다. 이와 같이 어떠한 행위가 피해자의 성적자기결정권을 침해하는지 여부는 그 행위가 성폭력 범죄에 해당하는지를 판단하는 데 가장 기초적이고 필수적인 요소이다.

가해자의 행위가 간음, 유사간음 또는 추행에 해당한다면, 가해자가 이와 같은 행위를 하기 위해 피해자에게 저항하기 불가능하거나 매우 곤란한 또는 곤란한 폭행이나 협박을 하였는지(지금부터 이를 '강제'라 한다), 가해자가 강제를 행사하지 않았지만 피해자가 이미 항거불능인 상태에 있음을 알고 이를 이용했는지(지금부터 이를 '준'이라 한다), 가해자가 피해자에게 위계나 위력을 행사했는지를(지금부터 이를 '위계·위력'이라 한다) 살펴보아야 한다. 강제, 준, 위계·위력이 없었다면 가해자의 행위는 주요 성폭력 범죄에 해당하지 않는다. 그런데 실제 사건에서는 강제 또는 준에 해당하는지를 먼저 확인하고 양자 모두 해당하지 않을 경우에 위계·위력에 의한 범죄인지를 확인하기 바란다. 강제나 준의 경우 모든 사람이 피해자가 될 수 있으나, 위계·위력은 미성년자나 장애인 등 피해자에 대한 제한이 있고, 법정형도 강제나 준이 위계·위력에 비해 상당히 높기 때문이다.

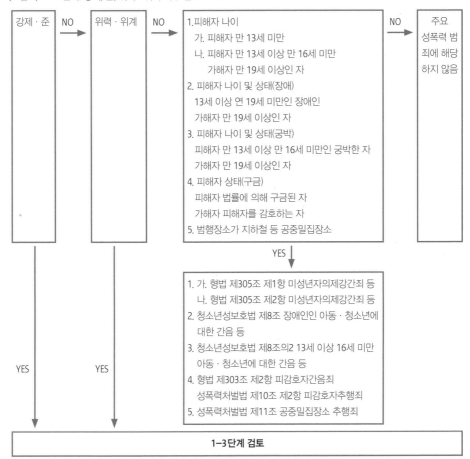

한편 피해자의 특수성이나 피해상황의 특수성을 감안하여, 가해자가 강제, 준, 위계 · 위력 없이 피해자를 간음, 유사간음, 추행하여도 성폭력 범죄로 가해자를 처벌하는 경우가 있다. 피해자의 특수성으로 인해 강제, 준, 위계 · 위력이 없는 것은 물론 피해자가 원하는 경우에도 피해자와 성교를 하거나 피해자의 몸을 만지면 가해자를 처벌하는 경우가 있는데 이를 의제범죄라 한다. 성적자기결정을 할 능력이 없는 피해자를 보호하기 위해 성교나 신체접촉에 대한 피해자의 동의에도 불구하고 강간죄나 강제추행죄와 동일한 것으로 '의제(실체를 달리하는 것을 법률적으로 동일하게 취급하고 동일한 법률 효과를 부여하도록 법으로 정함)'하여 가해자를 처벌하는 것이다. 이러한 범죄로는 피해자의 나이와 관련하여 피해자가 만 13세 미만인 경우(형법 제305조 제1항 미성년자의제강간 · 강제추행죄 등), 피해자가 만 13세 이상 만 16세 미

만이고 가해자가 만 19세 이상인 경우(형법 제305조 제2항 미성년자의제강간 · 강제추행죄 등), 피해자의 나이 및 장애와 관련하여 피해자가 만 13세 이상 연19세 미만인 장애인이고 가해자가 만 19세 이상인 경우(청소년성보호법 제8조 제2항 장애인간음 · 강제추행죄), 피해자의 나이 및 궁박함과 관련하여 피해자가 만 13세 이상 연16세 미만인 궁박한 자이고 가해자가 만 19세 이상인 경우(청소년성보호법 제8조의2 13세이상16세미만 아동 · 청소년에대한간음 · 추행죄), 피해자의 구금과 관련하여 피해자가 법률에 의해 구금된 자이고 가해자는 피해자를 감호하고 있는 검사, 교도관, 경찰관 등인 경우(형법 제303조 제2항 피감호자간음죄, 성폭력처벌법 제10조 제2항 피감호자추행죄)가 있다.

한편, 공중밀집장소추행죄는 가해자가 강제, 준, 위계 · 위력 없이 피해자를 추행한 경우 그 장소가 공중밀집장소라면 가해자를 처벌할 수 있도록 하고 있다. 이 죄는 위 의제 범죄들과 달리 피해자가 승낙한 경우에는 가해자를 처벌할 수 없다. 조금 더 정확히 표현하자면 피해자의 승낙이 있다면 피해자의 성적자기결정권에 대한 침해가 없으므로 추행이 성립되지 않고 따라서 가해자도 존재하지 않는다. 위 의제범죄들과 명확히 구분하기를 바란다.

이와 같이 1-2단계에서는 가해자의 강제, 준, 위계 · 위력이 있었는지를 확인하고, 이에 해당하지 않으면 의제강간 · 강제추행죄나 공중밀집장소추행죄 등에 해당하는지 여부를 검토하여 적용법조 및 죄명을 특정해야 한다. 가해자의 강제, 준, 위계 · 위력이 있다면 1-3단계를 검토한다.

〈표 3〉 1–3단계. 가중처벌 요소의 확인 및 적용법조의 특정[1]

2020. 5. 19. 부터 2021. 8. 15. 현재

성: 성폭력 범죄의 처벌 등에 관한 특례법　형: 형법　청: 아동·청소년의 성보호에 관한 법률　X: 처벌 근거 없음　(미): 미수범도 주체에 포함

행위/결과　　가해자/피해자	강간 (강제간음)	유사강간 (강제유사간음)	강제추행	준강간/ 유사강간/ 강제추행	위계·위력 간음	위계·위력 유사간음	위계·위력 추행	상해치상	살인	치사
가해자 주침, 야주절(미), 특절(미)	성§3①	성§3①	성§3①	성§3①	X	X	X	성§8①	성§9①	X
가해자 특수강도 (야주, 흉, 합)(미)	성§3②	성§3②	성§3②	성§3②	X	X	X	X	성§9①	X
가해자 특수(흉, 합)	성§4①	X	성§4②	성§4③ (단, 유사X)	X	X	X	성§8①	성§9①	성§9②
피해자 친족	성§5①	X	성§5②	성§5③ (단, 유사X)	X	X	X	성§8②	성§9①	성§9②
피해자 장애인 ※1	성§6①	성§6②	성§6③	성§6④	성§6⑤	X	성§6⑥	성§8①	성§9①	성§9③
피해자 나이 만 13 미만	성§7①	성§7②	성§7③	성§7④	성§7⑤	성§7⑤	성§7⑤	성§8①	성§9①	성§9③
피해자 나이 만 13 이상 ~연 19 미만	청§7①	청§7②	청§7③	청§7④	청§7⑤	청§7⑤	청§7⑤	청§9	청§10①	청§10②
가중처벌 요소 없음	형§297	형§297-2	형§298	형§299	형§302 만 19세 미만 심신미약자 / 형§303① 피보호자	X	형§302 만 19세 미만 심신미약자 / 성§10① 피보호자	형§301	형§9① 형§301-2	형§301-2

〈표 4〉 1–3단계. 법정형

/ : 또는　↑: 이상　↓: 이하　수 – 수: 수 이상 – 수 이하

사: 사형　무: 무기징역　1 내지 10: 그 수에 해당하는 년의 징역　100단위 이상의 수: 그 수에 해당하는 만 원의 벌금

행위/결과　　가해자/피해자	강간 (강제간음)	유사강간 (강제/유사간음)	강제추행	준강간/ 유사강간/ 강제추행	위계·위력 간음	위계·위력 유사간음	위계·위력 추행	상해치상	살인	치사
가해자 주침, 야주절(미), 특절(미)	무/7↑	무/7↑	무/7↑	무/7↑	X	X	X	무/10↑	사/무	X
가해자 특수강도(야주, 흉, 합)(미)	사/무/10↑	사/무/10↑	사/무/10↑	사/무/10↑	X	X	X	X	사/무	X
가해자 특수(흉, 합)	무/7↑	X	5↑	좌측 각 법정형과 동일	X	X	X	무/10↑	사/무	무/10↑
피해자 친족	7↑	X	5↑	좌측 각 법정형과 동일	X	X	X	무/7↑	사/무	무/10↑
피해자 장애인※1	무/7↑	5↑	3↑/ 3천-5천	좌측 각 법정형과 동일	5↑	X	1↑/ 1천-3천	무/10↑	사/무	사/무/10↑
피해자 나이 만 13 미만	무/10↑	7↑	5↑	좌측 각 법정형과 동일	좌측 각 법정형과 동일	좌측 각 법정형과 동일	좌측 각 법정형과 동일	무/10↑	사/무	사/무/10↑
피해자 나이 만 13 이상 ~연 19 미만※2	무/5↑	5↑	2↑/ 1천-3천	좌측 각 법정형과 동일	좌측 각 법정형과 동일	좌측 각 법정형과 동일	좌측 각 법정형과 동일	무/7↑	사/무	사/무/10↑
가중처벌 요소 없음	3↑	2↑	10↓/ 1,500↓	좌측 각 법정형과 동일	5↓ 7↓/ 3,000↓	X	5↓ 3↓/ 1,500↓	무/5↑	사/무	무/10↑

※1. 성§6⑦: 장애인 보호 등 목적 시설장 등이 보호감독의 대상인 장애인에 대해 제1항 내지 제6항의 죄를 범한 경우 법정형 1.5배 가중

※2. 이§18: 신고의무 있는 기관장 등이 보호 등을 받는 아동 청소년 대상으로 성범죄를 범한 경우 법정형 1.5배 가중

---

(1) 이 표는 2018년 저자와 성폭력 범죄의 교육에 힘써온 문성준, 이동희, 박주형, 백윤석 경감의 협업으로 작성된 것으로 저자가 계속 수정하는 등 관리하고 있다. 표 22 및 표 24도 마찬가지이다.

가해자의 행위에 강제, 준, 위계·위력이 인정되면 피해자에 대한 간음, 유사간음, 추행에는 형법이 적용된다. 그런데 형법에 대해 특별법의 관계에 있는 성폭력처벌법과 청소년성보호법에는 다수의 가중처벌 규정이 존재하고 있으므로 가해자의 범행이 가중처벌 요소를 충족시키면 성폭력처벌법이나 청소년성보호법이 적용된다. 가중처벌 요소에는 가해자에 대한 것과 피해자에 대한 것이 있다. 먼저, 가해자에 대한 가중처벌 요소로는 가해자가 주거침입범인 경우, 야간주거침입절도범인 경우, 특수절도범인 경우, 특수강도범인 경우 또는 가해자가 흉기를 지니거나 두 명 이상의 가해자가 합동하여 주요 성폭력 범죄를 저지른 경우가 있다. 피해자에 대한 가중처벌 요소로는 피해자가 가해자와 친족관계인 경우, 장애인인 경우, 연19세 미만인 경우가 있다. 따라서 주요 성폭력 범죄의 죄명은 위 표를 기준으로 먼저 형법의 해당 조항을 확인하고, 가중처벌 요소가 없으면 그대로 특정하면 된다. 가중처벌 요소가 있다면 그에 해당하는 성폭력처벌법이나 청소년성보호법의 조항으로 특정하면 된다. 적용 법조를 특정한 후에는 법정형도 확인해 둔다. 예를 들어, 특수강도가 피해자를 강간하였다면 성폭력 범죄의 처벌 등에 관한 특례법 제3조 제2항('§'는 '조'를, '원숫자'는 '항'을 의미한다)이 적용되고, 법정형은 사형, 무기 또는 10년 이상의 징역이다.

그런데, 〈표 3〉과 〈표 4〉는 현행법을 기준으로 작성한 것이다. 살펴본 것과 같이 구성요건과 법정형에 대해서는 소급효가 적용되지 않기 때문에, 범행 시점에 시행중이었던 법률을 반드시 확인해야 함에 유의해야 한다. 예를 들어 2000년 11월에 만 16세인 피해자가 강간상해의 피해를 입었다면 위 표를 따를 경우 청소년성보호법 제9조가 적용될 것이지만, 당시 법인 청소년의 성보호에 관한 법률(시행 2000. 7. 1. 법률 제6261호)에는 만 13세 이상 만 19세 미만인 피해자에 대한 강간죄만 존재하고 강간상해죄는 존재하지 않았다. 이에 비하여 당시 형법(시행 1998. 1. 1. 법률 제5454호)에는 강간상해죄가 있었고 그 법정형은 "무기 또는 5년 이상의 징역"으로 가해자에 대해 청소년의 성보호에 관한 법률상 강간죄(법정형 5년 이상의 유기징역)를 적용하는 것 보다 형법상 강간상해죄를 적용하는 것이 가해자를 더 크게 처벌할 수 있다. 따라서 가해자가 자신의 행위에 대해 합당한 처벌을 받도록 하기 위해서는 당시 형법상 강간상해죄를 적용해야 한다. 이 책의 부록에는 성폭력 범죄에 대한 법률과 법정형의 변천을 모두 정리해 두었다. 하지만 저자도 사람인지라 실수를 했을 수도 있다. 다소 번거로운 일이겠지만 실제 사건을 처리하게 된다면 '법제처 종합법률

서비스'에서 범행 당시 법률을 반드시 확인하기 바란다. 참고로 성폭력 범죄의 처벌 등에 관한 특례법은 2010년 4월 15일 제정되어 같은 날 시행되었고, 그 이전에는 1994년 1월 5일 개정되어 같은 해 4월 1일 시행된 성폭력 범죄의 처벌 및 피해자 보호 등에 관한 법률이 있었다. 또한 아동·청소년의 성보호에 관한 법률은 2009년 6월 9일 전부 개정되어 2010년 1월 1일 시행되었고, 그 이전에는 2000년 2월 3일 제정되어 같은 해 7월 1일 시행된 청소년의 성보호에 관한 법률이 있었다. 구법을 검색할 때에는 법의 이름에도 유의해야 한다.

지금까지 주요 성폭력 범죄에 해당하는지를 단계적으로 검토하고 적용법조를 특정하는 방법을 살펴보았다. 이제 주요 성폭력 범죄의 기본 요소와 가중처벌 요소에 대해 자세히 이해해보자. 제1장에는 주요 성폭력 범죄의 기본 요소를 추행, 간음, 유사간음 등 가해자의 행위와 그러한 행위를 하기 위한 수단인 강제, 준, 위계·위력으로 나누어 각각의 요소에 대해 자세히 살펴본다. 또한 이와 관련된 의제범죄 및 범행도중 피해자가 다치거나 사망하게 되는 경우도 여기에서 다룬다. 제2장에는 주요 성폭력 범죄의 가중처벌 요소를 가해자와 피해자로 나누어 살펴본다.

제1장 주요 성폭력 범죄의 기본 요소

가해자의 행위가 주요 성폭력 범죄에 해당하여 어떠한 법조항이 적용되어야 하는지 판단하기 위해서는 간음, 유사간음, 추행, 강제, 준, 위계 · 위력의 의미를 정확히 이해하고, '강제, 준, 위계 · 위력'과 '간음, 유사간음, 추행'이 결합하여 어떠한 범죄를 구성하는지 알아야 한다. 이 장에서는 주요 성폭력 범죄의 기본 요소를 살펴보고, 구성요건을 중심으로 형법상 주요 성폭력 범죄를 정리하고자 한다.

주요 성폭력 범죄는 아래와 같이 특정한 행위들이 결합함으로서 구성된다. 앞으로는 간음, 유사간음, 추행 등 성폭력 범죄의 직접적인 성격을 보여주는 성적인 행위를 줄여서 행위라고 하고, 가해자가 피해자의 성적자기결정권에 반하여 간음, 유사간음, 추행 등을 하기 위해 사용한 수단 또는 방법인 강제, 준, 위계 · 위력 등을 줄여서 수단이라고 하겠다. 아래는 행위와 수단을 조합하여 어떠한 성폭력 범죄가 구성되는지를 정리한 표이다. 수단을 먼저 읽고 행위를 읽으면 죄명이 나온다. 예를 들러 수단이 강제이고 행위가 간음이면 강제간음이 되는데 형법에는 이를 줄여서 강간죄라고 한다. 이와 같은 방법으로 하나 하나 읽어보자.

〈표 5〉 주요 성폭력 범죄의 구성

수단＼행위	간음	유사간음	추행	비고
강제	강간죄 (강제로 간음)	유사강간죄 (강제로 유사간음)	강제추행죄 (강제로 추행)	피해자 제한없음
준	준강간죄 (강제간음에 준함)	준유사강간죄 (강제유사간음에 준함)	준강제추행죄 (강제추행에 준함)	피해자 제한없음
위계 · 위력	위계 · 위력에의한 간음죄	위계 · 위력에의한유사간음죄 (성폭력처벌법과 청소년성보호법에만 존재)	위계 · 위력에의한 추행죄	피해자 제한 － 미성년자/장애인/ 업무 · 고용 · 기타 관계 로 보호나 감독받는 자

위 표와 같이 강제로 간음을 하면 강간죄, 간음과 유사한 행위를 하면 유사강간죄, 추행을 하면 강제추행죄가 성립한다. 강제가 없었다고 할지라도 피해자가 항거불능의 상태에 있음을 이용하여 간음하면 강제간음에 준한다고 하여 준강간죄, 간

음과 유사한 행위를 하면 같은 이유로 준유사강간죄, 추행을 하면 같은 이유로 준강제추행죄가 성립한다. 강제에 이르지는 않았지만 피해자의 자유의사를 제압할 만한 위력을 행사하거나 속임수를 이용하여 간음하면 위계 · 위력에의한간음죄, 간음과 유사한 행위를 하면 위계 · 위력에의한유사간음죄, 추행을 하면 위계 · 위력에의한추행죄가 성립한다. 위 표의 비고란과 같이 위계 · 위력에의한간음죄 등은 피해자가 미성년자나 장애인 또는 업무나 고용 등의 관계로 보호나 감독을 받는 자인 경우에만 성립하고, 형법에는 위계 · 위력에의한유사간음죄는 존재하지 않는다.

이제 주요 성폭력 범죄의 기본 요소와 이들의 조합으로 이루어지는 범죄에 대한 전반적인 설명을 마쳤다. 먼저 행위에 대해 Topic 1에서는 추행을, Topic 2에서는 간음과 유사간음을 정리하고, 다음으로 Topic 3에서는 강제의 의미 및 관련 성폭력 범죄를, Topic 4에서는 준의 의미 및 관련 성폭력 범죄를, Topic 5에서는 위계 · 위력의 의미 및 관련 성폭력 범죄를 살펴보겠다.

저는 초등학교 4학년(만10세)인 아이들 둔 엄마입니다. 저희 집은 아파트 25층인데, 어제 아이가 집에 오면서 어떤 남자와 엘리베이터에 둘만 있었답니다. 그런데 그 남자가 갑자기 성기를 꺼내고 우리 아이를 바라보면서 자위행위를 했다는 겁니다. 다행히 더 큰 피해는 없었지만 아이가 너무 놀랐고, 저도 너무나 화가 납니다. 어떤 처벌이 가능할까요?

법원은 추행의 의미에 대해 "객관적으로 일반인에게 성적 수치심이나 혐오감을 일으키게 하고 선량한 성적 도덕관념에 반하는 행위로서 피해자의 성적 자유를 침해하는 것을 의미한다"(2001도2417 등)고 하여 추행의 개념 요소로 '성적 수치심이나 혐오감을 일으키게 하고 선량한 성적 도덕관념에 반하는 행위' 및 '피해자의 성적 자유 침해'를 제시하고 있다. 양자를 모두 갖춘 경우에만 추행이 성립하는데, 예를 들어 특별한 사정이 없는 한 연인들이 서로 원하여 상대방의 성기를 만졌다면 성적 자유를 침해당하는 피해자가 존재하지 않기 때문에 성적 수치심이나 혐오감을 일으키게 하고 선량한 성적 도덕관념에 반하는 행위라 하더라도 추행과 관련된 범죄는 성립할 수 없다. 이러한 경우에는 공연성이 인정될 경우 공연음란죄가 성립할 수 있을 뿐이다. 예를 들어 위 연인들이 자기 집에서 그런 행위를 했다면 아무런 범죄가 성립하지 않지만 사람들이 붐비는 지하철 전동차 안에서 그랬다면 공연음란죄가 성립한다.

그런데 추행에 대한 법원의 정의는 매우 추상적이어서 어떠한 행위가 추행에 해당하는지를 판단하는데 큰 도움이 되지 않는다. 따라서 실제 사건에서 법원이 추행으로 인정한 행위와 부정한 행위를 살펴봄으로서 구체적으로 추행에 해당하는 행위의 유형을 살펴보고자 한다.

일반적으로 법원은 가해자가 피해자의 허락없이 피해자의 신체와 자신의 신체를 접촉시키는 행위를 추행으로 본다. 피해자의 신체부위에 대해서는 그 부위가 어디든지 본질적인 차이를 두지 않는 것으로 보이는데, 예를 들어 법원은 직장 상사인 가해자가 피해자의 어깨를 가볍게 주무른 행위(2004도52), 회사 대표인 가해자(남, 52세)가 직원인 피해자(여, 26세)를 포함하여 거래처 사람들과 함께 회식을 하던 중 피고인의 왼팔로 피해자의 머리를 감싸 피고인의 가슴 쪽으로 끌어당기고, 손가락이 피해자의 두피에 닿도록 피해자의 머리카락을 잡고 흔드는 행위(2020도7981)를 추행으로 인정하였다.

신체적 접촉이 없는 경우에 대해 법원은 가해 행위 당시의 객관적 상황, 행위가 발생한 장소, 피해자의 나이 및 회피가능성 등을 고려하여 추행으로 인정하기도 하고 부정하기도 한다. 아래는 신체적 접촉이 없는 경우 추행으로 인정된 경우와 인정되지 않은 경우이다.

○ **인정된 사례**

—— 가해자가 엘리베이터 안에서 피해자들을 칼로 위협한 다음 자신의 자위행위를 보여주고 피해자들로 하여금 이를 외면하거나 피할 수 없게 한 경우 (2009도13716)

—— 가해자가 아파트 엘리베이터에 만11세인 여성 피해자와 단 둘이 탄 다음 피해자를 향하여 성기를 꺼내어 잡고 여러 방향으로 움직이다가 이를 보고 놀란 피해자 쪽으로 가까이 다가간 경우 (2011도7164)

—— 가해자가 여자화장실에 들어가 여성 피해자들 앞에서 자위한 경우 (서울중앙지방법원 2011노4270)

○ **부정된 사례**

—— 가해자가 도로에서 피해자를 협박 한 후 성기를 꺼내어 일정한 거리를 두고 피해자에게 보여준 경우 (2011도8805)

—— 가해자가 중화요리음식점 주방에서 같이 있던 여성 피해자를 향해 갑자기 손으로 성기모양을 만들어 보이며 바지 지퍼를 내린 행위 (서울서부지방법원 2011노846)

위 사례들은 모두 성기의 노출 또는 자위행위와 관련된 것들인데, 추행이 인정된 사례는 피해자가 가해자의 성기노출 행위를 피하는 것이 불가능하거나 매우 어려운 경우이고, 추행이 부정된 사례는 피해자가 가해자의 행위를 피하는 것이 크게 어렵지 않은 경우로 보인다. 앞으로도 법원은 엘리베이터나 화장실처럼 출구가 한정적이고 외부와 단절되어 있는 등 피해자가 가해자를 피하기 어려운 공간에서, 가해자가 연소자 등 저항할 능력이 약한 피해자를 상대로 자신의 성기를 노출한다면 이를 추행으로 인정하는데 망설이지 않을 것이다. 〈표 6〉은 추행의 인정범위를 정리한 것이다.

〈표 6〉 추행의 구체적인 인정범위

일반적	가해자에 의한 가해자와 피해자의 신체접촉 − 피해자의 신체부위에 제한 없음
예외적	피해자가 회피하기 어려운 상황에서, 가해자가 피해자에게 자신의 성기를 보여줌

A 가해자는 성폭력처벌법 제7조 제3항에 근거하여 13세미만미성년자강제추행죄 또는 같은 조 제5항에 근거하여 위력에 의한 13세미만미성년자추행죄로 처벌될 수 있습니다. 피해자가 만 10세에 불과하였고, 범행장소는 엘리베이터 내부로 피해자가 피할 수 없는 공간에서 피해자를 향해 자위행위를 하였기 때문에 추행이 인정될 수 있습니다.

저는 고등학교를 다니는 남학생입니다. 요즘 학교 친구 중 한 명 때문에 너무 힘듭니다. 처음에는 장난으로 생각했는데, 쉬는 시간마다 저의 성기를 만지더니 이제는 화장실에서 저의 성기를 자기 입으로 빨기까지 합니다. 그만하라고 해도 장난이라며 계속합니다. 그만두게 할 수 없을까요?

성폭력 범죄에서 간음은 피해자의 성적자기결정권을 침해하여 남성의 성기가 여성의 성기에 삽입되는 것을 의미한다. 따라서 동성끼리의 간음은 성립할 수 없다.

유사간음은 간음과 유사한 행위로 "사람에 대하여 구강, 항문 등 성기를 제외한 신체의 내부에 성기를 넣거나 성기, 항문에 손가락 등 성기를 제외한 신체의 일부 또는 도구를 넣는 행위"(형법 제297조의2, 성폭력처벌법 제7조 제2항, 청소년성보호법 제7조 제2항)를 말한다. 유사간음은 원래 추행으로 평가되던 행위인데, 추행 중 간음과 유사한 행위를 다른 추행보다 가벌성이 큰 행위로 보아 추행으로부터 분리하고 처벌도 추행보다 강화한 것이다.

유사간음이 추행으로부터 분리된 것은 2006년 10월 27일 성폭력처벌법이 13세 미만 피해자에 대한 유사강간죄를 신설하면서부터이다. 이후 청소년성보호법은 연 19세 미만 피해자에 대한 유사강간죄를 신설하였다. 2013년 6월 19일 시행된 형법은 유사강간죄를 신설하여 지금은 유사강간에 대한 일반적인 처벌규정이 존재한다.

유사간음의 의미를 가해자와 피해자의 성별에 따라 정리하면 〈표 7〉과 같다. 가해자가 남성인 경우와 여성인 경우, 피해자가 남성인 경우와 여성인 경우로 나누어 살펴보자.

〈표 7〉 유사간음의 의미

피해자 ＼ 가해자	남성	여성
남성	• 남성 가해자가 자신의 성기를 남성 피해자의 항문이나 구강 등 신체내부에 삽입 • 남성 가해자가 자신의 성기 외 신체일부나 도구를 남성 피해자의 항문에 삽입	• 여성 가해자가 자신의 신체일부나 도구를 남성 피해자의 항문에 삽입
여성	• 남성 가해자가 자신의 성기를 여성 피해자의 항문이나 구강 등 신체내부에 삽입 • 남성 가해자가 자신의 성기 외 신체일부나 도구를 여성 피해자의 성기나 항문에 삽입	• 여성 가해자가 자신의 신체일부나 도구를 여성 피해자의 성기나 항문에 삽입

간단히 줄이면, 간음은 이성인 가해자와 피해자의 성기 결합이고 유사간음은 성별에 관계없이 가해자와 피해자의 성기를 제외한 신체내부 결합이다. 다만, 조문의 해석상 남성인 가해자가 남성인 피해자의 성기를 자신의 신체내부에 결합시켰을 때에는(예를 들어 피해자의 성기를 가해자가 자신의 입안에 넣은 경우) 유사간음에 해당하지 않는다.

한편 유사간음과 구분해야할 개념으로는 성매매알선등행위에관한법률상 유사성교가 있다. 성매매알선등행위에관한법률은 성매매를 금지하면서 "구강, 항문 등 신체의 일부 또는 도구를 이용한 유사 성교행위"를 금지하고 있는데, 상호 간의 신체 내부 결합이 없더라도 성교와 유사한 행위라면 유사성교에 해당한다. 예를 들어 여성이 손을 이용하여 남성의 성기를 만지는 것은 유사성교에는 해당하지만 유사간음에는 해당하지 않는다.

지금까지 주요 성폭력 범죄의 기본적 요소 중 간음, 유사간음, 추행의 의미에 대해 살펴보았다. 그런데 우리 형법은 일반적으로 간음, 유사간음, 추행에 대한 형사처벌이 규정되어 있지 않고, 가해자가 강제로 간음 등을 하거나 피해자가 항거불능의 상태에 있음을 이용하여 간음 등을 했을 경우에 대해 형사처벌을 규정하고 있다. 한편 위계·위력에 의한 성폭력 범죄는 피해자의 보호를 두텁게 할 필요가 있는 경우에, 의제범죄는 피해자에 대한 극도의 보호가 필요한 경우에 한하여 형사처벌이 규정되어 있다.

　Topic 3부터 Topic 5까지는 강제, 준, 위계·위력의 의미를 살펴보고 이러한 수단이 간음, 유사간음, 추행 등의 행위와 결합하면 현행법상 어떠한 범죄에 해당하는지, 각각의 범죄에 대해 실무상 반드시 알아야 할 내용은 무엇인지를 구성요건을 중심으로 자세히 분석해 보겠다. 각 범죄는 ① 조문의 제시, ② 구성요건의 분석, ③ 앞에서 다루지 않은 구성요건이 있을 시 그 내용에 대한 설명, ④ 실행의 착수시기와 기수시기로 접근하겠다. 실행의 착수 및 기수시기를 검토하는 이유는 주요 성폭력 범죄는 모두 미수죄 처벌규정이 존재하고 미수죄가 존재하는 경우 실행의 착수가 있을시 가해자에 대한 형사처벌이 가능하기 때문이다. 한편, 앞에서 말했듯 의제범죄는 주요 성폭력 범죄에서 배제하였지만 관련성이 깊기 때문에 Topic 6에서 다루고, 성폭력 범죄와 관련하여 피해자가 다치거나 사망한 경우의 문제는 Topic 7에서 살펴본다.

> 피해자의 성기를 가해자가 자신의 신체 내부로 결합시켰기 때문에 유사간음과 관련된 범죄를 저질렀다고 할 수 없습니다.
>
> 　그렇다면 그가 저지른 범죄는 어떠한 범죄에 해당할까요? 가해자의 행위는 추행에 해당하고, 피해자는 아직 중학생으로 나이로 인한 가중처벌 요소가 있으므로 청소년성보호법상 아동·청소년에 대한 강제추행죄나 위계·위력에 의한 아동·청소년에 대한 추행죄에 해당할 것입니다.
>
> 　명확하게 어떠한 범죄에 해당한다고 말하기 어려운 이유는 주어진 사실관계 만으로는 추행이 강제와 결합을 했는지, 위계·위력과 결합을 했는지 또는 단지 추행 만이 있었는지를 판단하기 쉽지 않기 때문입니다.
>
> 　피해자의 나이 등 주요 성폭력 범죄의 가중처벌 요소는 제2장에서 다룹니다.

Topic 3-1. 강제의 의미

폭행은 사람에 대한 유형력의 행사를, 협박은 사람에게 해악을 고지하는 것을 말한다. 성폭력 범죄에서의 강제란 강간죄에서는 "피해자의 항거를 불가능하거나 현저히 곤란하게 할 정도의 폭행 또는 협박"을(2006도5979 등), 강제추행죄에서는 "항거를 곤란하게 할 정도의 폭행 또는 협박"을 의미한다(2001도2417 등).

강간죄와 강제추행죄의 구성요건 중 강제에 대한 내용은 "폭행이나 협박으로"라고 적혀 있다. 그리고 형법 어디에도 강간죄 등에서 폭행이나 협박의 의미를 따로 규정하지 않고 있다. 하지만 법원은 위와 같이 강간죄와 강제추행죄에서 폭행, 협박의 의미를 가해자에게 매우 유리하게 해석하고 있다.

폭행을 원래의 의미대로 사람에 대한 유형력 행사로, 협박을 사람에게 해악을 고지하는 것으로 보면 안 될 이유는 무엇인가? 피해자에 대해 유형력을 행사하거나 해악을 통고하여 피해자를 간음, 유사간음, 추행한 가해자는 피해자의 성적자기결정권을 침해하지 않은 것인가? 아니면 그 정도의 성적자기결정권의 침해만으로는 가해자가 형사처벌될 만큼 잘못한 것이 아니라는 말인가?

최근 폭행이나 협박 또는 위계·위력이 없더라도 피해자의 의사에 반한 간음죄 등을 입법하자는 논의가 있다. 피해자의 보호를 위해 의미있는 논의이지만 근본적으로 성폭력 범죄로부터 피해자를 보호하고 가해자에게 합당한 처벌을 하기 위해서는 폭행과 협박의 기준을 낮추어야 한다. 법원이 폭행과 협박의 기준만 낮춘다면 약간의 유형력 행사나 해악의 고지만으로도 가해자를 강간죄 등으로 처벌할 수 있기 때문이다.

법원에 따르면 성폭력 범죄에서 폭행이나 협박이 강제에 해당하는지 여부는 "유형력을 행사한 당해 폭행 및 협박의 내용과 정도는 물론이고, 유형력을 행사하게 된 경위, 피해자와의 관계, 범행 당시의 정황 등 제반 사정을 종합하여 판단하여야 하고"(2001도230판결 등) "사후적으로 보아 피해자가 성교 이전에 범행현장을 벗어날 수 있었다거나 피해자가 사력을 다하여 반항하지 않았다는 사정만으로" 강제가 없었다고 섣불리 단정하여서는 아니 되며(2005도7637 등), 폭행이나 협박의 내용과 정도 뿐만 아니라 "그 경위, 가해자 및 피해자의 신분이나 사회적 지위, 피해자와의 관계, 간음 또는 추행당시와 그 후 정황, 폭행·협박이 피해자에게 미칠 수 있는 심리적 압박의 내용과 정도 등 모든 사정을 종합하여 신중하게 판단하여야 한다(2006도5979)."고 한다.

그런데 인체구조상 기습적인 간음, 즉 선행하는 폭행이나 협박없이 피해자의 의사에 반하여 남녀 간의 성기가 결합하는 경우는 일어나기 어렵지만 폭행 자체가 추행이나 유사간음이 되는 경우는 얼마든지 일어날 수 있다. 예를 들어 가해자가 피해자의 가슴이나 엉덩이를 갑자기 움켜쥐는 것처럼 폭행 자체가 추행이 될 수 있고, 여성 피해자에 대한 의료행위 중 가해자가 자신의 손가락을 갑자기 피해자의 성기에 삽입하는 것처럼 폭행 자체가 유사간음이 될 수 있다. 게다가 이와 같은 추행이나 유사간음은 피해자가 항거할 틈도 없이 기습적으로 이루어질 수도 있는데, 이러한 점을 반영하여 법원은 폭행 자체가 추행이나 유사간음이 되는 경우에는 강제의 의미를 "상대방의 의사에 반하는 유형력의 행사가 있는 이상 그 힘의 대소강약을 불문한다"고 한다(2011도14125, 2016도14099).

〈표 8〉은 법원이 제시한 강제의 의미를 정리한 표이다. 강제의 구체적인 의미는 강제와 관련된 각 성폭력 범죄에서 살펴보기로 한다.

〈표 8〉 강제의 의미

죄명 / 폭행·협박의 시점	강간죄	유사강간죄	강제추행죄
간음 등을 하기 전에 폭행 또는 협박한 경우	• 항거불능 폭행·협박 • 항거를 현저히 곤란하게 하는 폭행·협박	• 항거불능 폭행·협박 • 항거를 현저히 곤란하게 하는 폭행·협박	항거 곤란 폭행·협박
폭행 자체가 유사간음 등이 되는 경우	판례없음 (현실적으로 거의 불가능)	유형력의 행사 (대소강약 불문)	유형력의 행사 (대소강약 불문)

Q 저는 2018. 9. 초경 친구의 소개로 가해자와 사귀게 되었고, 가해자와 저의 집에서 동거하면서 합의하에 성관계도 여러 번 했습니다. 하지만 가해자와 성격이 맞지 않아서 올해 초에 헤어지자고 했는데 가해자가 집에서 나가지 않고 있습니다.

사건은 지난 달 일어났습니다. 가해자가 저에게 성관계를 요구했는데, 저는 가해자가 더 이상 좋지도 않고 생리 중이기도 해서 거부했습니다. 그러자 가해자가 저에게 절대 성기는 삽입하지 않겠으니 엎드려 누워 달라고 하고, 저의 엉덩이에 가해자의 성기를 비비는 것을 허락해 달라고 했습니다. 저는 싫다고 했습니다. 하지만 가해자가 계속 사정을 하기에 제가 마지못해서 절대 성기를 넣지는 않는다는 약속을 받고 가해자에게 그렇게 하라고 허락해 줬습니다. 그런데 가해자가 처음에는 약속대로 하다가 갑자기 자신의 성기를 제 성기에 넣었습니다. 저는 가해자에게 하지 말라고 하면서 일어나려고 했는데 가해자는 양팔로 저의 팔과 몸통을 세게 끌어안은 채 가슴으로 제 등을 세게 눌러 움직이지 못하게 하고는 계속 성행위를 했습니다. 가해자를 강간죄로 처벌할 수 있을까요?

[형법]

제297조(강간) 폭행 또는 협박으로 사람을 강간한 자는 3년 이상의 유기징역에 처한다.

제300조(미수범) 제297조, 제297조의2, 제298조 및 제299조의 미수범은 처벌한다.

제305조의2(상습범) 상습으로 제297조, 제297조의2, 제298조부터 제300조까지, 제302조, 제303조 또는 제305조의 죄를 범한 자는 그 죄에 정한 형의 2분의 1까지 가중한다.

제305조의3(예비, 음모) 제297조, 제297조의2, 제299조(준강간죄에 한정한다), 제301조(강간 등 상해죄에 한정한다) 및 제305조의 죄를 범할 목적으로 예비 또는 음모한 사람은 3년 이하의 징역에 처한다.

강간죄의 구성요건은 '사람'이 '강제'로 '사람'을 '간음'하는 것이다. 강간죄의 구성요건을 주체, 수단, 객체, 행위로 나누어보면 아래와 같다.

〈표 9〉 강간죄 구성요건

주체	수단	객체	행위
사람 (제한없음)	강제 (저항불가능 · 항거곤란한 폭행 · 협박)	사람 (제한없음)	간음 (남녀 간 성기결합)

위와 같이 강간죄의 주체는 사람으로 아무런 제한이 없고, 간음에 대해서는 바로 앞에서 설명을 하였기 때문에 따로 설명할 것이 없다. 강제의 의미와 객체에 대한 몇 가지 문제점을 짚어보고, 미수와 기수의 구분을 위해 실행의 착수시기와 기수시기를 살펴보겠다.

(1) 강제

강간죄에서 강제란 피해자의 저항을 불가능하게 하거나 현저하게 곤란하게 할 정도의 폭행 또는 협박을 말한다. 아래는 법원이 강간죄 또는 강간미수죄에서 강제를 인정한 사례와 부정한 사례이다.

○ 인정한 사례

〈폭행〉

—— 노래방에서 유흥 종사자인 피해자가 가해자와 단 둘이 있던 중 피해자가 울면서 하지 말라고 하고 '사람살려'라고 소리를 지르는 등 반항하였음에도, 가해자가 피해자를 소파에 밀어붙이고 양쪽 어깨를 눌러 일어나지 못하게 한 후 간음한 경우 (2005도3071)

—— 가해자가(키 175cm, 몸무게 70kg) 피해자(키 158cm, 몸무게 51kg)에게 집에 데려다 주겠다고 속여 가해자의 차에 타게 한 후, 피해자가 거부의사를 명백히 하였음에도 피해자의 어깨를 잡고 옆으로 눕혀 피해자의 옷을 벗기고 간음한 경우 (2012도4031)

—— 가해자가 피해자의 등 뒤에서 갑자기 간음을 시작하였고, 피해자가 이를 거부하자 양팔로 피해자의 팔과 몸통을 세게 끌어안은 채 가슴으로 피해자의 등을 세게

눌러 움직이지 못하도록 하고 간음을 계속 한 경우 (2016도16948)

── 가해자가 피해자를 바닥에 넘어뜨린 다음 반항하는 피해자의 가슴을 왼손으로 누르고, 오른손으로 치마를 걷어 올리고 팬티를 내린 다음 간음하려 하였으나 미수에 그친 경우 (88도1628)

── 가해자가 침대에서 일어나 방에서 나가려는 피해자의 팔을 낚아채어 일어나지 못하게 하고, 갑자기 입술을 빨고, 계속하여 저항하는 피해자의 유방과 엉덩이를 만지면서 피해자의 팬티를 벗기려고 하였으나 피해자가 가해자를 뿌리치고 방에서 나가 간음에는 이르지 못한 경우(2000도1253)

── 피해자(몸무게 53kg)를 침대에 던지듯이 눕히고 피해자의 양손을 피해자의 머리위로 올린 후 가해자(몸무게 73kg)의 팔로 누르고 가해자의 양쪽 다리로 피해자의 양쪽 다리를 눌러 간음하려 하였으나 미수에 그친 경우(2017도21249)

〈 협박, 또는 주로 협박 〉

── 다른 사람들의 출입이 없는 새벽시간 건물 내실에 가해자와 피해자가 단 둘이 있는 상황에서 가해자의 몸에 새겨진 문신을 보고 겁을 먹은 피해자에게 자신이 전과자라고 말하면서 캔맥주를 집어 던지고 피해자의 뺨을 한 번 때린 경우 (99도519)

── 가해자가 다른 사람의 출입이 곤란한 심야의 여관방으로 피해자를 유인한 다음 방문을 잠그고 성교를 거부하는 피해자에게 "옆방에 내 친구들이 많이 있다. 소리 지르면 다 들을 것이다. 조용히 해라. 한 명하고 할 것이냐? 여러 명하고 할 것이냐?"라고 말한 경우(2000도1914)

── 가해자가 피해자의 옛 애인인 것처럼 거짓말하여 모텔에서 피해자와 1회 성교하고, 누군가가 모텔로 들어가는 피해자를 사진을 찍었고 그 사람이 피해자와의 성교를 원한다고 피해자를 한 번 더 속인 후, 가해자가 사진을 찍은 자인 것처럼 피해자를 또 속여서 자신과 성관계를 하지 않으면 피해자의 가족에게 외도 사실을 알리겠다고 협박하여 간음한 경우 (2006도5979)

○ **부정한 사례**

── 가해자와 피해자가 전화로 사귀어오면서 음담패설을 주고받는 사이로, 피해자의 집에서 피해자의 머리카락을 움켜쥐고 주먹으로 복부 등을 여러 번 때리고 팔

을 꺾어 비트는 등 폭행을 하면서, 말을 듣지 않으면 죽이겠다고 협박하자, 피해자가 "여기는 죽은 시어머니를 위한 제청방이니 이런 곳에서 이런 짓을 하면 벌받는다"고 말하여 다른 방에서 간음 한 경우 (91도546)

—— 가해자는 피해자와 같은 집의 다른 방에서 살았고, 각자의 방에서 서로 다른 남녀와 동거하며 서로 친하게 지내던 사이로, 가해자가 피해자를 가해자의 방으로 끌고 가서 목을 누르면서 소리를 지르면 칼을 가져와 죽여 버리겠다고 협박하여 간음하였다. 간음 도중 피해자는 가해자의 동거녀가 이 사실을 알면 어떻게 하려고 그러느냐고 말했고, 가해자에게 질외사정을 요구하자 가해자가 질외사정을 하였으며 이후 가해자와 피해자가 같이 담배를 핀 경우 (92도259)

—— 가해자와 피해자는 서로 사귀는 사이로, 여관에서 함께 잠을 자고난 다음날 아침 가해자가 피해자의 옷을 벗기고 성교하려 하자 피해자는 몸을 좌우로 흔드는 등 거부하였다. 가해자는 피해자의 몸을 누른 채 한번 만 하게 해달라고 애원하여 피해자의 반항이 약해지자 간음한 경우 (99도2608)

판례를 살펴보면 폭행은 가해자가 피해자를 넘어뜨리거나 팔이나 어깨를 잡아누르는 등의 방법으로 피해자를 제압한 후 간음을 시도하였다면 강제로 인정되었다. 협박이 주로 사용된 경우 법원은 협박을 한 상황과 협박의 내용을 고려하여 강제의 인정 여부를 판단했는데, 피해자의 외도 사실을 피해자의 가족에게 알리겠다는 협박은 강제로 인정되었다.

유의할 점은 객관적으로 강제로 인정되기에 충분한 폭행이나 협박이 있었다해도 간음의 전후 사정을 보아 강제로 인정하지 않는 예가 있다는 것이다. 특히 가해자와 피해자가 간음 이전에 연인 사이였거나 서로 알고지낸 사이로 간음 후에도 그 전의 관계가 유지되는 것이 확인될 때 법원은 강제를 인정하지 않았다. 이러한 법원의 태도는 사실인정에서 성인지 감수성이 반영되지 않았던 1990년대의 판례에서 자주 발견되는데, Topic 16에서 논의하듯 최근 법원은 성폭력 범죄의 사실인정에 전향적인 태도를 보이고 있다. 앞으로는 위와 비슷한 사례에서 법원이 강간죄의 성립을 인정할 가능성은 높다고 생각한다.

(2) 객체 1 (남성 또는 성전환자)

현행법상 강간죄의 객체는 사람으로 특별한 제한이 없다. 하지만 2013년 6월 18일 이전에는 형법상 강간죄의 객체는 '부녀'로 규정되어 있어서 남성은 강간죄의 객체가 될 수 없었다. 따라서 당시에는 여성 가해자가 남성 피해자를 강제로 간음해도 강제추행죄만이 성립할 수 있었다.

이러한 문제는 남성에서 여성으로 성전환을 한 피해자가 남성 가해자로부터 강간과 비슷한 피해(성전환 수술을 통해 얻은 유사 여성성기와 남성성기의 결합)를 당한 경우 강간죄를 적용해야 하는지, 강제추행죄를 적용해야 하는지의 복잡한 논의를 낳았다. 법원은 종래 남성에서 여성으로 성전환을 한 사람을 남성으로 보아 강제추행죄의 성립만을 인정해 오다가 아래와 같이 일정한 경우에는 여성으로 보아 강간죄를 인정하였다.

> —— 피해자가 성장기부터 남성에 대한 불일치감과 여성으로서의 성 귀속감을 나타냈고, 성전환 수술로 여성의 신체와 외관을 갖추었으며, 수술 이후 30여 년간 개인적, 사회적으로 여성으로서의 생활을 영위해가고 있는 점 등을 고려할 때, 사회통념상 여성으로 평가되는 성전환자로서 강간죄의 객체인 부녀에 해당한다(2009도3580).

따라서 2013년 6월 18일 이전에 남성에서 여성으로 성전환수술을 한 사람이 위와 같은 성폭력 범죄를 당한 경우에는 사회통념상 피해자가 여성으로 평가되면 강간죄가, 그렇지 않으면 강제추행죄가 적용되어야 한다. 2013년 6월 18일을 기준으로 강간죄의 법정형은 "3년 이상의 유기징역"이지만, 강제추행죄의 법정형은 "10년 이하의 징역 또는 1천500만 원 이하의 벌금"에 불과하여 법정형의 차이가 크다. 따라서 두 죄 중 어느 것이 적용되는지는 가해자에게 자신이 저지른 범죄를 제대로 책임지게 할 수 있는지의 문제이다.

유의할 점은 우리나라에서 판례는 법원으로 인정되지 않기 때문에 판례의 변경으로 가해자에게 불이익이 있더라도 소급효의 문제가 발생하지 않는다는 것이다. 따라서 위 판례가 선고된 2009년 9월 10일 이전의 사건이라도 위와 같은 사실관계에 대해 가해자에게 강간죄가 인정 될 수 있다. 이 문제는 2013년 6월 19일 강간죄의 객체가 "부녀"에서 "사람"으로 개정되어 해결되었다.

(3) 객체 2 (법률상의 처)

과거에는 성폭력 범죄가 '정조에 관한 죄'로 분류되어 있었고 법원도 법률상의 처를 강간죄의 객체가 되지 않는다고 보았다(70도29). 하지만 법원은 최근 태도를 바꾸어서 법률상의 처를 강간죄의 객체로 인정하였다(2012도14788, 2012전도252). 위에서 이미 말했듯 판례의 변경은 가해자에게 불리하게 적용해도 되기 때문에 범행 시점에 관계없이 법률상의 처는 강간죄의 객체가 될 수 있다.

(4) 실행의 착수시기와 기수시기

강간죄의 실행 착수시기는 피해자를 간음하기 위해 강제로 인정되는 폭행이나 협박을 개시한 때이다. 간음하기 위한 폭행과 협박이 강제에 해당한다면, 폭행이나 협박에서 간음으로 나아가는데 상당한 시간이 지났다해도 실행의 착수는 인정된다. 법원은 가해자가 페이스북에 3개의 계정을 만들어 1인 3역을 하면서 복잡하고 교묘한 방법을 사용하여 아동·청소년인 피해자(여, 15세)의 신체 노출 사진을 받아낸 다음, 성관계를 하지 않으면 위 사진을 인터넷에 올린다는 등으로 협박하였고, 협박을 한 때로부터 2달 정도가 지난 후에 가해자가 피해자를 강간하려 하였으나 수사가 개시되자 이를 포기한 사안에서, 피해자가 협박에 못 이겨 피고인과 접촉하기에 이른 이상 피해자가 성관계를 결심하기만 하면 다른 특별한 사정이 없는 한 피고인의 간음행위를 실행할 수 있는 단계에 이른 것이라면서 강간죄의 실행 착수가 인정되므로 미수죄가 성립한다고 하였다(2018도16466)

만약 강제로 인정되는 폭행이나 협박이 없었다면 강간죄로 처벌할 수 없고, 그러한 폭행이나 협박을 했으나 실제로는 피해자의 항거가 불능하게 되거나 현저히 곤란하게 되지 못한 경우(91도288) 또는 간음에 이르지 못한 경우 가해자는 강간미수죄로 처벌된다.

강간죄의 기수시기는 남성의 성기가 여성의 성기 내부로 결합하는 때이다. 남성이 사정을 했다거나 성적 만족을 얻었다거나 할 필요는 없다. 다만, 최근 법원은 여성 피해자의 허락을 받아 남성 가해자가 피해자의 엉덩이에 자신의 성기를 비비는 방법으로 유사성교를 하다가 갑자기 자신의 성기를 피해자의 성기에 삽입하고, 피해자가 이를 거부하자 피해자에게 저항할 수 없는 폭행을 한 경우 강간죄의 성립을 인정하였다. 일반적으로 강간죄는 강제를 가한 후(실행의 착수) 간음(기수)을 하는 구조인데, 법원은 강제가 간음과 동시에 또는 간음 직후에 있었던 경우라도 강간죄를 인정한 것이다(2016도16948).

강간죄로 처벌할 수 있습니다. 우리 법원은 일반적으로는 강제가 간음에 앞서는 경우 강간죄의 성립을 인정하지만, 간음이 강제와 동시에 이루어지거나 간음 직후에 일어난 경우에도 강간죄의 성립을 긍정하였기 때문입니다.

광고를 보고 마사지를 받으러 갔는데, 마사지사가 무료로 전신마사지를 해 준다며 저를 속이고는 옷을 모두 벗고 1회용 팬티만 입은 채로 마사지용 침대에 눕게 했습니다. 마사지사는 처음에는 양손으로 전신마사지를 해 주더니 팬티마저 벗기고 손으로 제 가슴을 여러 번 만지면서 몸속에 있는 나쁜 노폐물을 빼내야 한다며 갑자기 손가락을 제 성기 속에 집어넣었습니다. 제가 법을 잘 모르지만 강제추행죄보다 유사강간죄가 가해자를 더 크게 처벌할 수 있다고 들었습니다. 마사지사를 유사강간죄로 처벌할 수 있을까요?

[형법]

제297조의2(유사강간) 폭행 또는 협박으로 사람에 대하여 구강, 항문 등 신체(성기는 제외한다)의 내부에 성기를 넣거나 성기, 항문에 손가락 등 신체(성기는 제외한다)의 일부 또는 도구를 넣는 행위를 한 사람은 2년 이상의 유기징역에 처한다.

제300조(미수범) 제297조, 제297조의2, 제298조 및 제299조의 미수범은 처벌한다.

제305조의2(상습범) 상습으로 제297조, 제297조의2, 제298조부터 제300조까지, 제302조, 제303조 또는 제305조의 죄를 범한 자는 그 죄에 정한 형의 2분의 1까지 가중한다.

제305조의3(예비, 음모) 제297조, 제297조의2, 제299조(준강간죄에 한정한다), 제301조(강간 등 상해죄에 한정한다) 및 제305조의 죄를 범할 목적으로 예비 또는 음모한 사람은 3년 이하의 징역에 처한다.

유사강간죄는 2006년 10월 27일 성폭력처벌법에 처음 입법되었다. 피해자가 만 13세 미만인 경우에 추행 중 간음에 가까운 행위를 한 가해자를 강제추행죄 보다 중하게 처벌하고자 입법한 것이다. 2010년 10월 1일 청소년성보호법은 피해자가 만 13세 이상 연 19세 미만인 경우에도 유사강간을 처벌할 수 있도록 하였고, 2013

년 6월 19일 형법에 유사강간죄가 규정되면서 유사강간에 대해서는 피해자의 제한없이 처벌할 수 있게 되었다. 따라서 현재는 형법의 유사강간죄는 기본 범죄이고 피해자가 만 13세 미만이라면 성폭력처벌법이, 만 13세 이상 연 19세 미만이라면 청소년성보호법이 적용되어 가해자를 가중처벌할 수 있다. 한편 성폭력처벌법은 2011년 11월 17일 장애인인 피해자를 유사강간한 경우 가해자를 가중처벌할 수 있도록 하였고, 2018년 10월 16일 주거침입, 야간주거침입절도, 특수절도, 특수강도를 범한 가해자가 유사강간한 경우 가중처벌할 수 있도록 하였다.

유사강간죄의 구성요건을 주체, 수단, 객체, 행위로 나누어보면 아래와 같다. 사람이 강제로 사람을 유사간음하는 것이다.

〈표 10〉 유사강간죄 구성요건

주체	수단	객체	행위
사람 (제한없음)	강제 ┌ 선행형 – 항거 현저곤란 폭행협박 └ 동시형 – 대소강약 불문	사람 (제한없음)	유사간음 (성기와 성기 외의 결합)

위와 같이 유사강간죄의 주체는 제한이 없고, 유사간음에 대해서는 Topic2에서 설명을 하였기 때문에 따로 설명할 것이 없다. 강제에 대해 폭행 자체가 유사간음에 해당하는 경우 강제의 의미(유형력의 대소강약을 불문)를 짚어보고, 미수와 기수의 구분을 위해 실행의 착수시기와 기수시기를 살펴보겠다.

(1) 강제

유사강간죄에서 폭행이나 협박이 유사간음에 선행하는 경우에는 강간죄와 마찬가지로 그 정도가 피해자의 항거가 불가능하거나 현저히 곤란한 정도라야 강제로 인정된다(2016도15085, 2016전도142(병합)). 하지만, 폭행이 곧바로 유사간음에 해당하는 경우에는 그 대소강약을 따지지 않고 유사강간죄가 성립한다. 기습적인 유사강간에 대해 최근 법원은 마사지를 하던 도중 마사지사가 피해자의 전신을 마사지 하는 척 하면서 갑자기 여성 피해자의 질 속에 손가락을 집어넣은 사안(2016도14099)과 가해자가 사우나 수면실바닥에 누워 있던 남성 피해자의 옆에 누운 다음 갑자기 피해자를 껴안고 손가락을 피해자의 항문에 집어넣은 사안(2016도15085, 2016전도142)

에서 모두 유사강간죄를 인정하였다. 기습적인 유사강간은 피해자가 가해자에게 저항할 틈도 없이 벌어질 수 있으므로 그러한 경우 폭행 자체를 유사간음으로 본 법원의 태도는 너무나 당연하다.

(2) 실행의 착수시기와 기수시기

실행의 착수시기는 강간죄와 동일하게 강제로 인정되는 폭행 또는 협박을 개시한 때이고, 일반적인 미수범에 대한 문제 또한 강간죄와 동일하다. 기습적인 유사강간의 경우에는 폭행 자체가 기수이므로, 가해자의 신체일부가 피해자에게 접촉하기 직전의 행위에 실행의 착수를 인정할 수 있을 것이다.

기수시기는 피해자의 성기를 제외한 신체 내부에 남성인 가해자가 자신의 성기를 넣거나, 피해자의 성기나 항문에 가해자의 성기를 제외한 신체 또는 도구를 넣었을 때이다. 기습 유사강간의 경우에는 실행의 착수와 거의 동시 또는 직후에 기수가 된다.

ⓐ 유사강간죄로 처벌할 수 있습니다. 가해자의 행위는 유사간음에 해당하고, 저항할 틈도 없이 기습적으로 유사간음을 하였기 때문에 저항하기 불가능하거나 현저히 곤란한 폭행을 한 것이 아니더라도 강제가 인정되기 때문입니다.

Topic 3-4. 강제추행죄

> **[형법]**
>
> **제298조(강제추행)** 폭행 또는 협박으로 사람에 대하여 추행을 한 자는 10년 이하의 징역 또는 1천500만 원 이하의 벌금에 처한다.
>
> **제300조(미수범)** 제297조, 제297조의2, 제298조 및 제299조의 미수범은 처벌한다.
>
> **제305조의2(상습범)** 상습으로 제297조, 제297조의2, 제298조부터 제300조까지, 제302조, 제303조 또는 제305조의 죄를 범한 자는 그 죄에 정한 형의 2분의 1까지 가중한다.

강제추행은 강간이나 유사강간에 이르지 않는 피해자의 성적 자기결정권을 침해하는 행위로, 가장 기본적인 성폭력 범죄라 할 수 있다. 강제추행죄의 객관적 구성요건을 살펴보면 아래와 같다. 사람이 강제로 사람을 추행하는 것이다.

〈표 11〉 강제추행죄 구성요건

주체	수단	객체	행위
사람 (제한없음)	강제 ┌ 선행형 – 항거곤란 폭행협박 └ 동시형 – 대소강약 불문	사람 (제한없음)	추행 ┌ 일반적 –신체접촉 └ 예외적– 성기노출

위와 같이 강제추행죄의 주체와 객체에 대해서는 특별히 문제되는 것이 없다. 강제에 대해서는 폭행 자체가 추행에 해당하는 경우 강제의 의미(유형력의 대소강약을 불문)는 유사강간죄의 내용과 동일하다. 여기에서는 관련된 판례만을 살펴보겠다. 추행에 대해서는 정의규정이 없고 법원이 제시한 정의도 그 내용이 추상적임은 Topic 1에서 살펴보았다. 여기에서는 다양한 사례를 통해 강제추행과 그에 해당하지 않는 행위의 차이를 이해하고, 강제추행에 해당하지 않는다면 다른 성폭력 범죄에 해당할 수 있는지를 짚어보자. 끝으로 미수와 기수의 구분을 위해 실행의 착수시기와 기수시기를 살펴보겠다.

(1) 강제

> Q 저(만 30세 남성)는 출퇴근을 위해서 지하철을 이용하고 있습니다. 다들 아시다시피 서울 지하철 2호선이 출퇴근 시간에 얼마나 북적거립니까? 사람들에게 밀리고 치이고 하면서 서로 몸이 부대끼는 일이 많지만 어쩔 수 없다고 생각하고 있었는데, 지난 월요일에는 성추행을 당한 것 같습니다. 등 뒤에서 서 있던 어떤 사람의 손이 제 엉덩이를 만지는 느낌을 받았습니다. 아플 정도로 꽉 쥔 것은 아니지만 제법 만지는 느낌이 들었거든요. 가해자를 어떤 범죄로 처벌할 수 있나요?

강제추행죄에서 강제란 피해자의 저항이 곤란할 정도의 폭행 또는 협박을 말한다. 하지만 유사강간죄와 같이 피해자가 저항할 틈도 없이 기습적으로 이루어진 추행의 경우에는 폭행 자체가 강제로 인정된다. 아래는 법원이 기습적인 강제추행죄로 인정한 사례들이다.

—— 가해자가 여성 피해자를 팔로 힘껏 껴안고 강제로 입을 맞춘 경우(83도399)

—— 가해자가 여성 피해자의 상의를 걷어 올려서 가슴을 만지고 하의를 발쪽으로 내린 경우(94도630)

—— 가해자가 여성 피해자를 뒤에서 껴안고 블루스를 추면서 옷 위로 순간적으로 가슴을 만진 경우(2001도2417)

—— 가해자가 여성 피해자의 치마 위로 음부를 쓰다듬거나 옷 위로 엉덩이나 가슴을 쓰다듬은 경우(2002도2860)

—— 가해자가 버스 옆좌석에 앉은 피해자의 허벅지를 손으로 쓰다듬고, 좌석에서 일어서는 피해자의 치마를 걷어 올린 경우(2011도14125)

—— 가해자는 편의점 브랜드의 개발팀 직원이고 피해자는 편의점주인데, 가해자는 피해자가 운영하는 편의점에서 홀로 근무를 하고 있는 피해자에게 업무설명을

하다가 갑자기 피해자의 머리를 만지고, 피해자를 의자에 앉힌 후 피해자의 뒤에서 왼팔로 피해자를 살짝 안으면서 피해자의 오른쪽 어깨를 짚은 채로 업무 설명을 하다가 갑자기 왼팔로 피해자의 목을 껴안아 움직이지 못하게 하여 피해자의 오른쪽 얼굴에 키스를 한 경우(2019도4047)

기습적인 강제추행의 경우 폭행의 대소강약을 불문한다고 하여 폭행이 전혀 없는 경우까지 포함되는 것은 아님에 유의하자. 강제추행죄가 성립하려면 그 구성요건 중 하나인 강제가 있어야 하는데, 폭행이 전혀 없다면 강제가 인정될 수 없기 때문이다.

이에 비해 성폭력처벌법 제11조는 공중이 밀집하는 장소에서 사람을 추행하면 처벌하도록 규정하고 있는데, 여기에는 구성요건에 강제가 없으므로 가해자가 폭행이나 협박이 전혀 없이 피해자를 추행하기만 하면 처벌이 가능하다. 다만, 공중밀집장소추행죄의 법정형은 "3년 이하의 징역 또는 3천만 원 이하의 벌금"으로 형법 또는 특별법상 강제추행죄의 법정형(최소 10년 이하의 징역 또는 1천 500만 원 이하의 벌금, 자유형을 기준으로 비교)에 비해 매우 낮다. 따라서 공중밀집장소추행죄는 추행은 존재하지만 강제가 없어서 강제추행죄가 성립하지 않는 경우에 한하여 그 적용 여부를 검토해 보아야 한다.

한편 최근 법원은 피해자가 저항을 할 틈이 있었다거나, 기습적이라고 보기 어려운 상황이라도 소위 갑을 관계에서와 같이 쉽게 저항하기 어려울 만한 사정이 있다면 강제를 인정하였다.

—— 미용업체 주식회사 운영자(가해자)가 가맹점 근무 여직원(피해자)과 회식을 하였고, 2차로 노래방을 갔는데 가해자가 노래방에서 피해자 옆에 앉아 앞으로 도움을 주겠다는 취지로 말하며 피해자의 볼에 뽀뽀하고, 피해자가 하지 말라고 하였음에도 피해자의 오른쪽 허벅지를 쓰다듬은 경우 그 자리에서 피해자가 즉시 저항 또는 항의하지 않았거나, 적극적으로 가해자를 피하지 아니하였더라도 강제추행죄 인정(2019도15994)

위와 같은 사정이라면 가해자가 저항할 틈도 없이 기습적으로 피해자에게 추행을 하였다고 보기 어려운 면이 있다. 가해자가 피해자의 신체에 접촉하기까지 상당한 시간이 있었으므로 피해자가 이를 피할 수 있었다고 볼 여지도 있기 때문이다. 하지만 위와 같이 소위 갑을 관계에서 을인 피해자가 갑인 가해자에게 다른 을들과 함께 하는 회식 도중에 적극적으로 저항 또는 항의하거나 가해자를 회피하는 것은 매우 어렵다. 법원은 이러한 점을 적극 반영하여 기습추행의 법리를 확장한 것이라 생각한다.

> 가해자가 어느 정도로 만졌는지에 따라 강제추행죄 또는 공중밀집장소추행죄가 성립할 수 있습니다. 기습적인 강제추행에 해당할 수 있으므로 가해자가 피해자의 엉덩이를 꽉 움켜쥐었다면 강제추행죄가 성립합니다. 법원도 이와 유사한 사안(지하철 안에서 가해자가 피해자의 음부를 갑자기 만진 사안. 2020도15259)에 대해 강제추행죄를 인정한 바 있습니다. 만약 가해자가 몸을 밀착시키거나 슬쩍 비비는 정도였다면 강제가 인정되지 않을 수 있습니다. 그 경우 지하철은 공중이 밀집하는 장소임이 명백하므로 공중밀집장소추행죄가 성립합니다.

(2) 실행의 착수시기와 기수시기

실행의 착수시기는 사람을 추행하기 위해 폭행이나 협박을 개시한 때이다. 그런데 기습추행은 가해자와 피해자의 신체접촉이 있으면 즉시 기수가 되므로 신체접촉 직전의 행위에 실행의 착수가 인정된다. 법원은 가해자가 만 17세인 여성 피해자의 바로 뒤에서 양팔을 높이 들어 갑자기 껴안으려 했으나, 피해자가 소리쳐서 껴안지 못한 사안에서 청소년성보호법상 강제추행미수죄를 인정하였다(2015도6980, 2015모2524).

기수시기는 가해자가 추행을 한 때이다. 신체접촉형 추행은 가해자와 피해자의 신체접촉이 있는 때이고, 성기노출형 추행은 가해자가 성기를 노출시켜 피해자에게 보여주었을 때라 할 수 있다.

(3) 관련 범죄

> Q
>
> 3년 동안 사귀던 남자친구가 있었는데, 성행위를 하는 것을 동영상으로 찍고 싶다고 부탁해서 딱 한 번 허락을 했어요. 얼마 전 그 사람과 헤어졌는데, 저와 성행위 하는 동영상을 가지고 있잖아요. 그걸 가지고는 저를 협박했습니다. 옷을 모두 벗고 자위하는 동영상을 찍어서 보내주지 않으면 성행위 동영상을 인터넷에 올리겠다는 거예요. 인터넷에 동영상이 올라가면 ⋯ 그래서 어쩔 수 없이 제가 자위하는 동영상을 찍어서 그 인간한테 보내줬습니다. 꼭 처벌하고 싶습니다.

Topic 1에서 추행은 일반적으로 가해자에 의한 피해자와 가해자의 신체접촉이 있거나 피하기 어려운 상황에서 가해자가 피해자에게 가해자의 성기를 보여주는 행위임을 확인하였다. 그런데 위 사례에서 가해자는 위 두 가지에 해당하는 행위를 하지 않았음에도 법원은 강제추행죄의 간접정범을 인정하였다(2016도17733). 간접정범이란 처벌받지 않거나 과실범으로 처벌받는 사람을 도구처럼 이용하여 범죄를 저지른 사람을 교사범 또는 방조범과 같이 처벌하는 것을 말한다. 교사범은 다른 사람이 범죄를 저지르도록 만든 사람이고 방조범은 다른 사람이 범죄를 저지르도록 도와준 사람인데, 교사범은 범죄를 저지른 사람(정범)과 동일하게 처벌될 수 있고 방조범은 그보다 처벌을 감경받을 수 있다. 예를 들어 의사가 어떤 환자를 살해하고 싶어서 그 환자의 주사약에 독약을 미리 섞어 두었고, 그 사실을 모르는 간호사가 그 주사약을 환자에게 투약하여 환자가 사망하게 되었다면 간호사는 주사약에 독약이 있었는지 몰랐기 때문에 환자의 사망에 대해 처벌받지 않는다. 의사는 이처럼 처벌받지 않는 간호사를 마치 살아있는 도구처럼 이용하여 환자를 살해한 것으로 이때 의사는 살인죄의 간접정범으로 처벌되는 것이다.

위 사례에서 피해자가 가해자의 협박에 의하여 알몸 상태에서 자신의 손으로 자신의 몸을 만지는 행위를 했다고 하여 피해자를 처벌할 수는 없음은 명백하다. 우리 형법에 자위죄는 존재하지 않기 때문이다. 법원은 위 사안에서 가해자가 처벌받지 않는 피해자를 도구로 이용하여 피해자의 몸을 만진 것으로 보아 강제추행죄의 간접정범을 인정하였다. 이 판례를 통해 법원은 협박만으로는 추행이 성립하지 않으며, '신체접촉'이 있어야 추행의 성립을 인정함을 다시 한 번 확인할 수 있다. 만약 법원이 항거하기 어려운 협박을 통해 피해자로 하여금 스스로 자신의 몸을 만지도록 시킨 행위를 추행이라고 보았다면, 가해자를 강제추행죄의 정범으로 인정했을 것이지, 간접정범으로 인정하지 않았을 것이다.

> **Ⓐ** 가해자는 강제추행죄의 간접정범으로 처벌될 수 있습니다. 가해자는 범행을 주도했기 때문에 강제추행죄를 범한 것과 동일하게 처벌됩니다.

그렇다면 위와 유사한 상황에서 신체접촉이 전혀 없는 경우는 어떤 처벌이 가능할까? 이에 대해서는 이 책의 마지막 Topic인 아동복지법상 성적학대죄의 성립 여부를 검토할 필요가 있다.

```
┌─────────────────────────────────────────────────────────────┐
│  Topic 4.    준 및 관련 범죄 (수단 2)                              │
└─────────────────────────────────────────────────────────────┘
```

Topic 4-1.   준의 의미

> Q 지난주 클럽에 놀러 갔다가 괜찮아 보이는 남자와 함께 놀았습니다. 술을 마시고 논 것까지는 기억이 나는데, 눈을 떠보니 모텔 방이었고 저 혼자 옷을 다 벗고 있었습니다. 그리고 누군가와 성관계를 한 것이 분명했습니다. 저는 전날 함께 놀았던 그 남자가 저를 강간한 것이라고 생각하여 샤워도 하지 않고 경찰서에 갔습니다. 경찰서에 가서 피해내용을 이야기하고 그 남자를 고소했습니다. 그런데 며칠 후에 경찰서에서 전화를 받았는데, 그 남자가 오히려 저를 무고죄로 고소했다는 겁니다. 경찰관이 모텔의 CCTV를 확인해서 영상을 가져왔는데, 제가 그 사람과 팔짱을 끼고 얘기도 하고 뽀뽀도 하는 장면이 다 찍혀 있다는 겁니다. 저는 모텔에 간 기억이 전혀 나지 않습니다. 너무 당황스럽습니다. 저는 무고죄로 처벌될까요?

가해자가 피해자에게 항거가 불가능하거나 현저히 곤란한 정도의 폭행이나 협박을 하여 간음이나 유사간음을 하면 강간죄나 유사간강죄가 성립하고, 항거가 곤란한 정도의 폭행이나 협박을 하여 추행을 하면 강제추행죄가 성립한다. 그런데 가해자가 그러한 폭행이나 협박을 하지 않았음에도 피해자가 이미 심신상실 또는 항거가 곤란한 상태에 빠져 있고, 가해자는 그러한 사정을 알면서도 이를 이용하여 피해자를 간음, 유사간음 또는 추행(이하 '간음 등') 하였다면 강간죄, 유사간강죄, 강제추행죄(이하 '강간죄 등')에 준하는 범죄를 저질렀다고 할 수 있다. 형법과 성폭력 범죄 관련 특별법은 이러한 행위에 대해 준강간죄, 준유사강간죄, 준강제추행죄(이하 '준강간죄 등')를 규정하여 각각 강간죄, 유사강간죄, 강제추행죄와 동일한 법정형으로 처벌하도록 하고 있다. 정리하자면 '준'은 피해자가 가해자와는 관계없이 이미 항거가 곤란한 상태에 빠져 있고 가해자는 이를 이용하는 것을 의미한다.

> —— 형법 제299조는 '사람의 심신상실 또는 항거불능의 상태를 이용하여 추행을 한 자'를 처벌하도록 규정한다. ⋯ 준강간죄에서 "심신상실"이란 정신기능의 장애로 인하여 성적 행위에 대한 정상적인 판단능력이 없는 상태를 의미하고, "항거불능'의 상태라 함은 심신상실 이외의 원인으로 심리적 또는 물리적으로 반항이 절대적으로 불가능하거나 현저히 곤란한 경우를 의미한다(2005도9422, 2012도2631 등 참조). 이는 준강제추행죄의 경우에도 마찬가지이다. 피해자가 깊은 잠에 빠져 있거나 술·약물 등에 의해 일시적으로 의식을 잃은 상태 또는 완전히 의식을 잃지는 않았더라도 그와 같은 사유로 정상적인 판단능력과 대응·조절능력을 행사할 수 없는 상태에 있었다면 준강간죄 또는 준강제추행죄에서의 심신상실 또는 항거불능 상태에 해당한다(2018도9781).

이처럼 피해자가 수면 중이거나 만취상태에 있음을 알고도 가해자가 그 틈을 타 간음 등을 하면 준강간죄 등이 적용되는데, 실무상 클럽 등에서 처음 만난 남녀 사이에 간음이 있는 경우가 자주 문제된다. 가해자와 피해자 사이에 간음이 있었던 것은 명확한데, 피해자는 아무런 기억이 나지 않는다면서 가해자가 정신을 잃은 피해자를 간음했다는 내용으로 고소가 접수되면 먼저 강제가 있었던 것은 아닌지 살펴보아야 한다. 최근 가해자가 술에 수면제나 마약을 섞어서 피해자를 기절시킨 후 간음 등을 한 사건이 크게 부각되고 있는데, 이러한 경우에는 준강간죄 등이 아니라 강간죄 등이 성립하기 때문이다. 강제가 없었음이 명백하다면 그 다음으로는 피해자가 심신상실이나 항거불능의 상태에 있었는지, 가해자가 이를 알고 있었으면서도 이를 이용하여 간음 등을 했는지를 살펴보아야 한다. 일반적으로는 가해자와 피해자 사이에 간음이 있었던 모텔 등의 CCTV의 확인, 목격자의 증언, 피해자의 상태, 모텔에 출입한 전후의 상황, 성관계의 경위에 관한 쌍방의 주장 및 성관계 이후의 행태, 고소의 경위 및 시점 등을 확인한다. 유의할 점은 술을 너무 많이 마시면 피해자가 당시에는 의식이 있는 것처럼 행동하지만 이후 자신의 행동을 기억하지 못하는 경우도 있다는 점이다. 이럴 때에는 준강간 등을 당했다는 피해자 주장이나 피해자가 심신상실이나 항거불능의 상태에 있었음을 몰랐다는 가해자의 주장이 모두 사실일 수도 있다. 따라서 이러한 경우 가해자에게 준강간죄 등이 인정되지 않는다고 해서 반드시 피해자에게 무고죄가 인정되는 것은 아님을 명심하기 바란다.

> **A** 질문자가 허위의 내용으로 고소하여 그 남성이 형사처벌을 받도록 하려 한 것이 아니라면 무고죄는 성립하지 않습니다. 그런데 질문자는 왜 갑자기 기억을 못하게 되었을까요? 만약 그 남성이 어떠한 약물을 이용하여 질문자가 의식을 잃었다면 강간죄가 성립할 수 있습니다. 하지만 일반적으로 약물에 의해 의식을 잃은 사람이 스스로 걷는 것은 불가능하므로 상대 남성이 약물을 이용한 것은 아닌 것 같습니다. 술에 취하여 일시적으로 의식이 상실된 현상, 소위 필름이 끊긴 것으로 보이는데 그것이 사실이라면 그 남성은 준강간죄를 범한 것이 아니고, 피해자도 무고죄를 범한 것이 아닙니다.

[형법]

제299조(준강간, 준강제추행) 사람의 심신상실 또는 항거불능의 상태를 이용하여 간음 또는 추행을 한 자는 제297조, 제297조의2 및 제298조의 예에 의한다.

제300조(미수범) 제297조, 제297조의2, 제298조 및 제299조의 미수범은 처벌한다.

준과 관련된 주요 성폭력 범죄로는 준강간죄, 준유사강간죄, 준강제추행죄가 있다. 이미 강간죄 등을 죄명에 따라 살펴보았기 때문에 준강간죄 등을 죄명에 따라 개별적으로 설명할 이유는 없다고 생각된다. 여기에서는 준의 의미로 심신상실과 항거불능에 대해 구체적으로 짚어보고, 미수와 기수의 구분을 위해 실행의 착수시기와 기수시기만 살펴보기로 하자.

(1) 심신상실과 항거불능

성폭력 범죄에서 피해자의 심신상실이란 피해자가 정신장애 또는 의식장애로 인해 성적행위에 관하여 정상적인 판단을 할 수 없는 상태를 말한다.[2] 평소 사물을 변별할 능력이 있더라도 수면상태처럼 피해자가 일시적으로 의식이 없는 경우에도 심신상실이 인정된다(76도3673).

항거불능이란 심신상실 외의 원인으로 반항이 절대적으로 불가능하거나 현저히 곤란한 경우를 의미한다(2012도2631 등). 종교적인 믿음으로 인해 피해자가 교회의 목사인 가해자를 절대적으로 신봉한 경우 준강간죄 등의 성립을 인정한 사례가 있다(2009도2001). 종교관계에서 가해자와 피해자의 관계가 절대적 신봉에는 미치지 않는다면 위계·위력에 의한 성폭력 범죄의 성립가능성을 검토해 보아야 한다.

---

[2]   주석형법, 김대휘 등, 한국사법행정학회, 2017.11. 257면

(2) 블랙아웃과 패싱아웃

최근 법원은 알코올을 과다섭취한 피해자가 심신상실이나 항거불능에 해당하는지에 대하여, "패싱아웃(passing out)"은 수면에 빠지는 의식상실로 심신상실에 해당하고, "알코올 블랙아웃(black out)"은 행위자가 일정한 시점에 진행되었던 사실에 대한 기억을 상실하는 것으로 심신상실이나 항거불능에 해당하지 아니하지만 "블랙아웃" 상태로 의사를 형성할 능력이나 성적 자기결정권 침해행위에 맞서려는 저항력이 현저하게 저하된 상태였다면 '항거불능'에 해당한다고 하였다 (2018도9781).

> ——— 18세의 피해자가 술에 취하여 배회하던 중 일면식도 없던 가해자(28세)를 만나 모텔에 갔고 가해자는 피해자에게 키스하고 가슴을 만졌는데, CCTV상 모텔로 들어가는 피해자는 몸을 가누지 못할 정도로 비틀거리지는 않았고, 모텔 인터폰을 통해 자신의 이름을 또박또박 말하였지만, 술에 취하여 피해상황이 전혀 기억나지 않는다고 주장하는 사안에 대해, 법원은 알코올의 영향은 개인적 특성 및 상황에 따라 다르게 나타날 수 있으므로, 자신의 이름을 대답하는 등의 행동이 가능하였다는 점만을 들어 범행 당시 심신상실 등 상태에 있지 않았다고 섣불리 단정해서는 안 된다고 판단(2018도9781)

따라서 피해자가 과다한 알코올 섭취로 인해 심신상실 또는 항거불능 항태에 있었다고 주장하며, 피해자의 범행 당시 음주량과 음주 속도, 경과한 시간, 피해자의 평소 주량, 피해자가 평소 음주 후 기억장애를 경험하였는지 여부, CCTV나 목격자를 통하여 확인되는 당시 피해자의 상태, 언동, 가해자와 평소 관계, 만나게 된 경위, 성적 접촉이 이루어진 장소와 방식, 그 계기와 정황, 피해자의 연령·경험 등 특성, 성에 대한 인식 정도, 심리적·정서적 상태, 피해자와 성적 관계를 맺게 된 경위에 대한 가해자의 진술 내용의 합리성, 사건 이후 가해자와 피해자의 반응을 비롯한 제반 사정을 면밀하게 살펴 범행 당시 피해자가 심신상실 또는 항거불능 상태에 있었는지 여부를 판단해야 한다.

(3) 실행의 착수시기와 기수시기

> Q 지난주 여고 동창인 친구가 초대해서 친구 집에 놀러 갔습니다. 친구 집에서 친구와 친구의 남편까지 세 명이서 술을 마셨는데, 친구는 새벽 한시 정도 되어서 작은 방에 먼저 자러 갔습니다. 저는 친구 남편과 둘이서 술을 조금 더 마셨는데 두 시 정도 되자 저도 술기운이 제법 올라왔고, 잠을 자기위해 안방에 갔습니다. 방에 누워서 잠을 자려고 하는데 잠시 후에 친구 남편이 방으로 들어와서는 갑자기 제 옷을 벗기더니 제 몸을 만지고 결국 성행위까지 했습니다. 저는 술에 취하긴 했지만 정신을 잃은 정도는 아니었는데 너무나 당황스러웠고, 친구가 깨기라도 하면 난처한 상황이 될 것이 걱정도 되고 해서 정신을 잃은 척 하고 있었습니다. 너무나 수치스럽고 다른 남자들을 만날 엄두가 나지 않습니다. 가해자를 처벌할 수 있을까요?

강간죄 등의 경우 폭행이나 협박을 시작할 때 실행의 착수가 있음은 이미 확인하였다. 그런데 준강간죄 등의 경우에는 폭행이나 협박이 없으므로 간음 등을 시작하거나 그와 밀접한 행위를 한 때 실행의 착수가 있다고 보아야 한다. 법원은 가해자가 잠을 자는 피해자의 옷을 벗긴 후 자신의 바지를 내린 상태에서 피해자의 음부 등을 만지고 자신의 성기를 피해자의 음부에 삽입하려고 하였으나, 피해자가 몸을 뒤척이고 비트는 등 잠에서 깨어 거부하는 듯 한 기색을 보이자 더 이상 간음에 나아가는 것을 포기한 경우, 준강간죄의 실행의 착수를 인정했다(99도5187). 간음을 하기 위해 가해자가 피해자의 속옷을 벗기는 단계에 이르렀다면 간음과 밀접한 행위로 인정될 것이고, 겉옷을 벗기는 단계에도 상황에 따라 충분히 인정될 수 있다고 생각된다.

기수시기는 강간죄 등과 동일하다. 즉, 준강간죄는 남성의 성기가 여성의 성기에 삽입되었을 때, 준유사강간죄는 피해자의 성기를 제외한 신체 내부에 가해자의 성기를 넣거나, 피해자의 성기나 항문에 가해자의 성기를 제외한 신체 또는 도구를 넣었을 때, 준강제추행죄는 피해자를 만졌을 때라 할 수 있다.

한편, 법원은 사실은 피해자가 심신상실이나 항거곤란의 상태에 있지 않았으나 성적 수치심 등으로 인해 간음 등을 당할 때 그러한 상태에 있는 것처럼 꾸민 경우, 예를 들자면 잠이 든 척 했다거나 술에 취해서 정신을 잃은 척 했다면 준강간죄 등의 성립을 부정하고 무죄판결을 해 왔었다. 하지만, 최근 법원은 가해자가 피해자의 상태가 심신상실이나 항거곤란에 이르렀다고 생각하고 피해자에게 간음을 하였다면 실제로는 피해자가 그러한 상태가 아니었다 해도 준강간죄의 불능미수범이 성립한다고 하였고(2018도16002) 그러한 상황에서 추행을 하였다면 준강제추행죄의 불능미수가 성립한다고 하였다(2016도6650).

불능미수란 실행의 수단 또는 대상의 착오로 인하여 결과의 발생이 불가능하더라도 위험성이 있는 경우의 미수를 말한다. 이에 비해 불능범이란 결과의 발생이 불가능하고 위험성도 없는 경우로 처벌도 할 수 없는 경우인데, 불능범과 불능미수를 구별하는 핵심적인 요소는 위험성의 존재 여부이다. 이를 판단하는 기준에 대해 다양한 견해가 대립하지만 법원은 행위자가 "행위 당시에 인식한 사정을 놓고 이것이 객관적으로 일반인의 판단으로 보아 결과 발생의 가능성이 있느냐(2005도8105)"를 기준으로 삼는다.

법원은 위 2018도16002 사건에서 피해자는 심신상실이나 항거곤란의 상태에 이른 것은 아니기 때문에 준강간죄나 준강제추행죄의 결과 발생은 불가능하지만 가해자는 피해자가 그러한 상태에 이른 것으로 생각하고 간음 또는 추행하였기 때문에 준강간죄 또는 준강제추행죄 결과가 발생할 위험성은 있었다면서 양 죄의 불능미수범을 인정하였다. 이에 대해서는 매우 설득력 있는 무죄취지의 반대의견이 있었지만, 실무가의 입장에서는 법원의 결론을 잘 이해하는 것으로 충분할 것이다.

A 피해자는 수치심으로 잠을 자고 있는 척 했지만, 가해자는 피해자가 잠에 빠져 의식을 잃은 것으로 생각하고 간음을 했습니다. 일반인의 관점에서 볼 때 가해자가 인식한 사정은 결과발생의 위험성이 있으므로 가해자는 준강간죄의 불능미수범으로 처벌될 수 있습니다.

Topic 5-1. 위계 · 위력의 의미

　　Topic3과 Topic4에서는 강제와 준의 의미 및 관련 범죄에 대해 살펴보았다. 가해자가 피해자를 저항하지 못하게 만들거나(강제), 피해자가 저항할 수 없는 상태에 있는 것을 이용(준)하여 간음 등을 한 경우에는 가해자는 성범죄자로 처벌될 수 있다. 그런데 가해자가 강제에 이르지는 않는 유형력을 행사했을 때는 어떻게 될까? 유형력의 행사가 전혀 없지만 피해자를 속였을 때는 어떨까?

　　강제에 이르지는 않지만 피해자의 자유의사를 제압할 만한 수단을 '위력'이라 하고, 피해자를 속이는 것을 '위계'라 한다. 미성년자나 심신미약자와 같이 비장애인 성인에 비해 판단능력이나 대처능력이 부족하거나, 고용관계 등으로 인해 저항하기 어려운 관계에 있는 사람들에 대해서는 두터운 보호가 필요하다. 따라서 형법, 성폭력처벌법, 청소년성보호법은 이러한 피해자들에 대한 위계나 위력에 의한 성폭력 범죄의 처벌규정을 두고 있다. 그러나 위계나 위력에 의한 성폭력 범죄는 피해자가 제한되어 있고, 피해자가 연 19세 미만인 경우 외에는 유사간음에 대해 처벌규정을 두지 않고 있으며, 법정형도 강제나 준에 의한 성폭력 범죄에 비해 낮으므로 강제나 준에 의한 성폭력 범죄가 성립하지 않을 때 보충적으로 적용하여야 한다. 피해자의 유형에 따른 개별적 범죄는 뒤에서 살펴보고 여기에서는 위계와 위력의 의미를 살펴보자.

(1) 위계

> Q 저는 여자 고등학생인데, 온라인 채팅을 하면서 한 남학생과 친해
> 졌습니다. 그 애가 저에게 자신을 심하게 괴롭히는 여자 스토커가 있는데,
> 자기가 잘 아는 동네 깡패 형이 여고생과 성교를 하게 해 주면 그 스토커
> 를 처리해 주겠다고 했다면서 저에게 그 형과 한 번 성관계를 가져 달라고
> 애원했습니다. 저는 내키지 않았지만 그 애가 계속 부탁을 해서 그 깡패라
> 는 사람과 한 번 잤습니다. 그런데 알고 보니 그 남자 고등학생이 바로 그
> 깡패였습니다. 1인 2역을 하면서 저를 가지고 놀았던 것입니다. 너무 화가
> 나서 꼭 처벌을 원합니다.

위계란 가해자가 간음이나 추행의 목적으로 상대방에게 기망, 유혹 등의 방법으로 오인, 착각, 부지를 일으키게 하고, 상대방의 그러한 심적 상태를 이용하여 간음이나 추행의 목적을 달성하는 것을 말한다. 과거 법원은 오인, 착각, 부지는 간음과 추행 그 자체에 대한 것 만을 포함한다고 보았다(2014도8423, 2014전도151). 이에 빈뇨증상을 호소하는 여성 피해자에게 진료를 하는 것처럼 속여 피해자의 성기에 손가락을 넣은 경우(2016도13604) 등 의료행위를 가장하거나, 종교지도자가 종교의식을 하는 것으로 속여 피해자와 간음을 하는 것처럼 성적인 행위임을 속이는 경우에는 위계를 인정하였으나, 장애인인 여성 피해자에게 남자를 소개시켜 주겠다고 한 후 여관방에서 자기 자신이 소개시켜 줄 남자라고 하고 간음한 사안에서 가해자가 간음 자체에 대해서 속인 것이 없다는 이유로 위계를 인정하지 않았고(2002도2029), 청소년에게 성교의 대가로 돈을 주겠다고 거짓말 하여 간음한 사안에서도 간음 자체에 대해 속인 것이 없다며 위계를 인정하지 않았다(2001도5074).

하지만 최근 가해자가 온라인 상에서 알게 된 여고생(피해자)에게 남자 고등학생 행세를 하면서 다른 성인 남성과 성관계를 가져 줄 것을 부탁하고, 피해자가 이를 수락하자 가해자가 그 다른 성인 남성이라면서 피해자와 성관계를 가진 사안에 대해 법원은 전원합의체 판결에서 "행위자가 간음 목적으로 피해자에게 오인, 착각, 부지를 일으키고 피해자의 그런 심적 상태를 이용해 간음목적 달성했다면 위계와 간음 사이에 인과관계를 인정할 수 있으므로 위계에 의한 간음죄가 성립한다"고

하여 종전 판례의 태도를 변경하였다(2015도9436). 이로서 앞으로는 성적인 행위와 직접 관련이 없는 조건 등을 속인 경우에도 위계가 인정되어 위계에 의한 간음죄 등으로 처벌될 수 있다.

> **A** 가해자는 위계에 의한 간음죄로 처벌될 수 있습니다. 피해자의 나이가 연19세 이상 만19세 미만이면 형법이 적용되고, 연19세 미만이면 청소년성보호법이 적용되어 가중처벌 됩니다.

(2) 위력

위력이란 강제에 이르지는 않지만 피해자의 자유의사를 제압하기에 충분한 유형 또는 무형의 세력을 말한다. 따라서 위력에는 강제에 이르지 않는 폭행, 협박은 물론 가해자의 사회적, 경제적, 정치적인 지위나 권세 등이 모두 포함되고, 현실적으로 피해자의 자유의사가 제압될 필요는 없다(2011도7164 등). 법원은 위력의 인정 여부를 행사한 유형력의 내용과 정도, 이용한 행위자의 지위나 권세의 종류, 피해자의 나이, 행위자와 피해자의 이전부터의 관계, 행위에 이르게 된 경위, 구체적인 행위태양, 범행 당시의 정황 등 제반사정을 종합적으로 고려하여 판단한다(2011도7164 등). 아래는 종래 법원이 위력을 인정한 판례들인데, 그 내용을 보면 법원은 가해자와 피해자의 나이나 신체 또는 지적 능력에 상당한 불균형이 있는 경우, 특히 피해자가 연소자로서 성경험이 없는 경우 위력을 쉽게 인정하는 것으로 보인다.

—— 체구가 큰 만 27세 남성 가해자가 모텔방에서 술에 취한 만 15세인 여성 피해자가 거부하는 의사를 보였음에도 피해자의 몸 위에 올라가 간음한 경우(2008도4069. 유사사례 2013도11815. 가해자 만 37세, 피해자 만 16세)

—— 만 35세의 남성 가해자가 차 안에서 만 15세인 여성 피해자의 바지 속에 손을 넣으려고 하자 피해자가 하지 말라고 하면서 바지를 벗기지 못하도록 벨트를 잡고 있었음에도 가해자가 설득하여 피해자의 바지를 벗긴 후 성교한 경우(2007도4818.

법원은 위력을 인정한 이유로 "피해자가 성교를 원하지 않았음을 밝혔고, 범행장소가 인적이 드문 외딴곳이어서 타인의 도움을 받을 수 없다고 생각하여 적극적으로 반항할 수 없었다는 피해자 진술에 수긍이 가는 점, 성경험이 없는 피해자가 3일 전 처음 알게 된 가해자의 요구에 순순히 응하여 성관계 했다는 것이 경험칙상 쉽게 납득이 안 되는 점, 피해자가 가해자를 무고할 사정이 전혀 엿보이지 않는 점" 등을 들었다.)

—— 엘리베이터 내에서 만 11세인 피해자를 바라보고 성기를 꺼내 자위행위를 한 경우(2011도7164)

나아가 최근 법원은 위력을 본래의 의미에 따라 널리 인정하는 태도를 보이고 있다. 아래와 같이 가해자와 피해자의 관계 등 제반 사정을 보아 피해자의 자유의사를 제압하기에 충분한 세력을 행사한 경우라면 위력을 인정한 것이다.

—— 도지사가 지방별정직 비서에게 평소 "담배", "…" 등의 문자를 보내어 비서를 호출한 후 피해자로부터 물리적 저항이 없는 상태에서 피해자를 안아 침대에 눕히고 어깨를 눌러 간음한 사안에 대해 위력을 인정(2019도2562)

—— 편의점주인 가해자는 아르바이트 지원자인 피해자를 자신이 술을 마시던 술집으로 불러 대화를 하던 도중 피해자가 경제적으로 어려움을 겪고 있어 구직이 시급하다는 점을 알게 되었다. 가해자는 술집에서 피해자에게 자신의 성기를 보이는 등의 행위를 한 후 헤어졌는데, 피해자에게 자신의 집으로 오라고 문자를 보냈다. 피해자가 답하지 않자 가해자는 피해자에게 집으로 오지 않으면 채용하지 않는다고 하였고, 피해자가 가해자의 집에 오자 가해자는 피해자에게 자신의 성기를 만지면 취업시켜 주겠다고 하였다. 피해자가 가해자의 성기를 만지자 가해자도 피해자의 성기를 만지다가 피해자가 이를 거부한 경우 위력을 인정(2020도5646)

첫 번째 사건에서 가해자가 한 행위가 피해자의 자유의사를 제압할 만한 정도의 유형력을 행사하였다고 보기는 어렵다. 또한 가해자가 피해자에게 특별히 구체적인 협박을 한 것도 없는 것으로 보인다. 하지만 법원은 평소 가해자와 피해자의 관계, 가해자의 정치, 사회, 경제적 지위를 보아 가해자의 일련의 행위를 위력으로 인정한 것이라 생각한다. 피해자는 가해자가 보낸 "담배" 등의 문자를 보는 즉시 가해자의 성적 행위에 대해 저항하기 어려운 상황에 놓였을 것임을 생각해 볼 때 법원의 판단에 동조하지 않을 수 없다.

두 번째 사건에서 가해자는 피해자에게 어떠한 유형력도 행사하지 않았다. 협박의 내용은 정규직도 아닌 아르바이트 생으로 고용을 할지 여부에 불과하다. 즉 가해자가 내건 조건 자체만으로는 피해자의 자유의사를 제압할 만하다고 보기 어렵다. 하지만 가해자는 피해자가 경제적으로 매우 곤궁한 상황임을 알고 있었고, 이를 악용하여 취업을 조건으로 성적인 행위를 요구하였다. 이러한 상황에서 가해자의 행위는 피해자의 자유의사를 충분히 제압할 만하다는 점에서 법원의 판단은 매우 옳다고 생각한다.

이처럼 법원이 위력의 본래 의미를 확인하고 있음은 매우 다행스러운 일이다. 이제 피해자의 자유의사를 제압할 만한 일체의 세력을 행사하여 피해자의 성적 자기결정권을 침해한 자들에 대해 형사처벌의 가능성이 널리 열렸기 때문이다. 하지만 위력에 의한 성폭력 범죄에는 피해자가 제한되어 있어 피해자가 비장애인 성인으로 가해자와 피보호감독 관계도 없는 경우라면 가해자를 처벌 할 수 없음은 여전히 큰 문제점이다.

위계·위력과 관련된 주요 성폭력 범죄는 미성년자나 심신미약자에 대한 위계·위력에 의한 간음죄와 추행죄가 있다. 미성년자와 심신미약자는 이 범죄의 객체가 되는데, 양자의 경우 강제에 이르지 않은 수단인 위력의 행사만으로도 가해자에게 저항을 하기 어렵고, 간음이나 추행이 성적 행위가 아닌 것처럼 위계를 이용하면 쉽게 속을 수 있다고 보아 가해자를 처벌하도록 한 것이다. 미성년자에 대해서는 피해자가 연 19세 미만이라면 가중처벌이 가능하고, 심신미약자는 그 정도에 따라 장애인으로 인정되면 가중처벌이 가능하다.

한편, 미성년자나 심신미약자가 아니더라도 피해자의 특수한 상황에 의해 위계나 위력에 의한 간음죄나 추행죄가 성립하는 경우가 있다. 피해자가 성인이거나 심신에 아무런 하자가 없는 경우라도 업무관계, 고용관계 등으로 가해자와 보호감독의 관계에 있는 경우, 가해자가 위력이나 위계를 이용하면 이에 대해 저항하기 매우 어려운 사정을 고려한 것이다. 〈표 12〉는 위계나 위력에 의한 성폭력 범죄의 구성요건을 정리한 표이다.

〈표 12〉 위계나 위력에 의한 성폭력 범죄의 구성요건

주체	수단	객체	행위
제한없음	위계 · 위력	미성년자/심신미약자	간음 · 추행※
보호자 감독자		업무 · 고용 · 기타 관계로 보호 감독받는 자	

※ 단, 피해자가 미성년자 중 연 19세 미만의 경우에는 청소년성보호법에, 만 13세 미만의 경우에는 성폭력처벌법에 유사간
음도 처벌규정 있음

> [형법]
>
> **제302조(미성년자 등에 대한 간음)**　미성년자 또는 심신미약자에 대하여 위계 또는 위력으로써 간음 또는 추행을 한 자는 5년 이하의 징역에 처한다.
>
> **제305조의2(상습범)**　상습으로 제297조, 제297조의2, 제298조부터 제300조까지, 제302조, 제303조 또는 제305조의 죄를 범한 자는 그 죄에 정한 형의 2분의 1까지 가중한다. .

　이 죄의 구성요건은 '사람'이 '미성년자' 또는 '심신미약자'에 대하여 '위계' 또는 '위력'으로 '간음' 또는 '추행'을 하는 것이다. 주체에는 제한이 없고, 간음과 추행은 이미 살펴보았으므로 여기에서는 미성년자와 심신미약자에 대해서만 살펴본다.

(1) 미성년자

　미성년자는 민법에 따라 만 19세(개정 전 민법상 2013년 6월 30일까지는 만 20세) 미만의 사람이다. 그런데 피해자가 만 13세 미만인 경우에 가해자가 위력이나 위계로 간음한 경우에는 성폭력처벌법에 의해 "무기 또는 10년 이상의 징역"으로, 유사간음한 경우에는 같은 법에 의해 "7년 이상의 징역"으로, 추행한 경우에는 같은 법에 의해 "5년 이상의 징역"으로 처벌된다. 피해자가 만 13세 이상 연 19세 미만인 경우에 가해자가 위력이나 위계로 간음한 경우에는 청소년성보호법에 의해 "무기 또는 5년 이상의 징역"으로, 유사간음한 경우에는 같은 법에 의해 "5년 이상의 징역"으로, 추행한 경우에는 같은 법에 의해 "2년 이상의 징역 또는 1천만 원 이상 3천만 원 이하의 벌금"으로 처벌된다. 성폭력처벌법과 청소년성보호법은 형법에 대해 특별관계에 있고, 법정형도 훨씬 높기 때문에 형법상 미성년자 간음죄나 추행죄가 성립하는 경우는 피해자가 연 19세 이상 만 19세 미만인 경우에 한정된다. 예를 들어 피해자의 생일이 1월 1일이라면 형법상 미성년자 간음죄나 추행죄의 성립은 불가능하고, 피해자의 생일이 12월 31일이라면 피해자가 만 19세가 되는 해의 1월 1일부터 12월 30일까지 성립이 가능하다. 피해자가 연 19세 보다 어린 경우라면 위와 같이 성폭력처벌법이나 청소년성보호법이 적용되기 때문이다.

(2) 심신미약자

심신미약자란 심신상실에 이르지는 않았지만 정신기능의 장애로 인하여 사물을 변별하거나 의사를 결정할 능력이 미약한 사람을 말한다. 그런데, 성폭력처벌법은 장애인에 대해 위계나 위력으로 간음하면 "5년 이상의 징역"으로, 추행하면 "1년 이상의 징역 또는 1천만 원 이상 3천만 원 이하의 벌금"으로 처벌하도록 하고 있다. 뒤에서 살펴보겠지만 정신기능의 장애로 인해 사물변별능력이나 의사결정능력이 미약한 자는 장애인에 해당할 가능성이 높으므로 형법상 심신미약자에 대한 간음죄나 추행죄의 적용에 앞서 반드시 성폭력처벌법의 적용 가능성을 검토해 보아야 한다.

[형법]

제303조(업무상위력등에의한 간음) ① 업무, 고용 기타 관계로 인하여 자기의 보호 또는 감독을 받는 사람에 대하여 위계 또는 위력으로써 간음한 자는 7년 이하의 징역 또는 3천만 원 이하의 벌금에 처한다.

제305조의2(상습범) 상습으로 제297조, 제297조의2, 제298조부터 제300조까지, 제302조, 제303조 또는 제305조의 죄를 범한 자는 그 죄에 정한 형의 2분의 1까지 가중한다.

[성폭력처벌법]

제10조(업무상위력등에 의한 추행) ① 업무, 고용이나 그 밖의 관계로 인하여 자기의 보호, 감독을 받는 사람에 대하여 위계 또는 위력으로 추행한 사람은 3년 이하의 징역 또는 1천500만 원 이하의 벌금에 처한다.

1. 저는 대학원을 다니면서 편의점에서 아르바이트 일을 하고 있습니다. 어제 출근을 하니 점장님이 저에게 공부도 하고 일도 하느라 고생한다면서 아이스 컵에 담긴 커피를 건넸습니다. 마침 날씨가 더워서 한 모금 마셨는데 정액 맛이 나는 것 같았습니다. 바로 경찰서로 찾아가서 신고했는데, 정액이 들어있었다고 합니다. 점장을 처벌할 수 있나요?

2. 저는 대학교에 다니고 있는 여학생입니다. 어제 학교에서 체육대회를 하였는데 달리기를 마치고 나서 쉬려고 벤치에 앉아있었더니, 평소 저를 귀찮게 구는 같은 과 남자애가 저한테 고생했다면서 콜라를 마시라고 건넸습니다. 뭔가 기분이 찝찝해서 바로 경찰서로 찾아가서 확인을 부탁드렸는데, 정액이 들어있었다고 합니다. 처벌을 할 수 있나요?

이 죄의 구성요건은 '업무, 고용 기타관계로 인한 보호자·감독자'가 '피보호자·피감독자'를 '위계' 또는 '위력'으로써 '간음' 또는 '추행'을 하는 것이다. 심신미약자가 아닌 성인이라도 업무나 고용관계로 인해 약자의 입장에 있을 수 있으므로, 그러한 피해자를 두텁게 보호하기 위한 것으로 간음죄는 형법에, 추행죄는 성폭력처벌법에 규정되어 있다. 다른 구성요건은 이미 모두 살펴보았고, 이 죄에서는 업무나 고용 등의 관계로 인해 보호 또는 감독 관계가 인정되는지 여부가 중요한데, 아래는 그러한 관계가 인정된 경우이다. 위계나 위력, 간음과 추행은 따로 분류하지 않았다.

○ **인정된 경우**

── 유치원 원장으로서 그 신분을 이용하여 유치원 교사들이거나 채용 예정된 피해자들에게 그들의 의사에 반하여 추행하려는 의사로, 업무차 가해자의 집 앞에 온 피해자를 오른팔을 잡아당겨 안으려고 하고, 피해자를 자기의 차량에 태우고 가다가 은밀한 장소에 이르러 강제로 키스를 하든가, 유치원 내에 다른 사람이 없는 틈을 이용하여 피해자의 허리를 양손으로 잡아 올리고, 발기된 성기를 피해자의 허벅지에 닿게 하고, 두 손으로 피해자의 어깨를 감싸 안고, 이에 놀라 비명을 지르는 피해자의 왼손을 잡아 쥐고 주무르고, 전화기 전달을 빙자하여 오른손으로 피해자의 젖가슴 밑 부분을 닿게 하는 행위를 한 경우 성폭력처벌법상 업무상위력등에의한추행죄 인정(97도2506)

── 도지사가 지방별정직 비서에게 평소 "담배", "…" 등의 문자를 보내어 비서를 호출한 후 피해자로부터 물리적 저항이 없는 상태에서 피해자를 안아 침대에 눕히고 어깨를 눌러 간음한 사안에 대해 형법상 업무상위력등에의한간음죄 인정(2019도2562)

── 회사 사장의 조카인 직장상사가 부하직원인 여직원(여, 22세)에게 자신의 어깨를 주무르게 한 후 이를 거절하면 큰소리로 화를 내 피해자로 하여금 이를 거절할 수 없도록 하였고, 계속하여 피해자로 하여금 가해자의 어깨를 주무르게 하여 오던 중, 피해자가 자신의 어깨를 주무르라는 요구를 거절하자 피해자의 등 뒤로 가 '이렇게 하는 거야'라고 말하면서 양손으로 피해자의 어깨를 주무른 경우 성폭력처벌법상 업무상위력등에의한추행죄 인정(2004도52)

── 자고 있는 환자를 깨워 상의를 배꼽 위로 올리고 바지와 팬티를 음부 윗부분까지 내린 다음 '아프면 말하라'고 하면서 양손으로 복부를 누르다가 차츰 아래로 내려와 팬티를 엉덩이 중간까지 걸칠 정도로 더 내린 후 음부 윗부분과 그 주변을 4~5회

정도 누른 경우 성폭력처벌법상 업무상위력등에의한 추행죄 인정(2003도1707)

—— 미장원 사장의 남편인 가해자는 미장원에 매일 출입하며 청소 등 업무를 하였고, 피해자인 종업원도 가해자를 '주인 아저씨'라고 불렀다. 가해자는 피해자에게 저녁을 사준다는 구실로 데리고 나와서 식사 후에 피해자의 숙소로 보내준다고 하면서 고의로 시간을 지연시켰다. 야간통행금지에 임박한 시간이 되자 부득이 부근 여관에 투숙치 아니할 수 없는 것처럼 피해자를 속여 여관에 투숙한 후 위력으로 간음한 경우 업무상위력 등에 의한 간음죄 인정(74도1519)

—— 팔레스호텔의 노조위원장으로서 피해자의 채용에 실질적인 영향력을 행사하는 등 직원들의 인사에 영향력을 행사해 오던 자로서 그 신분을 이용하여 위 호텔 커피숍에 근무하는 피해자를 위력으로써 추행한 경우 업무상위력등에의한추행죄 인정(2007도8135)

—— 편의점주인 가해자는 아르바이트 지원자인 피해자를 자신이 술을 마시던 술집으로 불러 대화를 하던 도중 피해자가 경제적으로 어려움을 겪고 있어 구직이 시급하다는 점을 알게 되었다. 가해자는 술집에서 피해자에게 자신의 성기를 보이는 등의 행위를 한 후 헤어졌는데, 피해자에게 자신의 집으로 오라고 문자를 보냈다. 피해자가 답하지 않자 가해자는 피해자에게 집으로 오지 않으면 채용하지 않는다고 하였고, 피해자가 가해자의 집에 오자 가해자는 피해자에게 자신의 성기를 만지면 취업시켜 주겠다고 하였다. 피해자가 가해자의 성기를 만지자 가해자도 피해자의 성기를 만지다가 피해자가 이를 거부한 경우 업무상위력등에의한추행죄 인정(2020도5646)

이처럼 법원은 가해자가 반드시 고용주일 필요는 없고 직장상사와 부하직원 사이에도 "업무등" 관계를 인정하였으며 법률상의 관계가 아닌 사실상의 관계도 성립한다고 보았다.

특히, 사실상의 관계에 대해 최근 법원은 위 편의점주 사건에서 채용에 영향력을 미칠 수 있는 사람과 구직자 사이에는 일반적으로 보호감독관계가 있다고 하여 보호감독관계를 매우 널리 인정하였다(2020도5646). 또한 청소년성보호법 제11조의 성매매 강요와 관련하여 위 미장원사건(74도1519)과 호텔 노조 위원장사건(2007도8135)을 인용하면서 15세인 가출청소년이 가출 후 만난 20세의 가해자에게 정신적,

경제적으로 전적으로 의존하면서 실질적으로 생활도 함께 한 것이라면 양자 사이에 5살의 나이 차이가 있음에 불과하더라도 보호감독관계가 인정된다고 하였다(2021도4042). 이처럼 법원은 보호감독관계를 극도로 확장하여 해석하고 있으므로 수사 단계에서부터 보호감독관계를 널리 해석하여 가해자가 합당한 처벌을 받을 수 있도록 하여야 한다.

　　업무등의 관계는 의사와 환자 사이에도 인정된다. 의사는 진료를 목적으로 환자와 신체적 접촉을 하는 것이 당연하기 때문에 피해자의 진술과 기타 사정 등을 면밀히 살펴보아 의사의 행위가 진정한 의료행위인지 여부를 판단하고, 그러하지 아니하다면 업무상위력에의한 추행죄를 적용할 수 있다. 물론 피해자가 저항할 틈도 없이 기습적으로 유사간음이나 추행을 한 경우라면 법정형이 더 높은 유사강간죄나 강제추행죄를 적용해야 한다. 종교관계는 굉장히 민감한 문제라 종교지도자의 행위가 종교의식인지 추행인지를 구분할 때 주의해야 한다. 물론 종교관계에도 가해자가 기습적으로 유사간음이나 추행을 한 경우라면 유사강간죄나 강제추행죄를 적용해야 한다. 나아가 의사나 환자관계 또는 종교관계에서 피해자가 저항할 수 없는 상태를 이용한 경우라면 준강간죄 등이 성립할 수도 있다.

　　　1. 먼저 가해자가 정액을 마시게 한 행위가 추행에 해당하는지 살펴보면, 법원이 제시한 추행의 정의인 "객관적으로 일반인에게 성적 수치심이나 혐오감을 일으키게 하고, 선량한 성적 도덕관념에 반하는 행위로서 피해자의 성적 자유를 침해하는 행위"에 해당합니다. 또한 법원은 성폭력 범죄에 있어 간접정범을 널리 인정하고 있어 피해자가 스스로 정액을 마신 점에 대해서도 추행이 인정되는 데 어려움이 없습니다.

　　　다음으로 가해자는 피해자에게 커피를 마시는 것으로 속였습니다. 이미 살펴본 것처럼 법원은 위계를 널리 인정하고 있고, 이처럼 직접적으로 성적인 행위가 아닌 것처럼 속인 경우라면 위계는 인정됩니다.

　　　문제는 위계에 의한 성폭력 범죄는 피해자가 제한되어 있다는 점입니다. 피해자는 비장애인인 성년이므로 가해자와 피해자 사이에 보호감독관계가 인정되는 경우에 한하여 위계에 의한 추행죄가 성립될 수 있습니다. 그런데 법원은 최근 보호감독 관계를 널리 인정하고 있고 사안과 같이 고용주와 피고용자 사이에는 이를 인정하는 데 전혀 주저하지 않을 것입니다.

　　따라서 가해자는 성폭력처벌법상 업무상위계에의한추행죄로 처벌될 수 있습니다.

　　2. 이 사건은 정액을 속여서 마시게 하려 했다는 점에서 1과 같이 위계가 인정되지만, 몇 가지 큰 차이가 있습니다. 먼저 피해자가 정액을 마시지 않았다는 점입니다. 이에 정액을 마시도록 한 가해자의 행위가 추행의 기수 또는 미수에 해당하는지 검토해 보아야 합니다. 이미 살펴본 것처럼 법원은 신체적 접촉 외에 추행의 기수 인정에 대해 매우 소극적이라 추행의 기수로 인정되기는 어려울 것입니다. 하지만 위계에의한추행죄에서 실행의 착수는 최소한 추행에 밀접한 행위를 한 시점에는 인정될 것이라 할 때, 가해자가 피해자에게 콜라를 건넨 시점에서는 실행의 착수가 인정되어 미수범이 성립될 수 있다고 생각됩니다.

　　가해자에게 미수범이 인정될 수 있다면 처벌규정이 있는지를 검토해야 합니다. 형법상 위계에의한추행죄에 대해서는 미수범 처벌규정이 없지만 연 19세 미만인 피해자에 대해서는 청소년보호법에, 만 13세 미만인 피해자에 대해서는 성폭력처벌법상 위계에의한추행죄에 미수범 처벌규정이 있습니다. 한편 성폭력처벌법상 보호감독 관계에서 업무상위계에의한추행죄에 대해서는 미수범 처벌규정이 없습니다.

　　사안에서 피해자는 대학생이라고 했습니다. 피해자의 나이가 연 19세 미만이라면 가해자는 청소년보호법상 위계에의한추행미수죄로 처벌될 수 있을 것으로 보입니다. 피해자가 만 13세 미만일 가능성은 거의 없지만, 만약 그렇다면 성폭력처벌법상 위계에의한추행미수죄로 더욱 크게 처벌될 수 있습니다.

　　한편 피해자와 가해자는 보호감독 관계는 성립하지 않습니다. 만약 성립된다고 하더라도 성폭력처벌법상 보호감독 관계에 의한 업무상위계에의한추행죄는 미수범 처벌규정이 없으므로 가해자를 처벌하기 어렵습니다.

성폭력 범죄를 공부해 보니 종류가 너무 많고 복잡합니다. 간음과 관련한 범죄만 해도 강간죄, 준강간죄, 위계·위력에의한간음죄, 의제강 간죄 등이 있어서 혼란스럽습니다. 각 범죄는 어떠한 관계에 있나요? 가 해자의 행위가 여러 가지 범죄에 해당하면 어떤 범죄로 처벌하는 것이 옳 은가요?

지금까지 강제 및 준에 의한 성폭력 범죄와 강제에 미치지 않는 수단인 위계나 위력을 이용한 성폭력 범죄에 대해 살펴보았다. 강제에 의한 성폭력 범죄는 성폭력 범죄의 기본적 유형으로 피해자에 대한 제한이 없다. 준에 의한 성폭력 범죄는 강제 에 의한 성폭력 범죄에 준하는 것으로 피해자에 대한 제한이 없다. 위계나 위력을 이용한 성폭력 범죄는 미성년자와 심신미약자 또는 가해자와 고용 등의 관계로 저 항하기 어려운 상황에 있는 피해자를 두텁게 보호하기 위해 가해자가 강제보다 낮 은 정도의 수단을 이용한 경우에도 가해자를 처벌할 수 있도록 한 것이다.

그렇다면 극도로 두터운 보호를 필요로 하는 피해자에 대해서는 어떠한 방법 으로 보호해야 할까? 우리나라는 만 16세 미만인 사람, 연 19세 미만인 장애인, 법 률에 의해 구금된 사람에 대해 가해자가 강제, 준, 위계, 위력 등의 수단을 이용하 여 간음 등을 한 경우 강간죄, 준강간죄, 위계·위력에의한간음죄 등으로 처벌함은 물론, 가해자가 어떠한 수단도 쓰지 않고 남녀 간의 성기결합, 성기를 제외한 신체 내부 결합 또는 신체적 접촉을 했을 때 그 자체만으로도 가해자를 처벌할 수 있도 록 하고 있다. 이러한 범죄를 의제범죄라 한다. 의제란 실체를 달리하는 것을 법률 적으로 동일하게 취급하고 동일한 법률효과를 부여하는 것을 말하는데, 강간이 아님에도 강간으로 취급한다고 하여 의제강간죄, 유사강간과의 관계에서 같은 이유로 의제유사강간죄, 강제추행과의 관계에서 같은 이유로 의제강제추행죄라 한다. 원래 간음, 유사간음, 추행은 모두 피해자의 성적 자기결정권에 반한다는 공통점이 있는데, 의제범죄의 경우 피해자가 동의하거나 심지어 피해자가 희망하여 가해자와 위와 같은 행위를 하였다고 해도 각 범죄가 성립한다. 이 Topic에서 간음, 유사간음, 추행이라고 쓰여 있다 하더라도 이 Topic 안에서는 의제범죄임을 전제로 한 표현임에 유의하기 바란다. 피해자에 대한 보호 필요성의 정도, 수단의 강도 및 피해자 의사의 관계를 정리하면 아래와 같다.

〈그림 4〉 피해자 보호의 필요성, 수단의 강도 및 피해자 의사와의 관계

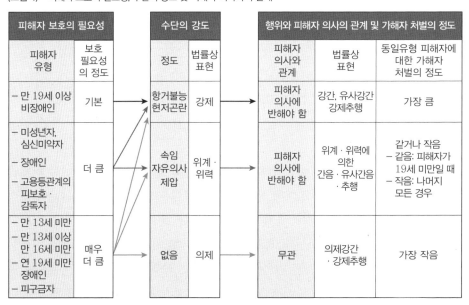

피해자 보호의 필요성		수단의 강도		행위와 피해자 의사의 관계 및 가해자 처벌의 정도		
피해자 유형	보호 필요성의 정도	정도	법률상 표현	피해자 의사와의 관계	법률상 표현	동일유형 피해자에 대한 가해자 처벌의 정도
– 만 19세 이상 비장애인	기본	항거불능 현저곤란	강제	피해자 의사에 반해야 함	강간, 유사강간 강제추행	가장 큼
– 미성년자, 심신미약자 – 장애인 – 고용등관계의 피보호·감독자	더 큼	속임 자유의사 제압	위계·위력	피해자 의사에 반해야 함	위계·위력에 의한 간음·유사간음·추행	같거나 작음 – 같음: 피해자가 19세 미만일 때 – 작음: 나머지 모든 경우
– 만 13세 미만 – 만 13세 이상 만 16세 미만 – 연 19세 미만 장애인 – 피구금자	매우 더 큼	없음	의제	무관	의제강간·강제추행	가장 작음

〈그림 4〉는 좌측부터 우측으로 화살표를 따라 읽으면 된다. 예를 들어 '피해자가 만 19세 이상 비장애인이면 기본적인 보호가 필요하고, 항거불능이나 현저히 곤란한 폭행이나 협박을 이용하여 피해자의 의사에 반해 간음을 하면 강간죄, 유사간음을 하면 유사강간죄, 추행을 하면 강제추행죄가 성립한다.'고 읽으면 된다. 그런데, 두 번째 피해자 유형부터는 화실표가 두 개 이상으로 읽을 때 약간의 유의가 필요하다. 예를 들어 '피해자가 장애인이면 보호필요성이 더 크므로 강제로 피해자 의사에 반해 간음하면 강간죄가 성립하여 처벌이 가장 크고, 위계나 위력으로 피해자 의사에 반해 간음하면 위계·위력에의한 간음죄 등이 성립하고 처벌은 강간죄보다

는 작다'라고 읽으면 된다. 〈표 13〉, 〈표 14〉는 의제범죄의 죄명과 법정형을 정리한
표이다.

〈표 13〉 의제범죄 죄명표

성: 성폭력 범죄의처벌등에관한특례법   형: 형법   청: 아동ㆍ청소년의성보호에관한법률   X: 처벌 근거 없음

행위유형 가해자 / 피해자		간음	유사간음	추행	상해치상	살해	
						살인	치사
누구든	만 13세 미만	형§305 ① → §297	형§305 ① → §297-2	형§305 ① → §298	형§305 ① → §301	형§305 ① → §301-2	
만 19세 이상	만13세 이상 만16세 미만	형§305 ② → §297	형§305 ② → §297-2	형§305 ② → §298	형§305 ② → §301	형§305 ② → §301-2	
만 19세 이상	연19세 미만 장애인	청§8①	X	청§8②	X	X	
검사, 경찰관 등	피구금자	형§303②	X	성§10②	X	X	

〈표 14〉 의제범죄 법정형표

/: 또는   ↑: 이상   ↓: 이하   수 ‒ 수: 수 이상 ‒ 수 이하
사: 사형   무: 무기징역   1 내지 10: 그 수에 해당하는 년의 징역   100단위 이상의 수: 그 수에 해당하는 만원의 벌금

행위유형 가해자 / 피해자		간음	유사간음	추행	상해치상	살해	
						살인	치사
누구든	만 13세 미만	3↑	2↑	10↓/ 1,500↓	무/5↑	사/무	무/10↑
만 19세 이상	만13세 이상 만16세 미만	3↑	2↑	10↓/ 1,500↓	무/5↑	사/무	무/10↑
만 19세 이상	연19세 미만 장애인	3↑	X	10↓/ 1,500↓	X	X	
검사, 경찰관 등	피구금자	10↓	X	5↓/ 2,000↓	X	X	

A 강제에 의한 범죄가 기본범죄이고(준은 강제에 준한 범죄), 특별한 피
해자 보호의 필요성에 의해 위계ㆍ위력에 의한 범죄와 의제범죄가 있다고
생각하면 됩니다. 유형력의 크기를 기준으로 생각해 보세요. 가장 큰 것은
강제, 그 다음은 위력, 없는 것은 의제지요? 처벌의 크기도 일반적으로는
강제가 가장 크고, 그 다음이 위계ㆍ위력, 그 다음이 의제입니다. 따라서

가해자의 행위에 대한 처벌도 강제에 의한 범죄의 성립이 불가능하면 위계나 위력에 의한 범죄의 성립가능성을, 이 마저도 불가능할 경우 의제범죄의 성립가능성을 검토해 보아야 합니다.

> **[형법]**
>
> **제305조(미성년자에 대한 간음, 추행)** ① 13세 미만의 사람에 대하여 간음 또는 추행을 한 자
> 는 제297조, 제297조의2, 제298조, 제301조 또는 제301조의2의 예에 의한다.
>
> **제305조의2(상습범)** 상습으로 제297조, 제297조의2, 제298조부터 제300조까지, 제302조,
> 제303조 또는 제305조의 죄를 범한 자는 그 죄에 정한 형의 2분의 1까지 가중한다.
>
> **제305조의3(예비, 음모)** 제297조, 제297조의2, 제299조(준강간죄에 한정한다), 제301조(강간
> 등 상해죄에 한정한다) 및 제305조의 죄를 범할 목적으로 예비 또는 음모한 사람은 3년 이하
> 의 징역에 처한다.

미성년자의제강간죄 등은 피해자가 만 13세 미만인 경우와 만 13세 이상 만 16세 미만인 경우의 두 가지가 있다. 피해자가 만 13세 미만인 경우의 구성요건은 '사람'이 '만 13세 미만의 사람'에 대하여 '간음', '유사간음', 또는 '추행'하는 것이다. 주체에 대한 제한은 없고, 만 13세 미만의 사람의 의미는 명확하며, 간음, 유사간음, 추행의 의미는 Topic 1과 2에서 살펴보았다. 피해자가 만 13세이상 만 16세 미만인 경우의 구성요건은 '만 19세 이상의 사람'이 '만 13세 이상 만 16세 미만의 사람'에 대하여 '간음', '유사간음', 또는 '추행'하는 것이다. 주체가 만 19세 이상의 사람으로 제한되어 있다는 점 외에는 피해자가 만 13세 미만인 경우와 다른 점이 없다. 성폭력 범죄와 관련한 살인 · 상해죄, 치사상죄에 대해서는 Topic 7에서 살펴볼 것이다. 여기에서는 이 죄와 관련된 몇 가지 문제점만 살펴보자.

먼저, 이 죄는 만 16세 미만인 피해자에 대한 가해자의 행위가 강제, 준, 위계 · 위력 중 어느 것에도 해당하지 않을 경우 보충적으로 적용해야 한다. 강제, 준, 또는 위계 · 위력이 인정된다면 성폭력처벌법 또는 청소년성보호법에 의해 매우 엄중하게 처벌될 수 있다.

다음으로, 가해자가 피해자의 나이가 만 16세 미만임을 전혀 몰랐다고 주장하는 경우 그 주장이 사실이라면 가해자를 이 죄로 처벌할 수 없다. 이 죄는 고의범이고 따로 과실범 처벌규정이 없기 때문에 가해자를 처벌하기 위해서는 최소한 가해자에게 미필적 고의가 있었음이 증명되어야 하기 때문이다. 요즘 미성년자들 중 일

부는 굉장히 어린 나이에도 육체적으로 성숙한 경우가 있어서, 피해자의 외모만으로는 가해자가 피해자를 만 16세 미만으로 인식했음을 증명하기 어려울 수 있다. 피해자가 만 16세 미만임을 몰랐다는 가해자 주장의 진위를 파악하기 위해서는 사건과 관련된 구체적이고 객관적인 사실을 합리적으로 분석하여 가해자의 내심을 추단할 수밖에 없다. 2020. 5. 19. 피해자가 만 16세 미만인 경우에 대한 미성년자의제강간죄 등이 입법되기 전에는 피해자가 만 13세 미만인 경우에만 미성년자의제강간죄가 있었는데, 아래의 사건에서 법원은 다음과 같은 이유로 피해자가 만 13세임을 몰랐다는 가해자의 주장을 받아들였다(2012도7377).

① 피해자는 만 12세 ○○중학교 1학년생으로 만 13세가 되기까지 6개월 정도 남은 상황이었다.

② 가해자는 검찰 조사에서 "피해자를 밖에서 만났을 때는 어둡고 피해자가 키도 크고 해서 나이가 어린 줄 몰랐는데 모텔에서 보니까 피해자가 15살 또는 16살 정도로 어려 보였고, 피해자에게 '몇 살이냐'고 물어보니까 피해자가 '중학교 1학년이라서 14살이다'라고 했었습니다. 그래서 당시 우리식 나이로 14살 정도 되는 줄 알았다"고 진술하였고, 피해자 또한 수사기관에서 "가해자에게 14세라고 말하였다"고 진술하였다.

③ 종전의 우리식 나이인 연 나이 14세는 만 나이로 생일이 지나지 아니한 경우는 12세, 생일이 지난 경우는 13세에 해당하여 대상자의 생년월일을 정확히 알지 못하는 경우에는 정확한 만 나이를 알기 어렵다 할 것인데, 가해자와 피해자는 사건 당일 처음 만난 사이였고, 피해자가 가해자에게 생년월일까지 알려준 바는 없었다.

④ 이 사건 강간 범행 발생 약 3개월 전에 이루어진 건강검사 결과에 의하면 피해자는 키 약 155cm, 몸무게 약 50kg으로 중학교 1학년생으로서는 큰 편에 속하는 체격이었다.

⑤ 가해자는 당시 피해자를 데리고 모텔로 들어갔는데 모텔 관리자로부터 특별한 제지를 받은 바 없었던 것으로 보인다.

그렇다면 반대의 경우로 사실은 피해자가 만 16세 이상인데, 가해자는 피해자가 만 16세 미만이라고 오인한 경우는 어떠할까? 앞에서 살펴본 준강간죄나 준강제추행죄처럼 불능미수범이 인정될까? 그 사건의 피해자만을 기준으로 생각하면 보면 가해자가 만 16세 미만의 피해자를 간음할 수 있는 결과는 절대 발생할 수 없고, 이는 일반인의 기준으로 보아도 마찬가지이므로 위험성을 인정하기 어렵다고 생각한다. 따라서 불능미수범이 성립하지 않을 것이다. 하지만 저자가 꼭 옳다고 할 수는 없다. 다른 생각을 가진 실무가라면 가해자가 기소되도록 해 보는 것도 좋을 것이다. 결국 실무가는 법원의 판단을 최우선으로 따라야 하는데 기소가 되지 않는 이상 법원의 판단을 받아볼 길이 없기 때문이다. 피해자가 만 16세 미만이라 생각하고 간음한 사람을 처벌할 필요성은 분명히 존재한다. 피해자가 만 16세 미만이 아니었음은 우연에 불과한 것 아닐까?

[형법]

제303조(업무상위력 등에 의한 간음)

② 법률에 의하여 구금된 사람을 감호하는 자가 그 사람을 간음한 때에는 10년 이하의 징역에 처한다.

제305조의2(상습범) 상습으로 제297조, 제297조의2, 제298조부터 제300조까지, 제302조, 제303조 또는 제305조의 죄를 범한 자는 그 죄에 정한 형의 2분의 1까지 가중한다.

[성폭력처벌법]

제10조(업무상 위력 등에 의한 추행)

② 법률에 따라 구금된 사람을 감호하는 사람이 그 사람을 추행한 때에는 5년 이하의 징역 또는 2천만 원 이하의 벌금에 처한다.

이 죄의 구성요건은 '법률에 의해 구금된 사람을 감호하는 사람'이 '법률에 의해 구금된 사람'을 '간음' 또는 '추행'하는 것이다. 법률에 의해 구금된 사람의 성적자기 결정권을 보호하기 위해 강제나 위계 · 위력 등이 없는 간음이나 추행 자체를 처벌하기 위한 것으로, 강제, 준, 위계, 위력 등에 의한 성폭력 범죄가 성립한다면 이 죄에 우선하여 적용해야 한다. 다른 구성요건에 대해서는 이미 앞에서 충분히 논의했으므로, 여기에서는 주체와 객체만을 간단히 살펴본다.

먼저 주체는 법률에 의해 구금된 사람을 감호하는 사람이다. 이에는 법률에 의해 사람을 구금할 권한이 있는 기관 소속으로, 구금된 사람을 감호하는 업무를 담당하는 검사, 교도관, 경찰관 등이 해당한다. 다음으로 피해자는 법률에 의해 구금된 사람이어야 한다. 이 죄는 사실상 구금된 상태에 있는 피해자를 두텁게 보호하기 위한 것이므로 불법체포를 당하여 구금된 사람도 피해자가 된다고 생각한다.

Topic 6-3. 아동·청소년 장애인의제강간·추행죄

[청소년성보호법]

제8조(장애인인 아동·청소년에 대한 간음 등) ① 19세 이상의 사람이 장애 아동·청소년(「장애인복지법」 제2조 제1항에 따른 장애인으로서 신체적인 또는 정신적인 장애로 사물을 변별하거나 의사를 결정할 능력이 미약한 13세 이상의 아동·청소년을 말한다. 이하 이 조에서 같다)을 간음하거나 장애 아동·청소년으로 하여금 다른 사람을 간음하게 하는 경우에는 3년 이상의 유기징역에 처한다.

② 19세 이상의 사람이 장애 아동·청소년을 추행한 경우 또는 장애 아동·청소년으로 하여금 다른 사람을 추행하게 하는 경우에는 10년 이하의 징역 또는 1천500만 원 이하의 벌금에 처한다.

[아동·청소년의 성보호에 관한 법률]

제2조(정의) 이 법에서 사용하는 용어의 뜻은 다음과 같다.

1. "아동·청소년"이란 19세 미만의 자를 말한다. 다만, 19세에 도달하는 연도의 1월 1일을 맞이한 자는 제외한다.

[장애인복지법]

제2조(장애인의 정의 등) ① "장애인"이란 신체적·정신적 장애로 오랫동안 일상생활이나 사회생활에서 상당한 제약을 받는 자를 말한다..

이 죄의 구성요건은 '만 19세 이상의 사람'이 '장애가 있는 만 13세 이상 연 19세 미만의 사람'을 '간음' 또는 '추행'하거나 그러한 사람이 '다른 사람을 간음'하게 하거나 '추행'하게 하는 것이다. 주체가 만 19세 이상의 사람으로 되어 있어 만 19세 미만의 사람은 가해자가 될 수 없다. 간음과 추행에 대해서는 이미 살펴보았다.

장애가 있는 만 13세 이상 연 19세 미만의 사람이란 만 13세 이상 연 19세 미만의 사람으로서 신체적·정신적 장애로 오랫동안 일상생활이나 사회생활에서 상당한 제약을 받는 자를 말한다. 따라서 일시적 장애상태에 있는 자는 이 죄의 피해자가 될 수 없다.

그렇다면 장애인의 기준은 무엇일까? 장애인복지법 시행규칙 별표1은 장애인

을 지체장애인, 뇌병변장애인, 시 · 청각장애인, 언어장애인, 지적장애인, 자폐성
장애인, 정신장애인, 신장장애인, 심장장애인, 호흡기장애인, 간장애인, 면장애인,
장루 · 요루장애인, 뇌전증장애인 등으로 나누고 장애의 정도가 가장 큰 경우 1등
급으로, 가장 가벼운 경우 6등급으로 분류하였다가, 2019년 7월부터 장애인 등급
제는 폐지되고, 과거 1등급 내지 3등급은 장애의 정도가 심한 장애인으로, 4등급 내
지 6등급은 장애의 정도가 심하지 않은 장애인으로 분류된다. 과거의 제도든 새로
운 제도이든 "신체적 · 정신적 장애로 오랫동안 일상생활이나 사회생활에서 상당한
제약을 받는 자"라는 판단기준은 변화가 없을 것이라 생각한다.

　　장애인 등급을 받지 않은 피해자에 대해서는 어떻게 하면 좋을까? 우리나라에
는 장애인에 대한 차가운 시선이 있음을 부인하기 어렵고, 장애인으로 등록해도 대
단한 혜택이 없기 때문에 경제적 여유가 있는 가정에서는 장애인에 대한 장애 등급
판정을 받지 않으려 하는 경향이 있다. 그래서 실질적으로는 장애인에 해당하지만
장애등급 판정을 받지 않은 사람들이 종종 있는데, 그러한 사람들도 성폭력 범죄에
서 말하는 장애인으로 인정될 수 있다. 따라서 피해자가 장애등급을 받지 않았더라
도 실무가는 피해자의 장애인 해당 여부를 명백히 해야 하고, 이를 위해 피해자의
동의를 얻어 공인된 장애진단의료기관에서 정확한 감정을 받을 필요가 있다.

　　한편, 가해자가 피해자를 장애인으로 인식하지 못했다는 주장을 하는 경우가
종종 있다. 이는 Topic 6-1에서 피해자가 만 16세 미만임을 몰랐다는 가해자의 주
장의 문제와 거의 동일하게 해결하면 된다. 객관적으로 피해자가 장애인임을 알 수
있는 정도라면 가해자의 주장은 받아들여질 수 없다. 하지만 지체장애와 같이 외형
상 장애인임이 명백하지 않다면 장애인임을 몰랐다는 가해자의 주장을 쉽게 배척하
기 어려울 수도 있다. 가해자가 자백하지 않는 이상, 가해자도 피해자가 장애인임
을 알고 있었다거나 그 동네에서 피해자가 장애인임을 모르는 사람은 없었다는 등
의 주민들의 증언, 피해진술 등을 할 때 피해자와의 의사소통 정도 등, 장애진단의
료기관의 감정 등 객관적 사정을 통해 가해자의 내심을 추단해 볼 수밖에 없다.

[형법]

제301조(강간 등 상해 · 치상) 제297조, 제297조의2 및 제298조부터 제300조까지의 죄를 범한 자가 사람을 상해하거나 상해에 이르게 한 때에는 무기 또는 5년 이상의 징역에 처한다.

제301조의2(강간 등 살인 · 치사) 제297조, 제297조의2 및 제298조부터 제300조까지의 죄를 범한 자가 사람을 살해한 때에는 사형 또는 무기징역에 처한다. 사망에 이르게 한 때에는 무기 또는 10년 이상의 징역에 처한다.

제305조의3(예비, 음모) 제297조, 제297조의2, 제299조(준강간죄에 한정한다), 제301조(강간 등 상해죄에 한정한다) 및 제305조의 죄를 범할 목적으로 예비 또는 음모한 사람은 3년 이하의 징역에 처한다.

　강간, 유사강간, 강제추행, 준강간 · 유사강간 · 강제추행 및 그 미수죄를 범한 가해자가 피해자를 상해하거나 상해에 이르게 하거나, 살해하거나 사망에 이르게 한 경우 각각의 성폭력 범죄에 대한 상해죄, 치상죄, 살인죄, 치사죄가 성립한다. 형법상 위계와 위력에 의한 성폭력 범죄인 경우에는 상해죄, 치상죄, 살인죄, 치사죄가 규정되어 있지 않으나 성폭력처벌법과 청소년성보호법이 적용될 때에는 위계나 위력에 의한 성폭력 범죄에도 상해죄, 치상죄, 살인죄, 치사죄가 규정되어 있음에 유의해야 한다.

　성폭력 범죄의 살인죄나 상해죄는 강간죄 등과 결합범으로 가해자에게 성폭력 범죄의 고의는 물론 살인이나 상해의 고의도 있어야 성립한다. 성폭력 범죄의 치사죄나 치상죄(이하 '치사상죄')는 강간죄 등의 결과적 가중범으로 가해자에게 성폭력 범죄의 고의는 있지만 사망이나 상해에 대해서는 과실만 있는 경우 성립한다. 이처럼 치사상죄는 과실범이기 때문에 과실범의 중요한 성립요건인 인과관계 및 예견가능성도 인정되어야 성립한다. 이를 간단히 정리하면 다음과 같다.

〈그림 5〉 기본적 성폭력 범죄의 결합범, 결과적 가중범의 구조

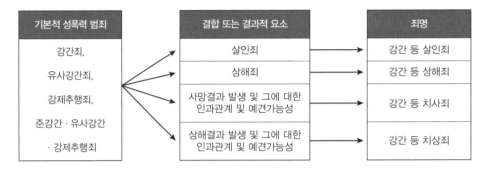

기본적 성폭력 범죄	결합 또는 결과적 요소	죄명
강간죄, 유사강간죄, 강제추행죄, 준강간 · 유사강간 · 강제추행죄	살인죄	강간 등 살인죄
	상해죄	강간 등 상해죄
	사망결과 발생 및 그에 대한 인과관계 및 예견가능성	강간 등 치사죄
	상해결과 발생 및 그에 대한 인과관계 및 예견가능성	강간 등 치상죄

2013년 6월 18일까지 형법상 강간죄 등은 친고죄였다. 따라서 가해자는 피해자와 합의만 보면 형사처벌을 면할 수 있었다. 하지만, 강간등상해 · 살인 · 치사상죄는 친고죄에 해당하지 않았다. 이에 따라 부유한 가해자가 피해자와 합의한 후, 성범죄와 관련하여 피해자에게 입힌 상처가 상해죄의 상해에 해당하지 않는다고 주장하는 경우가 많았고, 그에 대한 수많은 법정다툼이 있었다(사망에 대해서는 심장사냐 뇌사냐의 다툼이 있는데, 심장사가 다수설로 보인다. 여튼, 성폭력 범죄와 관련하여 피해자가 뇌사에 빠졌다는 특별한 예외를 제외하면 실무적으로 큰 의미가 없을 것이다). 또한 치사상죄의 경우 상해나 사망이 성범죄로부터 비롯되지 않았거나(인과관계) 성범죄를 할 때 그로 인해 상해나 사망이 발생할 수 있다는 사실을 일반인의 입장에서 알 수 없었다면(예견가능성) 피해자가 상해나 사망의 피해를 입었더라도 치사상죄가 성립하지 않는다. 따라서 인과관계와 예견가능성에 대해서도 다양한 판례가 쌓여왔다. 오늘날에는 강간죄, 유사강간죄, 강제추행죄 등 모든 성폭력 범죄는 친고죄나 반의사불벌죄가 아니지만 상해 · 살인 · 치사상죄에 해당하면 그 법정형이 매우 높아 여전히 위와 같은 다툼이 종종 일어난다. 따라서 상해, 인과관계, 예견가능성에 대한 판례가 매우 다양하게 형성되어 있다. 여기에서는 상해, 인과관계, 예견가능성을 중심으로 살펴보고, 관련 문제로 결과적 가중범의 미수 및 처벌규정의 불비에 대해서 검토하고자 한다.

(1) 상해

법원은 상해의 개념에 대해 주로 신체의 완전성을 훼손하거나 생리적 기능에 장애를 초래하는 것이라고 하는데, 성폭력 범죄에 있어서 상해는 "피해자가 입은 상처가 극히 경미하여 굳이 치료할 필요가 없고, 치료를 받지 않더라도 일상생활을 하는데 아무런 지장이 없으며, 시간이 경과함에 따라 자연적으로 치유될 수 있는 정도라면, 그로 인하여 피해자의 신체의 건강상태가 불량하게 변경되었다거나 생활기능에 장애가 초래된 것으로 보기 어려워 상해에 해당하지 않는다(2016도15018 등)."고 하여 경미한 상처를 상해의 개념에서 제외시키고 있다. 아래는 상해의 구체적인 인정사례와 부정사례이다. 실무상 어떠한 기준으로 상해를 구분할 수 있을지 생각해 보며 읽어보자.[3]

○ **인정된 사례**

① 가해자가 강간하려고 피해자의 반항을 억압하는 과정에서 주먹으로 피해자의 얼굴과 머리를 몇 차례 때려, 피해자가 코피를 흘리고 콧등이 부은 경우 (91도1832)

② 강간으로 피해자에게 발생한 보행불능, 수면장애, 식욕감퇴 등의 장해 (69도161)

③ 가해자가 약물(졸피뎀) 탄 커피로 피해자를 기절시킨 후 강간하였다. 이후 피해자에게 졸피뎀으로 인한 기억장애, 의식저하가 발생한 경우 (2015도3939)

④ 강제추행 범행 후 피해자의 음부에 출혈이 있었고, 피해자가 아파서 잘 걸어 다니지도 못하며 소변 시 통증을 느끼다 일정 시일이 지난 후 병원을 찾아 요도염 의증으로 된 진료소견서를 발급받은 경우 (2003도4606)

⑤ 강간으로 피해자의 처녀막이 파열된 경우 (2016도4618 등 다수)

⑥ 만 7세 1월 남짓인 피해자의 질 내에 손가락을 넣어 만지는 등 추행하여 피해자의 음순좌우 양측에 남적색 피하일혈반이 생기고, 타박이나 마찰로 음순 내부에 피멍이 생긴 경우 (90도154)

⑦ 만 14세 6개월 된 피해자의 음부가 찢어져 피가 나고 피해자가 1주일 동안 통증을 느낀 경우 (89도1079)

---

(3) 예시는 성범죄재판실무편람 2014. 2. 38-41면을 다수 참조하였다.

⑧ 가해자가 피해자의 젖가슴을 꽉 움켜쥐어 10일간의 치료를 요하는 좌상을 입게
   하고, 피해자가 병원에서 주사를 맞고 3일간 투약한 경우 (99도4794)

⑨ 가해자들이 피해자를 강간하여 피해자에게 10일의 치료를 요하는 회음부 찰과
   상을 입힌 경우 (83도1258)

⑩ 가해자가 피해자를 바닥에 넘어뜨려 머리를 부딪치게 하고, 넘어진 피해자를 위
   에서 누르고 피해자의 옷을 벗기는 과정에서 피해자의 얼굴을 밀치고 때려, 피해
   자가 얼굴 부위의 좌상 및 경추, 요추 등의 통증으로 10일 이상 통원하면서 약물
   치료 및 물리치료를 받은 경우 (2007도3936)

⑪ 강간과정에서 가해자가 피해자의 입 부분을 세게 틀어 막았고, 그로 인해 고령의
   피해자가 코와 이마 부위에 약 2주간의 치료를 요하는 표재성 손상을 입고, 병원
   에서 치료를 받으며 약물을 복용한 경우 (2005도259)

⑫ 가해자가 피해자를 강간하기 위하여 피해자의 반항을 억압하는 과정에서 피해
   자에게 약 2주간의 치료를 요하는 경추부 좌상과 우측 주관절부 염좌상을 입힌
   경우 (97도1725)

⑬ 강간으로 10일간의 가료를 요하는 전환반응(히스테리증) (69도2213)

⑭ 성폭력 범죄로 인한 외상 후 스트레스 장애(Post Traumatic Stress Disorder)은 강간
   을 당한 모든 피해자가 필연적으로 겪는 증상이 아니라는 이유로 다수의 경우 상
   해로 인정 (2006도3639 등 다수. PTSD는 일상적으로 발생할 수 있는 경우라고 보아 상해가
   아니라는 취지의 하급심 사례도 있음)

○ **부정된 사례**

① 가해자가 피해자를 강제추행하는 과정에서 피해자 음모의 모근 부분을 남기고
   모간 부분만을 일부 잘라냄으로써, 음모의 전체적인 외관에 변형이 생긴 경우
   (99도3099)

② 강간범행 직후 사진 촬영된 피해자 다리의 푸르거나 붉은 약간의 멍 (2004도483)

③ 강간 도중 흥분하여 피해자의 왼쪽 어깨를 입으로 빨아 생긴 동전크기의 반상출
   혈상 (85도2042)

④ 가해자가 피해자를 강간하려다 미수에 그쳤는데, 그 과정에서 피해자의 왼쪽 손바닥에 발생한 약 2cm 정도 긁힌 가벼운 상처 (87도1880)

⑤ 성경험이 있는 강간피해자가 입은 3~4 일간의 가료를 요하는 외음부 충혈과 양 상박부 근육통(88도831)

⑥ 가해자가 피해자를 강간하려다가 미수에 그쳤는데, 그 과정에서 피해자에게 발생한 경부 및 전흉부 피하출혈, 통증 등 약 7일간의 가료를 요하는 상처(94도1311)

⑦ 피해자의 오른쪽 팔뚝 부분에 직경 2센치미터의 멍이 생겼고, 상해진단서에도 '약 2주간의 치료를 요하는 우측 전박부 타박상'이라고 되어 있지만, 피해자가 위 상처에 대해 치료를 받지도 않았고, 일상생활에 지장이 없으며, 상처가 자연 치유된 경우(2004도483)

이처럼 법원은 상해의 인정 여부에 대한 객관적이고 구체적인 기준을 제시한 적은 없고, 사안마다 다른 기준을 적용하는 것처럼 보인다. 하지만 판례만을 제시하고 독자들이 사건마다 알아서 판단하라고 하는 것은 저자로서 너무나 무책임하다고 생각되어 법원의 상해판단 기준을 조심스럽게 정리해 보았다.

〈표 15〉 법원의 상해 인정기준

상해의 정도	외형상 변화	경미한 상해	경미한 상해 + 피해자 관련 추가요소	상해
구체적 기준	상처가 전혀 없음	• 진단이 없거나 7일 이내 치료 • 7일 이상이라도 일상적으로 발생가능하거나 자연 치유 된 경우	피해자 관련 추가요소 - 연소자, - 성경험 없는 자, - 상해부위의 은밀성	• 10일 이상 치료 • 10일 이내 또는 진단 없더라도 상해임이 명확한 경우
예시	음모 제거	긁힘, 멍	• 7세 • 처녀막파열 • 피해부위가 성기	• 얼굴, 경추, 요추 등 좌상 • 보행불능, 수면장애, 식욕 감퇴 • 기억장애, 의식저하, PTSD
상해 인정 여부	X	X	O	O

상해인지 여부를 판단하기 가장 어려운 부분은 '7일 이상이라도 일상적으로 발

생 가능하거나 자연치유 된 경우'와 '피해자가 연소자나 성경험 없는 자 또는 상해부위가 은밀한 경우' 및 '10일 이내 또는 진단이 없더라도 상해임이 명백한 경우'이다. 이러한 사건을 처리하게 된다면 위에 제시한 판례 중 가장 유사한 판례를 기준으로 죄명을 확정하기 바란다. 아래는 위 기준에 따라 위 판례들을 분류한 것이다. 일부 판례들은 두 가지 이상의 기준에 해당하는 것도 있다.

○ **인정된 사례**

10일 이상 치료: ⑧, ⑨, ⑩, ⑪, ⑫, ⑬, ⑭

10일 이내 또는 진단 없더라도 상해임이 명확한 경우: ①, ②, ③, ④, ⑤, ⑭

경미상해 + 추가요소: ④, ⑤, ⑥, ⑦, ⑧, ⑨

○ **부정된 사례**

진단이 없거나 7일 이내 치료: ②, ③, ④, ⑤, ⑥

7일 이상이라도 일상적으로 발생가능하거나 자연치유 된 경우: ⑦

외견상의 변화: ①

(2) 인과관계 및 예견가능성

인과관계란 행위와 결과 사이의 관련성을 말한다. 그 의미에 대해 학자들의 매우 깊이있는 논의가 있지만, 실무가의 입장에서 아주 쉽게 말하자면 강간 등의 행위로부터 피해자의 상해나 사망의 결과가 직접적으로 비롯되었다고 평가할 수 있다면 인과관계가 있는 것이고, 그렇지 아니하면 인과관계가 없는 것이다.

예견가능성이란 가해자가 행위를 할 때 피해자에게 상해나 사망의 결과가 발생할 수도 있다는 것을 일반적인 평균인이라면 예견할 수 있음을 말한다. 역시 실무가의 입장에서 아주 쉽게 말하자면 보통 사람들이 생각해 볼 때 가해자가 특정한 방법으로 강간 등의 행위를 하면 피해자가 어떠한 경위를 거쳐 어떠한 상해를 입거나 사망에 이를 수 있을 것이라 생각할 수 있다면 예견가능성이 있는 것이고, 그렇지 않다면 예견가능성이 없는 것이다. 양자 중 하나라도 없으면 결과적 가중범인 성폭력 범죄의 치사상죄는 성립하지 않는다. 아래는 인과관계와 예견가능성이 인정된 사례와 부정된 사례이다.

○ **인정된 사례**

—— 가해자가 자신이 경영하는 속셈학원의 강사로 피해자를 채용하고 학습교재를 설명하겠다는 구실로 유인하여 호텔 객실에 감금한 후 강간하려 하자, 피해자가 완강히 반항하였다. 가해자가 대실시간 연장을 위해 전화하는 사이에 피해자가 객실 창문을 통해 탈출하려다가 지상에 추락하여 사망한 경우 (95도425)

—— 가해자들이 의도적으로 피해자를 술에 취하도록 유도하고 수차례 강간한 후 의식불명 상태에 빠진 피해자를 비닐창고로 옮겨 놓아 피해자가 저체온증으로 사망한 경우 (2007도10120)

○ **부정된 사례**

—— 카바레에서 만나 여관에 까지는 피해자가 동의하여 따라갔는데, 가해자가 강간을 하려하자 피해자가 저항하여 강간하지 못하였다. 가해자는 화장실에 가면서 피해자가 도망가지 못하도록 피해자의 가방을 가지고 갔는데, 이때 피해자가 4층 여관방의 창문으로 뛰어내려 상해를 입은 경우 (92도3229)

—— 전 날 성매매를 한 피해자와 차량을 타고 이동하던 중 가해자가 피해자의 가슴을 만지고 구두발로 피해자의 허벅지를 문지르는 등 추행하자 피해자가 갑자기 차의 문을 열고 뛰어내려 사망한 경우(예견가능성 부정. 88도178)

—— 강간 피해자가 피해를 입은 후 수치심과 절망감으로 집에서 자살한 경우 (82도1446)

피해자가 성폭력 범행 이후에 자살한 경우처럼 가해자의 행위로 인해 직접적으로 상해나 사망의 결과가 발생하지 않았음이 명백하다면 치사상죄의 성립이 부정되는 것이 옳다. 하지만 판례를 보면 법원은 예견가능성을 너무 좁게 보는 것은 아닌가 하는 의문이 생긴다. 예견가능성은 일반인의 입장에서 판단하는데, 일반인이란 보통 사람을 말한다. 법원이 예견가능성을 부정한 사례를 독자의 기준으로 판단해보자. 독자 여러분이 생각해 볼 때, 전날 피해자와 성매매를 했다고 하여 차량 내에서 매우 수치스러운 방법으로 피해자를 추행하면 피해자가 차량에서 뛰어내릴 수 있음을 도저히 예견할 수 없는가? 여러분은 피해자가 여관방에 따라간 것을 동의했다고 해서 강간을 하려고 하면 피해자가 어디로든 탈출하려 할 수 있고, 그 과정에서 상해를 입을 수 있음을 예견할 수 없는가? 저자가 너무 앞서가는 것인지 모르겠지만 저자의 기준에서는 일반인의 기준에서 이를 예견할 수 없다는 것이 이해되지 않는다. 다만, 위 판례들은 1990년대 이전의 판례들로서 당시의 일반인들은 이를 예견하지 못했을지도 모르겠다. 하지만 오늘날 위와 유사한 사건이 다시 발생한다면 법원은 현재 일반인의 수준에서 예견가능성을 판단하여 줄 것이라 기대해 본다.

(3) 결과적 가중범의 미수

우리나라는 과실범은 결과가 발생한 경우에만 처벌하는 것을 원칙으로 하고 있다. 결과적 가중범도 고의의 기본범죄에 중한 결과인 상해나 사망이 과실로 발생한 경우이므로 미수범을 처벌할 수 없는 것이 원칙이다. 이에 따라 형법상 강간죄 등의 치사상죄에는 미수범처벌규정도 없다. 그런데 성폭력처벌법에는 아래와 같이 강간죄 등의 치사상죄에 대한 미수범처벌규정 있다.

> **[성폭력처벌법]**
>
> **제8조(강간 등 상해 · 치상)**   −조문 내용 생략−
>
> **제9조(강간 등 살인 · 치사)**   −조문 내용 생략−
>
> **제15조(미수범)**   제3조부터 제9조까지 및 제14조, 제14조의2 및 제14조의3의 미수범은 처벌한다.

이에 대해 일부 학자들은 강간 등 기본범죄가 미수에 그쳤지만 상해의 결과가 발생했을 때 미수범 처벌규정을 적용하는 것이라고 주장하는데, 이러한 주장과 같은 취지의 하급심 판결(대구고등법원 2012노776)도 찾아볼 수 있다. 하지만 대법원은 성폭력처벌법상 미수범 처벌규정은 강간 등 상해죄에만 적용되는 것이고, 강간 등 치상죄에는 적용되지 않는다고 하면서 강간 등이 미수에 그쳤지만 상해의 결과가 발생하면 강간 등 치상죄의 기수범으로 처벌한다(2007도10058). 만약 이러한 사건에서 가해자나 변호인이 강간 등 치사상죄의 기수범이 아니라 미수범이 성립한다고 주장하면, 대법원에서 다투어 볼 것을 권하도록 하자.

(4) 처벌 규정의 불비

주거침입죄, 야간주거침입절도죄, 특수절도죄를 범한 자가 성폭력 범죄를 저지른 경우, 그 범죄의 치사죄는 가중처벌규정이 없다. 특수강도죄를 범한 자가 성폭력 범죄를 저지른 경우 그와 결합한 상해죄나 결과적 가중범인 치사상죄도 가중처벌규정이 없다. 이로 인해 처벌규정이 없는 부분에 대한 적용법조에 대한 문제가 발생한다.

먼저, 주거침입죄 등을 범한 자가 강간 등의 죄를 저지른 경우에는 법정형이 "무기 또는 7년 이상의 징역"이다. 그런데 형법상 강간 등 치사죄의 법정형은 "무기 또는 10년 이상의 징역"이다. 따라서 주거침입죄 등을 범한 자가 피해자에게 성폭력 범죄를 저지르다가 사망에 이르게 했다면 형법상 강간등치사죄를 적용해야 한다.

다음으로 특수강도죄를 범한 자가 강간 등의 죄를 저지른 경우에는 법정형이 "사형, 무기 또는 10년 이상의 징역"이다. 그런데 형법상 강간 등 상해죄나 치상죄의 법정형은 "무기 또는 5년 이상의 징역"이고, 형법상 강간 등 치사죄의 법정형은 "무기 또는 10년 이상의 징역"이다. 따라서 특수강도강간죄를 범한 자가 피해자에게 상해를 입히거나 사망에 이르게 했다면 성폭력처벌법상 특수강도강간죄를 적용해야 한다.

쉽게 말하자면 성폭력처벌법상 결합범이나 결과적 가중범에 처벌규정이 없는 경우에는 형법을 살펴본 후 법정형이 더 높은 조항은 반드시 적용하라는 것이다. 죄수에 대한 자세한 논의는 Topic 13 죄수정리에서 확인하자.

Q

우리 애(만8세)가 놀이터에서 혼자 놀고 있었는데, 어떤 남자가 다가오더니 자신의 성기를 한 번 만져달라고 했답니다. 아이가 도망을 쳐서 겨우 빠져나왔는데, 당시 주변에 다른 사람이 아무도 없고 너무 무서웠다고 합니다.

이 경우 가해자를 주요 성폭력범죄로 처벌할 수 있을까?

[형법]

제300조(미수범)　제297조, 제297조의2, 제298조 및 제299조의 미수범은 처벌한다.

제305조의3(예비, 음모)　제297조, 제297조의2, 제299조(준강간죄에 한정한다), 제301조(강간 등 상해죄에 한정한다) 및 제305조의 죄를 범할 목적으로 예비 또는 음모한 사람은 3년 이하의 징역에 처한다.

[성폭력처벌법]

제15조(미수범)　제3조부터 제9조까지, 제14조, 제14조의2 및 제14조의3의 미수범은 처벌한다.

제15조의2(예비, 음모)　제3조부터 제7조까지의 죄를 범할 목적으로 예비 또는 음모한 사람은 3년 이하의 징역에 처한다.

[청소년성보호법]

제7조(아동 · 청소년에 대한 강간 · 강제추행 등)
⑥ 제1항부터 제5항까지의 미수범은 처벌한다.

제7조의2(예비, 음모)　제7조의 죄를 범할 목적으로 예비 또는 음모한 사람은 3년 이하의 징역에 처한다.

지금까지는 주로 가해자가 어떠한 성폭력범죄를 완전히 저지른 것을 전제로 가해자를 어떠한 범죄로 처벌할 수 있는지 여부를 살펴보았다. 그렇다면 범죄를 완전히 저지르기 이전 단계의 가해자에 대해서는 어떠한 처벌이 가능할까?

　　예비란 범죄의사의 실현을 위한 준비행위로서 실행의 착수 전의 행위를, 음모는 2인 이상이 일정한 범죄의 실현을 위하여 서로 의사를 교환하고 합의하는 것을, 미수는 실행에 착수하여 행위를 종료하지 못하였거나 결과가 발생하지 아니한 경우를 말하는데, 우리나라는 예비, 음모, 미수를 처벌하는 규정이 존재하는 경우에 한하여 그러한 행위를 한 가해자를 처벌할 수 있다. 주요 성폭력범죄는 다수의 미수범 처벌규정이 존재하고, 2020. 5. 19. 몇몇 주요 성폭력 범죄에 대해서는 예비·음모죄가 신설되었다. 아래는 현행법상 주요 성폭력범죄의 예비, 음모, 미수죄를 정리한 것이다.

〈표 16〉 예비, 음모, 미수죄 정리
예: 예비·음모죄　미: 미수죄

	강간		유사강간		강제추행		준강간 등		위력에 의한 간음 등		의제강간 등		치상상해		치사살해	
	예	미	예	미	예	미	예	미	예	미	예	미	예	미	예	미
형법	O	O	O	O	X	O	준강간만	O	X	X	O	O (판례)	상해만	X	X	X
성폭력처벌법	O	O	O	O	O	O	O	O	O	O	X	X	X	O	X	O
청소년성보호법	O	O	O	O	O	O	O	O	O	O	X	X	X	X	X	X

　　위와 같이 다양한 주요 성폭력 범죄에 대해 예비·음모죄가 신설되어 과거에는 처벌 할 수 없었던 유형의 가해자에 대한 처벌 가능성이 열렸다. 수사관은 적극적인 자세로 가해자의 처벌 가능성을 따져보아야 할 것이다. 거듭 말하지만, 가해자를 처벌하고자 하는 수사관의 의지 없이 새로운 판례는 만들어질 수 없기 때문이다.

A 가해자가 피해자에게 성기를 만져달라고 말을 한 행위가 폭행이나 협박에 해당한다고 보기는 어렵습니다. 피해자가 준 상태에 있는것도 아닙니다. 가해자가 위와 같이 말한 행위가 위력으로 인정된다면 가해자는 성폭력처벌법상 위력에의한간음미수죄로 처벌될 수 있습니다. 최근 법원은 위력의 매우 의미를 널리 인정하고 있지만, 저 말을 한 것을 위력으로 인정할지는 알 수 없습니다. 다행이 최근 성폭력범죄에 대해 다양한 예비·음모죄가 신설되어 가해자를 처벌할 수 있습니다. 가해자의 언동을 보면 가해자는 분명 피해자에 대해 성폭력 범죄를 저지르기 위한 준비행위를 하였고, 최소한 의제범죄를 저지를 생각은 있었음이 분명하기 때문입니다. 가해자가 피해자를 강간, 유사강간, 강제추행, 준강간등, 또는 위계위력에의한간음 등을 하려 했다면 성폭력처벌법상 각 범죄에 대한 예비죄가, 가해자가 피해자를 의제강간하려 하였다면 형법상 미성년자의제강간예비죄가 성립할 수 있습니다.

제2장 주요 성폭력 범죄의 가중처벌 요소

지금까지 주요 성폭력 범죄의 기본 요소에 대해 살펴보았다. 가해자의 행위가 주요 성폭력 범죄의 기본 요소를 충족하여 강간, 유사강간, 강제추행, 준강간 · 유사강간 · 강제추행, 위계 · 위력에 의한 간음 · 강제추행에 해당하면 형법에 의해 처벌된다. 그런데 가해자나 피해자의 특수성으로 인해 가해자에 대한 형사처벌을 가중할 필요가 있는 경우, 즉 가중처벌 요소가 있는 경우에는 성폭력처벌법이나 청소년성보호법이 적용되어 형법보다 훨씬 중하게 처벌된다. 아래는 이러한 관계를 도식화한 것이다.

〈그림 6〉 주요 성폭력 범죄의 기본구조

〈그림 7〉 주요 성폭력 범죄의 가중처벌 구조

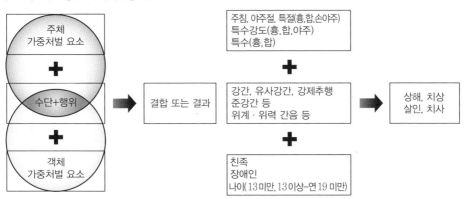

〈그림 7〉과 같이 주거침입, 야간주거침입절도, 특수절도(흉기휴대, 2인 이상 합동, 손괴 후 야간주거침입 절도), 특수강도(흉기휴대, 2인 이상 합동, 야간주거침입 강도)의 죄

를 범한 사람이 강간죄 등을 저지르거나, 흉기를 휴대하거나 2인 이상 합동으로 강간죄 등을 범한 경우에는 주체의 특수성으로 인해 가중처벌 된다. 한편, 피해자가 가해자와 친족의 관계에 있거나, 장애인이거나, 연 19세 미만인 경우에는 객체의 특수성으로 인해 가중처벌 된다.

지금부터는 구체적으로 각 가중처벌 요소를 살펴본다. 제1편 주요성폭력 범죄의 적용법조 특정에서 보았던 아래 표를 다시 한 번 살펴보자. 제2장의 내용을 볼 때에는 이 표를 머릿속에 두거나 이 책의 별책부록을 옆에 펼쳐두고 각 가중처벌 요건의 내용을 하나씩 익혀가기를 권한다.

2020. 5. 19. 부터 2021. 8. 15. 현재
상: 성폭력 범죄의 처벌 등에 관한 특례법   형: 형법   청: 아동·청소년의 성보호에 관한 법률   X: 처벌 근거 없음   (미): 미수범도 주체에 포함

가해자/피해자		강간 (강제간음)	유사강간 (강제유사간음)	강제추행	준강간/ 유사강간/ 강제추행	위계·위력 간음	위계·위력 유사간음	위계·위력 추행	상해치상	살인	치사
가해자	주침, 야주절(미), 특절(미)	성§3①							성§8①	성§9①	X
	특수강도 (야주, 흉, 합)(미)	성§3②				X			X	성§9①	X
	특수(흉, 합)	성§4①	X	성§4②	성§4③ (단, 유사X)				성§8①	성§9①	성§9②
피해자	친족	성§5①	X	성§5②	성§5③ (단, 유사X)	X			성§8②	성§9①	성§9②
	장애인 ※1	성§6①	성§6②	성§6③	성§6④	성§6⑤	X	성§6⑥	성§8①	성§9①	성§9③
	나이 만 13 미만	성§7①	성§7②	성§7③	성§7④	성§7⑤			성§8①	성§9①	성§9③
	나이 만 13 이상~연 19 미만	청§7①	청§7②	청§7③	청§7④	청§7⑤			청§9	청§10①	청§10②
가중처벌 요소 없음		형§297	형§297-2	형§298	형§299	형§302 만 19세 미만 심신미약자 형§303① 피보호자	X	형§302 만 19세 미만 심신미약자 성§10① 피보호자	형§301	성§9① 형§301-2	형§301-2

　　주체와 관련된 가중처벌 요소는 두 종류로 구분할 수 있다. 하나는 선행하는 범죄를 통해 가해자가 특정한 신분을 얻은 후 성폭력 범죄를 저지른 경우이고, 다른 하나는 성폭력 범죄를 저지를 때 가해자가 흉기나 그 밖의 위험한 물건을 지닌 경우 또는 2인 이상이 합동하여 성폭력 범죄를 저지른 경우이다. 전자는 성폭력처벌법 제3조에, 후자는 성폭력처벌법 제4조에 규정되어 있다.

(1) 선행하는 범죄를 통해 특정한 신분을 얻은 후 성폭력 범죄를 저지른 경우

[성폭력처벌법]

제3조(특수강도강간 등)　① 「형법」 제319조 제1항(주거침입), 제330조(야간주거침입절도), 제331조(특수절도) 또는 제342조(미수범. 다만, 제330조 및 제331조의 미수범으로 한정한다)의 죄를 범한 사람이 같은 법 제297조(강간), 제297조의2(유사강간), 제298조(강제추행) 및 제299조(준강간. 준강제추행)의 죄를 범한 경우에는 무기징역 또는 7년 이상의 징역에 처한다.

② 「형법」 제334조(특수강도) 또는 제342조(미수범. 다만, 제334조의 미수범으로 한정한다)의 죄를 범한 사람이 같은 법 제297조(강간), 제297조의2(유사강간), 제298조(강제추행) 및 제299조(준강간. 준강제추행)의 죄를 범한 경우에는 사형. 무기징역 또는 10년 이상의 징역에 처한다.

제15조(미수범)　제3조부터 제9조까지, 제14조, 제14조의2 및 제14조의3의 미수범은 처벌한다.

제15조의2(예비, 음모)　제3조부터 제7조까지의 죄를 범할 목적으로 예비 또는 음모한 사람은 3년 이하의 징역에 처한다.

여기서 가중처벌 요소는 가해자가 성폭력 범죄를 저지르기에 앞서(또는 동시에) 어떠한 범죄를 범했다는 것이다. 이러한 가중처벌 요소가 있는 경우 강간, 유사강간, 강제추행, 준강간·강제추행에 대해서는 성폭력처벌법 제3조가 적용된다.

그런데, 이러한 가해자가 위계·위력에 의한 간음 등을 저질렀을 때 이를 가중처벌하는 규정은 존재하지 않는다. 이런 경우에는 어떻게 처리하면 좋을까? 질문을 바꾸어 다시 물어 본다. 가해자가 피해자의 집에 침입하여 겁에 질려 있는 피해자에게 말로 겁을 준 후 간음하였다면 강제가 인정되지 않을까? 이 질문에 대해 '네'라고 대답한다면 이미 첫 번째 질문에 답을 낸 것과 같다. 가해자의 행위가 일반적으로는 강제에 이르렀다고 평가하기 어렵다고 해도, 선행하는 범죄의 종류에 따라 피해자의 입장에서 강제에 이른 것은 아닌지 판단해 보아야 하겠다.

선행하는 범죄의 종류로는 주거침입죄, 야간주거침입절도죄, 특수절도죄(흉기휴대, 2인이상합동, 손괴후야간주거침입절도죄), 특수강도죄(흉기휴대, 2인이상합동, 야간주거침입강도죄)가 있고, 이 중 주거침입죄를 제외한 범죄들은 미수범을 포함한다. 따라서 주거침입죄는 기수시기에, 그 외의 범죄는 각 범죄의 실행 착수시기에 가중처벌의 신분을 얻게 된다. 〈표 17〉은 성폭력처벌법 제3조의 신분과 이를 얻게 되는 시점을 정리한 것이다.

〈표 17〉 성폭력처벌법 제3조의 신분을 얻는 시점

신분획득 죄명	행위태양	신분획득 시점
주거침입죄	주거침입	주거침입 시
야간주거침입절도죄	야간+주거침입+절취	주거침입 시
특수절도죄	야간+손괴+주거침입+절취	손괴 시
	흉기휴대·2인 이상+절취	폭행·협박 시
특수강도죄	야간+주거침입+강취	폭행·협박 시
	흉기휴대·2인 이상+강취	폭행·협박 시

(2) 성폭력 범죄를 저지를 때 가해자가 흉기나 그 밖의 위험한 물건을 지닌 경우

[성폭력처벌법]

제4조(특수강간 등) ① 흉기나 그 밖의 위험한 물건을 지닌 채 또는 2명 이상이 합동하여 「형법」 제297조(강간)의 죄를 범한 사람은 무기징역 또는 7년 이상의 징역에 처한다.

② 제1항의 방법으로 「형법」 제298조(강제추행)의 죄를 범한 사람은 5년 이상의 유기징역에 처한다.

③ 제1항의 방법으로 「형법」 제299조(준강간. 준강제추행)의 죄를 범한 사람은 제1항 또는 제2항의 예에 따라 처벌한다.

제15조(미수범) 제3조부터 제9조까지, 제14조. 제14조의2 및 제14조의3의 미수범은 처벌한다.

제15조의2(예비. 음모) 제3조부터 제7조까지의 죄를 범할 목적으로 예비 또는 음모한 사람은 3년 이하의 징역에 처한다.

여기에서 가중처벌 요소는 가해자가 "흉기"나 "그 밖의 위험한 물건"을 "지닌 채"이다. 이러한 가중처벌 요소가 있는 경우 강간, 강제추행, 준강간, 준강제추행은 성폭력처벌법 제4조에 의해 가중처벌된다. 그런데 유사강간과 준유사강간 및 위계 · 위력에 의한 간음 등은 가중처벌되는 범죄에 포함되지 않는다. 유사강간과 준유사강간이 포함되지 않는 이유는 이해하기 어렵지만 입법의 미비가 아닌가 한다. 아무튼 2인 이상이 합동하여 유사간음 또는 준유사간음을 하였다면 형법상 유사강간죄 또는 준유사강간죄(3년 이상의 징역)보다 법정형이 높은 성폭력처벌법 제4조의 강제추행죄나 준강제추행죄(5년 이상의 징역)를 적용하여 가해자가 가중처벌될 수 있도록 함이 옳겠다. 위계나 위력이 있다면 바로 앞에서 설명한 바와 같이 특수한 상황을 고려하여 피해자의 입장에서 강제의 인정 여부를 평가해야 할 것이다.

"흉기"란 "사람을 살상할 특성을 갖춘 총, 칼과 같은 물건"을 의미하고(91도2527) "그 밖의 위험한 물건"은 "흉기는 아니라고 하더라도 널리 사람의 생명, 신체에 해를 가하는 데 사용할 수 있는 일체의 물건을 포함한다고 풀이할 것이므로, 본래 살상용 · 파괴용으로 만들어진 것뿐만 아니라 살상용이 아닌 다른 목적으로 만들어진 칼 · 가위 · 유리병 · 각종공구 · 자동차 등은 물론 화학약품 또는 사주된 동물 등도 그것이 사람의 생명 · 신체에 해를 가하는 데 사용되었다면" 위험한 물건에 해당한다(97도597).

양자를 구별하자면 흉기는 처음부터 생명이나 신체에 위해를 가할 목적으로 만들어진 것임에 비해, 위험한 물건은 정상적인 용도로 사용하였다면 생명이나 신체에 대한 위해와는 관련이 없지만, 생명이나 신체에 위해를 가할 용도로 사용될 수 있는 물건이라는 점이다.

위험한 물건에 해당하는지 여부에 대해 상해죄에서 많은 판례가 있는데 식칼로 찌르려는 자로부터 식칼을 뺏은 후 훈계하면서 칼자루로 머리를 친 경우(89도1570)나 당구공으로 가볍게 머리를 툭 친 정도(2004도176)처럼 처음부터 피해자에 대한 살상의 목적이 없었던 경우에는 위험한 물건으로 인정되지 않았다. 또한 쇠파이프로 공격하는 자에 대해 대항하여 각목으로 상대방을 가격한 경우(81도1046)나 속도가 느린 상태의 소형차로 중형차를 충돌한 경우(2007도3520)처럼 물건 자체만 보면 위험한 물건이라 할 수 있으나, 상대와의 비교를 통해 위험한 물건으로 보지 않은 경우도 있다. 하지만 성폭력 범죄의 경우에는 위와 같은 기준을 그대로 적용해서는 안 될 것이다. 예를 들어 피해자가 방어를 위해 가해자에게 칼로 저항했다 해도 이를 뺏은 가해자가 칼자루로 피해자의 머리를 치고 겁을 주어 피해자가 항거할 수 없게 하여 간음했다면 가해자가 이용한 칼은 위험한 물건에 해당할 수 있고, 피해자가 쇠파이프로 저항했다고 가해자가 각목으로 피해자를 때린 후 간음했다면 각목 또한 위험한 물건에 해당할 수 있다고 생각한다. 압도적인 힘의 차이가 있는 가해자에 대해 피해자가 방어행위를 했다는 이유로, 가해자가 이용한 물건이 위험한 물건이 아니라고 평가되어서는 안 될 것이다.

"지닌 채"는 "범행 현장에서 그 범행에 사용하려는 의도 아래 흉기를 소지하거나 몸에 지니는 경우를 가리키는 것이고, 그 범행과는 전혀 무관하게 우연히 이를 소지하게 된 경우까지를 포함하는 것은 아니라 할 것이나, 범행 현장에서 범행에 사용하려는 의도 아래 흉기 등 위험한 물건을 소지하거나 몸에 지닌 이상 그 사실을 피해자가 인식하거나 실제로 범행에 사용하였을 것까지 요구되는 것은 아니라 할 것이다(2004도2018)."

(3) 성폭력 범죄를 저지를 때 2명 이상이 합동한 경우

> [성폭력처벌법]
>
> **제4조(특수강간 등)** ① 흉기나 그 밖의 위험한 물건을 지닌 채 또는 2명 이상이 합동하여 「형법」 제297조(강간)의 죄를 범한 사람은 무기징역 또는 7년 이상의 징역에 처한다.
>
> ② 제1항의 방법으로 「형법」 제298조(강제추행)의 죄를 범한 사람은 5년 이상의 유기징역에 처한다.
>
> ③ 제1항의 방법으로 「형법」 제299조(준강간. 준강제추행)의 죄를 범한 사람은 제1항 또는 제2항의 예에 따라 처벌한다.
>
> **제15조(미수범)** 제3조부터 제9조까지. 제14조. 제14조의2 및 제14조의3의 미수범은 처벌한다.
>
> **제15조의2(예비, 음모)** 제3조부터 제7조까지의 죄를 범할 목적으로 예비 또는 음모한 사람은 3년 이하의 징역에 처한다.

여기에서 가중처벌의 요소는 가해자가 "2명 이상이 합동"했다는 것이다. 이 요소가 있는 경우 강간, 강제추행, 준강간, 준강제추행은 성폭력처벌법 제4조에 의해 가중처벌된다. 유사강간과 준유사강간 및 위계·위력에 의한 간음 등은 가중처벌되는 범죄에 포함되지 않는다. 바로 앞에서 논의했듯 유사간음은 강제추행으로 보아 성폭력처벌법으로 가중처벌하고, 위계나 위력에 해당하는지 강제에 해당하는지는 특수한 상황에 처한 피해자의 입장에서 판단하여야 한다.

성폭력 범죄를 저지른 가해자가 "2명 이상이 합동하여"라는 의미는 2명 이상의 가해자들이 성폭력 범죄를 저지를 것을 공모하고 실행행위도 분담하여야 함은 물론 시간적으로나 장소적으로 협동관계에 있다고 볼 정도에 이르러야 한다는 것을 의미한다(2004도2870 등). 소위 말하는 윤간의 경우는 2명 이상에 쉽게 해당하겠다. 하지만 그 판단이 쉽지 않은 경우도 있다. 망을 봐 주는 것처럼 가해자 1명이 주도적으로 범행을 저지른 경우에는 다른 1명이 범행에 어느 정도 가담했는지에 따라 2명 이상이 합동한 것으로 인정될 수도, 부정될 수도 있다. 판례를 통해 양자의 구별 기준을 익혀보자.

○ **인정된 사례**

가해자 A와 B는 피해자 일행을 유혹하여 야산에서 술을 마시고 놀던 중 의도적으로 피해자에게 술을 많이 마시게 하였다. 피해자가 만취하여 의식을 잃게 되자, 가해자 A는 피해자를 태우고 자신의 집에 데려갔고, 가해자 B는 피해자의 일행을 귀가시킨 후, 가해자 A의 집으로 왔다. 가해자 B가 집에 와 보니 A는 방에서 피해자를 강간하고 있었고, 가해자 B는 방 옆에 있는 부엌에서 망을 보았다. A가 범행을 마치자 B도 강간을 시도한 경우, "가해자들에게는 강간범행에 대한 공동가공의 의사가 암묵리에 서로 상통하여 그 의사의 결합이 이루어져 있었다고 보아야 할 것이고, 강간범행도 양인이 연속적으로 행하면서 상대방이 강간범행의 실행행위를 하는 동안에 방문 밖에서 교대로 대기하고 있었던 이상 강간범행의 실행행위도 시간적으로나 장소적으로 협동관계에 있었다고 보아야 할 것이다." (95도2655)

○ **부정된 사례**

"헬스클럽 사장의 지시에 따라 그 종업원이 승용차를 대기시켜 놓고 있다가 사장이 피해자를 승용차에 강제로 태울 때 뒷문을 열어 주고, 사장이 피해자를 강간하려는 정을 알면서도 한적한 곳까지 승용차를 운전하여 가 주차시킨 후, 자리를 비켜줌으로써 그 사이 사장이 피해자를 차안에서 강간하여 치상케 한 경우, 사장이 피해자를 강간하기까지의 과정에서 종업원이 취한 일련의 행위는 사장의 강간행위에 공동 가공할 의사로 그 실행행위를 분담한 합동범의 그것이라기보다는 사장의 범행의도를 인식하고도 그 지시에 그대로 따름으로써 결과적으로 이를 도와준 방조행위에 그친다고 봄이 상당하다." (부산고등법원 94노39)

판례를 보면 2명 중 1명이 주도적인 위치에 있지 않더라도 범행에 적극적으로 가담한 경우에는 2인 이상이 합동한 경우로 보았고, 단지 범행을 용이하게 해 주는 정도에 그친다면 방조범에 불과하다면서 2인 이상이 합동한 경우가 아니라고 하고 있다. 따라서 이러한 경우에는 피해자의 진술을 확보할 때부터 단지 현장에 2명 이상의 가해자가 있었다는 점에 대한 내용을 확인함에 그칠 것이 아니라 범행의 전체적 맥락에서 가해자들의 역할이 어떠하였는지를 면밀히 살펴보아야 할 것이다.

한편, 여러 명의 가해사가 여러 명의 피해자에 대해 1대1로 성폭력 범죄를 저지르기로 하고 인접한 장소에서 1대 1로 성폭력 범죄를 저지른 경우의 문제가 있다. 판례를 통해 합동의 인정 여부 판단기준을 익혀보자.

○ **인정된 사례**

"가해자 등이 비록 특정한 1명씩의 피해자만 강간하거나 강간하려고 하였다 하더라도, 사전의 모의에 따라 강간할 목적으로 심야에 인가에서 멀리 떨어져 있어 쉽게 도망할 수 없는 야산으로 피해자들을 유인한 다음 곧바로 암묵적인 합의에 따라 각자 마음에 드는 피해자들을 데리고 불과 100m 이내의 거리에 있는 곳으로 흩어져 동시 또는 순차적으로 피해자들을 각각 강간하였다면, 그 각 강간의 실행행위도 시간적으로나 장소적으로 협동관계에 있었다고 보아야 할 것이므로, 피해자 3명 모두에 대한 특수강간죄 등이 성립된다." (2004도2870)

○ **부정된 사례**

가해자 A와 B가 피해자 C와 D를 만나 주점과 한강고수부지에서 함께 술을 마시고 나서 피해자들을 집까지 데려다 주겠다면서 승합차에 모두 태워 B가 차를 운전하여 피해자들의 집 쪽으로 가던 도중에 방향을 바꾸어 야산으로 가서 차를 세웠다. A와 B는 B의 제의에 따라 피해자들을 각기 강간하기로 공모하고, B가 D에게 잠시 이야기하자고 말하여 그녀를 차에서 내리게 한 다음 그 부근의 숲속으로 데리고 가서 이야기를 나누던 중에 강간할 마음이 없어져 이를 포기하고 차 있는 데로 돌아왔다. A는 그 사이 차에서 C를 강간한 경우 (94도1622)

법원은 2인 이상이 합동한 것으로 인정된 사례에서 여러 명의 가해자가 처음부터 여러 명의 피해자를 대상으로 1대 1의 범죄를 저지르려고 계획하고 이를 실행에 옮겼다며 범행 장소에 다소간의 거리가 있더라도 각각의 피해자에 대해 2인 이상이 합동한 것으로 보았지만, 부정된 사례에서는 특별한 이유를 설시하지 않고 2인 이상이 합동한 것을 부정하였다. 두 사건의 차이는 전자는 각 피해자에 대해 각 가해자가 성폭력 범죄를 저질렀지만, 후자는 가해자 중 1명이 성폭력 범죄를 실행의 착수에 이르기 전에 완전히 포기하여 전혀 범행을 저지르지 않았다는 점이다. 한편, 범행 공간이 완전히 분리된 경우 2인 이상의 합동이 부정된 사례가 있다. 가해자들이 피해자들을 강간하기로 마음먹고 여관 객실을 따로 잡은 후 각자의 방에서 각자가 피해자 1명씩을 강간한 경우 법원은 시간적 장소적 협동관계가 있다고 보지 않았다(97도3390).

객체와 관련된 가중처벌 요소는 세 종류로 구분할 수 있다. 먼저 피해자와 가해자가 친족관계에 있는 경우이다. 가해자도 친족관계에 있기 때문에 가해자에 대한 가중요소로 볼 수도 있으나 친족관계는 피해자의 상태에 의한 것이라는 점에서 다른 객체관련 요소들과 공통점이 있고, 죄명표의 구성 및 죄수 설명의 편리함에 따라 객체관련 가중처벌 요소로 분류하였다. 다른 두 가지는 피해자가 장애인인 경우와 나이가 어린 경우이다.

피해자가 친족관계에 있는 경우는 성폭력처벌법 제5조에, 장애인인 경우는 성폭력처벌법 제6조에, 피해자가 만 13세 미만인 경우는 성폭력처벌법 제7조에, 만 13세 이상 연 19세 미만인 경우에는 청소년성보호법 제7조에 가중처벌이 규정되어 있다.

(1) 친족

> **[성폭력처벌법]**
>
> **제5조(친족관계에 의한 강간 등)** ① 친족관계인 사람이 폭행 또는 협박으로 사람을 강간한 경우에는 7년 이상의 유기징역에 처한다.
>
> ② 친족관계인 사람이 폭행 또는 협박으로 사람을 강제추행한 경우에는 5년 이상의 유기징역에 처한다.
>
> ③ 친족관계인 사람이 사람에 대하여 「형법」 제299조(준강간, 준강제추행)의 죄를 범한 경우에는 제1항 또는 제2항의 예에 따라 처벌한다.
>
> ④ 제1항부터 제3항까지의 친족의 범위는 4촌 이내의 혈족 · 인척과 동거하는 친족으로 한다.
>
> ⑤ 제1항부터 제3항까지의 친족은 사실상의 관계에 의한 친족을 포함한다.

> **제15조(미수범)** 제3조부터 제9조까지, 제14조, 제14조의2 및 제14조의3의 미수범은 처벌한다.
>
> **제15조의2(예비, 음모)** 제3조부터 제7조까지의 죄를 범할 목적으로 예비 또는 음모한 사람은 3년 이하의 징역에 처한다.

여기에서 가중처벌의 요소는 피해자가 가해자와 친족관계에 있는 것이다. 이러한 가중처벌 요소가 있는 경우 강간, 강제추행, 준강간, 준강제추행은 성폭력 처벌법 제5조에 의해 가중처벌된다. 유사강간과 준유사강간 및 위계·위력에 의한 간음 등은 가중처벌되는 범죄에 포함되지 않는다. 앞에서 논의했듯 유사간음은 강제추행으로 보아 성폭력처벌법으로 가중처벌하고, 위계나 위력에 해당하는지 강제에 해당하는지는 가족이라는 특수한 관계에 있는 피해자의 입장에서 판단하여야 한다. 실무가들은 일반적으로는 위계나 위력에 불과한 행위지만 가족이라는 특수한 관계로 인해 강제에 해당하는 것으로 평가할 수 있을지 여부를 고심해 주시길 부탁한다.

친족이란 4촌 이내의 혈족, 인척, 동거하는 친족으로 사실상의 관계를 포함한다.

—— 피해자는 피해자의 모와 전 남편과의 사이에서 낳은 딸이고, 가해자는 피해자의 모와 혼인신고를 마친 부부인 경우, 가해자와 피해자는 4촌 이내의 인척으로 성폭력처벌법상 친족에 해당(2020도10806).

그런데 친족의 개념은 수차례의 법 개정으로 변화가 있었고 Topic 11 소추요건에서 살펴보듯이 친족관계가 인정되어 성폭력처벌법이 적용되는 경우에는 과거에도 친고죄가 아니어서 2013년 6월 18일 이전에 발생하였는데 피해자가 지금 고소하거나 수사기관이 인지하게 된 사건에서 큰 의미를 가진다. 아래는 친족개념의 변천을 정리한 것인데, 이는 법률의 개정에 의해 구성요건이 변한 것이고, 친족의 개념은 점차 확대되었기 때문에 신법을 적용하면 가해자에게 불리하게 된다. 따라서 소급효가 부정되므로 사건 당시의 법률을 적용해야 함에 유의하자.

〈표 18〉 성폭력처벌법상 친족 개념의 변천

법률 및 시행일	친족의 범위	비고
제4702호 1994. 4. 1. 이후	존속 등 연장의 4촌 이내의 혈족	사실상 관계에 의한 친족 포함
제5343호 1998. 1. 1. 이후	4촌 이내의 혈족과 2촌 이내의 인척	
제10258호 2010. 4. 15. 이후	4촌 이내의 혈족 및 인척	
제11556호 2013. 6. 19. 이후	4촌 이내의 혈족 및 인척, 동거하는 친족	

친족에는 사실상 관계에 의한 친족도 포함되는데, 사실상 친족이란 사실상 혈족과 사실상 인척을 의미한다. 사실상 혈족이란 쉽게 말해 핏줄로 연결이 되어 있지만 친족관계는 형성되지 않은 경우를 말한다. 어머니와 자식의 관계에서는 무조건 혈족관계가 인정되어 이러한 문제가 없지만, 혼외 출생자와 아버지의 관계처럼 계산이 복잡한 경우도 있다. 하지만 성폭력 범죄 실무상으로는 별다른 문제가 되지 않는다. 핏줄로 연결되었다면 친족이든 사실상의 친족이든 둘 중 하나에 반드시 해당하고 그렇다면 성폭력처벌법이 적용되기 때문이다.

사실상의 인척이란 쉽게 말해 혼인신고를 하지 않았지만 부부생활을 하고 있는 남녀 사이로 인해 형성되는 친족관계이다. 예를 들어 피해자의 어머니와 가까운 남자로부터 피해자가 성폭력 피해를 당한 경우, 가해자가 소위 의붓아버지라면 성폭력처벌법이, 단순히 어머니의 남자 친구라면 다른 가중처벌 요소가 없는 한 형법이 적용된다. 따라서 이러한 경우라면 가해자와 피해자의 혈족과의 관계가 실질적으로 부부관계에 해당하는지가 매우 중요하다. 법원은 "이 사건 피해자의 의붓아버지인 가해자와 피해자의 어머니가 7년 이상 동거하면서 가해자가 피해자 및 그 어머니를 부양하였고, 피해자도 가해자를 아버지라고 부르면서 생활하여 온 사실"이 있다면 사실상의 인척에 해당한다고 하였고(99도5395. 사실인정 서울고등법원 99노2400) 사실상의 친족관계의 인정 여부는 가해자가 중혼(동시에 여러 개의 혼인관계가 존재하는 경우)을 한 상태라 해도 무관하다고 하였다(99도5395).

(2) 장애인

성폭력처벌법 제6조는 "신체적인 또는 정신적인 장애가 있는 사람"이 피해자인 경우에 대한 범죄를 규정하고 있는데, 이에는 총 3종류가 있다. 먼저 제1항 내지 제3항은 강간, 유사강간, 강제추행 등 강제에 의한 범죄의 피해자가 장애인인 경우 가중처벌을 규정하고 있다. 다음으로 제5항 및 제6항은 위계나 위력에 의한 간음이나 추행의 피해자가 장애인인 경우의 처벌규정이다. 끝으로 제4항은 피해자의 장애

상태를 이용하는 간음이나 추행, 즉 일종의 준 범죄를 규정하고 있다. 그런데 성폭력처벌법에는 장애인에 대한 정의가 없으므로, 아래에서는 장애인의 개념을 정의한 후 제4항 적용시 유의점을 살펴본다.

1) 장애인

법원은 '신체적인 장애가 있는 사람'이란 "신체적 기능이나 구조 등의 문제로 일상생활이나 사회생활에서 상당한 제약을 받는 사람"을 의미한다고 하였다(2016도4404, 2016전도49). 이러한 법원의 태도를 따르면 여기에서 장애인이란 "신체적 기능이나 구조 또는 정신적 기능 등의 문제로 일상생활이나 사회생활에서 상당한 제약을 받는 사람"을 의미한다 하겠다.

—— 성폭력처벌법 제6조에서 규정하는 '신체적인 장애가 있는 사람'이란 "신체적 기능이나 구조 등의 문제로 일상생활이나 사회생활에서 상당한 제약을 받는 사람"으로, 신체적인 장애를 판단함에 있어서는 해당 피해자의 상태가 충분히 고려되어야 하고 비장애인의 시각과 기준에서 피해자의 상태를 판단하여 장애가 없다고 쉽게 단정해서는 안 됨(2016도4404, 2016전도49. 다리를 절고 오른쪽 눈이 사실상 보이지 않으며 지체장애 3급으로 등록되어 있는 여성 피해자는 장애인에 해당)

한편, 장애인에 대한 위계 위력에 의한 유사간음죄는 존재하지 않고, 형법에도 위계 위력에 의한 유사간음죄는 존재하지 않는다. 따라서 이러한 경우에는 성폭력처벌법상 장애인에 대한 위계 위력에 의한 추행죄를 기본적으로 적용하고, 가해자의 행위를 강제로 평가할 수 있다면 성폭력처벌법상 장애인에 대한 유사강간죄를 적용해야 한다.

2) 제4항 적용 시 유의점

제4항을 적용하기 위해서는 피해자가 신체적인 또는 정신적인 장애로 항거불능 또는 항거곤란 상태에 있어야 하고, 가해자는 이러한 피해자의 상태를 알면서 이를 이용하여 피해자를 간음, 유사간음 또는 추행하여야 한다. 따라서 피해자의 장애정도가 일상생활이나 사회생활에서 상당한 제약을 받는다는 사실만으로는 제4항을 적용할 수 없다.

—— 성폭력처벌법 제6조 제4항은 장애인의 성적 자기결정권을 보호법익으로 하는 것으로, 위 규정의 '신체장애 또는 정신상 장애로 항거불능인 상태'란 신체장애 또는 정신상의 장애 그 자체로 항거불능의 상태에 있는 경우뿐 아니라 신체장애 또는 정신상의 장애가 주된 원인이 되어 심리적 또는 물리적으로 반항이 불가능하거나 현저히 곤란한 상태에 이른 경우를 포함하는 것으로 보아야 하고, 이때 정신상의 장애가 주된 원인이 되어 항거불능인 상태에 있었는지를 판단함에 있어서는 피해자의 정신상의 장애의 정도뿐 아니라 피해자와 가해자의 신분을 비롯한 관계, 주변의 상황 내지 환경, 가해자의 행위 내용과 방법, 피해자의 인식과 반응의 내용 등을 종합적으로 검토하여야 한다(2005도2994).

—— 성폭력처벌법 제6조 제4항의 규정은 장애인의 성적 자기결정권을 보호법익으로 하는 것이므로 장애로 인한 항거불능 상태가 인정되기 위해서는 최소한 피해자가 성적 자기결정권을 행사하지 못할 정도의 장애인이어야 한다. 그러므로 비록 피해자가 지적장애등급을 받은 장애인이라 하더라도 단순한 지적장애 외에 성적 자기결정권을 행사하지 못할 정도의 정신장애를 가지고 있다는 점이 증명되어야 하고, 피의자도 간음 당시 피해자에게 이러한 정도의 정신장애가 있음을 인식하고서 이를 이용하여 간음하였다는 점이 합리적 의심을 배제할 수 있을 정도로 증명되어야 한다(2012도12714).

(3) 나이

[성폭력 처벌법]

제7조(13세 미만의 미성년자에 대한 강간, 강제추행 등) ① 13세 미만의 사람에 대하여 「형법」 제297조(강간)의 죄를 범한 사람은 무기징역 또는 10년 이상의 징역에 처한다.

② 13세 미만의 사람에 대하여 폭행이나 협박으로 다음 각 호의 어느 하나에 해당하는 행위를 한 사람은 7년 이상의 유기징역에 처한다.

1. 구강·항문 등 신체(성기는 제외한다)의 내부에 성기를 넣는 행위

2. 성기·항문에 손가락 등 신체(성기는 제외한다)의 일부나 도구를 넣는 행위

③ 13세 미만의 사람에 대하여 「형법」 제298조(강제추행)의 죄를 범한 사람은 5년 이상의 유

기징역 또는 3천만원 이상 5천만원 이하의 벌금에 처한다.

④ 13세 미만의 사람에 대하여 「형법」 제299조(준강간. 준강제추행)의 죄를 범한 사람은 제1항부터 제3항까지의 예에 따라 처벌한다.

⑤ 위계 또는 위력으로써 13세 미만의 사람을 간음하거나 추행한 사람은 제1항부터 제3항까지의 예에 따라 처벌한다.

제15조(미수범)   제3조부터 제9조까지, 제14조, 제14조의2 및 제14조의3의 미수범은 처벌한다.

제15조의2(예비. 음모)   제3조부터 제7조까지의 죄를 범할 목적으로 예비 또는 음모한 사람은 3년 이하의 징역에 처한다.

[청소년성보호법]

제7조(아동 · 청소년에 대한 강간 · 강제추행 등)   ① 폭행 또는 협박으로 아동 · 청소년을 강간한 사람은 무기징역 또는 5년 이상의 유기징역에 처한다.

② 아동 · 청소년에 대하여 폭행이나 협박으로 다음 각 호의 어느 하나에 해당하는 행위를 한 자는 5년 이상의 유기징역에 처한다.

1. 구강 · 항문 등 신체(성기는 제외한다)의 내부에 성기를 넣는 행위

2. 성기 · 항문에 손가락 등 신체(성기는 제외한다)의 일부나 도구를 넣는 행위

③ 아동 · 청소년에 대하여 「형법」 제298조의 죄를 범한 자는 2년 이상의 유기징역 또는 1천만원 이상 3천만원 이하의 벌금에 처한다.

④ 아동 · 청소년에 대하여 「형법」 제299조의 죄를 범한 자는 제1항부터 제3항까지의 예에 따른다.

⑤ 위계(僞計) 또는 위력으로써 아동 · 청소년을 간음하거나 아동 · 청소년을 추행한 자는 제1항부터 제3항까지의 예에 따른다.

⑥ 제1항부터 제5항까지의 미수범은 처벌한다.

제2조(정의)   이 법에서 사용하는 용어의 뜻은 다음과 같다.

1. "아동 · 청소년"이란 19세 미만의 자를 말한다. 다만, 19세에 도달하는 연도의 1월 1일을 맞이한 자는 제외한다.제7조의2(예비. 음모) 제7조의 죄를 범할 목적으로 예비 또는 음모한 사람은 3년 이하의 징역에 처한다.

제7조의2(예비. 음모)   제7조의 죄를 범할 목적으로 예비 또는 음모한 사람은 3년 이하의 징역에 처한다.

여기에서 가중처벌의 요소는 피해자가 연 19세 미만이라는 것이다. 이러한 가중처벌 요소가 있는 경우 강간, 유사강간, 강제추행, 준강간 · 유사강간 · 강제추행, 위계 · 위력에 의한 간음 · 유사간음 · 추행은 피해자가 만 13세 미만인 경우에는 성폭력처벌법 제7조에 의해, 피해자가 만 13세 이상 연 19세 미만인 경우에는 청소년성보호법 제7조에 의해 가중처벌된다.

피해자가 연 19세 미만인 경우는 모든 유형의 성폭력 범죄에 대한 가중처벌 규정을 두고 있는데, 행위가 간음이냐 유사간음이나 추행이냐에 따라 법정형의 차이가 크고, 수단에 의한 법정형의 차이는 없다는 특징이 있다. 강제, 준, 위계 · 위력이 없다면 Topic 6-1에서 살펴보았듯이 피해자가 연 19세 미만인 장애인이고 가해자는 만 19세 이상인 경우 또는 피해자가 만 16세 미만인 경우에 한하여 의제강간죄가 성립할 수 있고, 이는 다른 범죄에 대해 보충적으로 적용해야 한다. Topic 6-1에서 다룬 피해자의 나이와 관련된 가해자의 인식문제는 여기에서도 동일하게 적용된다.

가중처벌 요소 – 나이

피해자와 관련된 다른 가중처벌 요소와는 달리 '나이'에 대해서는 유사간음을 추행과 분리하고 추행에 비하여 매우 크게 처벌할 수 있도록 하고 있다. 주요 성폭력 범죄의 법정형 표를 살펴보자. 이 표는 위의 범례에 따라 읽으면 된다. 예를 들어 "무/5↑"는 무기 또는 5년 이상 징역을, "3↑/3천-5천"은 3년 이상 징역 또는 3천만 원 이상 5천만 원 이하 벌금을 의미한다.

/: 또는 ↑: 이상 ↓: 이하 수 – 수: 수 이상 – 수 이하
사: 사형 무: 무기징역 1 내지 10: 그 수에 해당하는 년의 징역 100단위 이상의 수: 그 수에 해당하는 만원의 벌금

행위/결과 〈가해자/피해자〉		강간 (강제간음)	유사강간 (강제유사간음)	강제추행	준강간/유사강간/강제추행	위계·위력 간음	위계·위력 유사간음	위계·위력 추행	상해치상	살해 살인	살해 치사
가해자	주침, 야주절(미), 특절(미)	무/7↑							무/10↑	사/무	X
	특수강도 (야주, 흉, 합)(미)	사/무/10↑				X			X	사/무	X
	특수(흉, 합)	무/7↑	X	5↑	좌측 각 법정형과 동일	X			무/10↑	사/무	무/10↑
피해자	친족	7↑	X	5↑	좌측 각 법정형과 동일	X			무/7↑	사/무	무/10↑
	장애인※1	무/7↑	5↑	3↑/3천-5천	좌측 각 법정형과 동일	5↑	X	1↑/1천-3천	무/10↑	사/무	사/무/10↑
	나이 · 만13 미만	무/10↑	7↑	5↑	좌측 각 법정형과 동일	좌측 각 법정형과 동일			무/10↑	사/무	사/무/10↑
	나이 · 만13 이상~연19 미만 ※2	무/5↑	5↑	2↑/1천-3천	좌측 각 법정형과 동일	좌측 각 법정형과 동일			무/7↑	사/무	사/무/10↑
가중처벌 요소 없음		3↑	2↑	10↓/1,500↓	좌측 각 법정형과 동일	5↓ 7↓/3,000↓	X	5↓ 3↓/1,500↓	무/5↑	사/무	무/10↑

※1. 성§6⑦: 장애인 보호 등 목적 시설장 등이 보호감독의 대상인 장애인에 대해 제1항 내지 제6항의 죄를 범한 경우 법정형 1.5배 가중

※2. 아§18: 신고의무 있는 기관장 등이 보호 등을 받는 아동 청소년 대상으로 성범죄를 범한 경우 법정형 1.5배 가중

그런데 여기에서 하나의 의문이 생긴다. 친족은 유사강간의 피해를 입을 가능성이 없는 것일까? 아니면 친족에 대한 유사강간은 추행보다 가해자를 더 크게 처벌할 필요가 없는 것일까? 어쨌든 현행법상 친족이 유사강간의 피해를 입으면 강제추행죄로 벌할 수밖에 없다. 나아가 위 표와 같이 성폭력처벌법과 청소년성보호법은 처벌규정에 상당한 공백이 존재한다. 피해자가 친족인 경우에는 위계나 위력에 의한 성폭력 범죄가 벌어질 가능성이 매우 크지 않을까? 그런데 왜 그러한 경우에 대해서는 처벌규정이 없을까? 가해자의 가중처벌 요소에 대해서는 위계나 위력에 의한 성폭력 범죄의 처벌규정 자체가 없다.

성폭력처벌법과 청소년성보호법의 처벌규정은 실제 사건에서 새로운 피해 유형이 생길 때마다 추가로 입법되면서 채워져 온 것이라 해도 과언이 아니다. 가중처벌의 필요성이 인정되는 가해자를 가중 처벌하지 못하는 문제가 불거지고 나서야 법을 개정해왔다는 뜻이다. 또 다른 피해자가 생기고 나서야 처벌규정의 불비를 해소할 것인지 묻고 싶다.

제1편의 정리 및 연습문제

제1편에서는 성폭력 범죄에 대해 적용법조를 특정하는 방법과 각 성폭력 범죄의 구성요건에 대해 살펴보았다. 이를 정리하면 아래와 같다.

1 간음, 유사간음, 추행에 해당하는지 확인한다. 이에 해당하지 않는다면 주요 성폭력 범죄가 아니다.

```
┌─────────────────────────────────────┐              ┌─────────────────────────────────┐
│ • 간음('성기'와 '성기'의 결합)           │     NO       │ • 주요 성폭력 범죄에 해당하지 않음   │
│ • 유사간음('성기'와 '성기 외'의 결합)     │ ──────────→  │ • 기타 성폭력 범죄에 대한 검토 필요   │
│ • 추행(신체에 대한 접촉 및 그에 준하는 행위) │              └─────────────────────────────────┘
│   피해자의 성적자기결정권을 침해          │
└─────────────────────────────────────┘
                   │ YES
                   ▼
┌──────────────────────────────────────────────────────────────────────────────┐
│                              1-2단계 검토                                        │
└──────────────────────────────────────────────────────────────────────────────┘
```

❷ 간음, 유사간음, 추행이 인정되면, 그러한 행위를 하기 위해 강제, 준, 위계, 위력을 이용한 것인지 확인한다. 강제와 준은 법정형이 동일하므로 이에 해당하는지를 먼저 살피고 그 후 위계나 위력에 해당하는지를 검토한다. 강제, 준, 위계, 위력에 해당한다면 주요 성폭력 범죄에 해당한다. 강제, 준, 위계, 위력에 모두 해당하지 않는다면 피해자가 만 16세 미만인지 등을 살펴 의제범죄 등에 해당하는지를 본다.

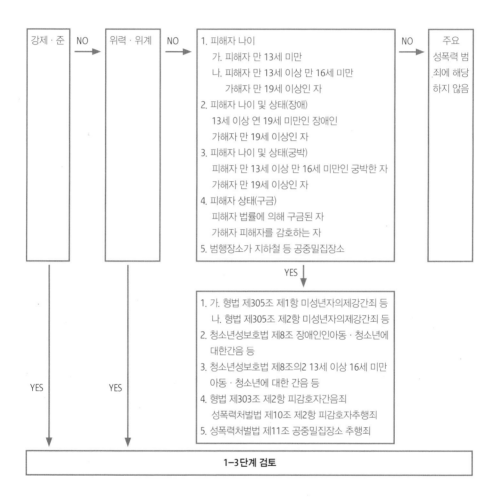

③ 강제, 준, 위계 · 위력에 의한 간음, 유사간음, 추행에 해당한다면 그 범죄로 인한 상해 · 살인 · 치사상죄에 해당하는지 검토하고 각 조합에 따라 아래의 표를 기준으로 죄명을 특정한다. 우선 형법의 죄명을 선택하고 가중처벌 요소가 없으면 그대로 특정한다. 가중처벌 요소가 있으면 각 요소에 따라 성폭력처벌법 또는 청소년성보호법의 죄명을 특정한다. 가중처벌 규정으로 유사강간죄가 없는 경우에는 강제추행죄를 적용하고, 위계나 위력에 의한 성폭력 범죄에 대해 가중처벌 규정이 없는 경우에는 가해자의 행위가 강제로 인정될 수 있는지 여부를 피해자의 관점에서 판단한다. 성폭력처벌법 중 치사상죄나 상해죄에 대한 가중처벌 규정이 없다면 성폭력처벌법과 형법을 모두 적용한다.

2020. 5. 19. 부터 2021. 8. 15. 현재
성: 성폭력 범죄의처벌등에관한특례법   형: 형법   청: 아동 · 청소년의성보호에관한법률   X: 처벌 근거 없음   (미): 미수범도 주체에 포함

행위/결과 가해자/피해자		강간 (강제 간음)	유사강간 (강제 유사간음)	강제 추행	준강간/ 유사강간/ 강제추행	위계 · 위력			상해 치상	살해	
						간음	유사 간음	추행		살인	치사
가해자	주침, 야주절(미), 특절(미)	성§3①							성§8①	성§9①	X
	특수강도 (야주, 흉, 합)(미)	성§3②				X			X	성§9①	X
	특수(흉, 합)	성§4①	X	성§4②	성§4③ (단, 유사X)				성§8①	성§9①	성§9②
피해자	친족	성§5①	X	성§5②	성§5③ (단, 유사X)	X			성§8②	성§9①	성§9②
	장애인 ※1	성§6①	성§6②	성§6③	성§6④	성§6⑤	X	성§6⑥	성§8①	성§9①	성§9③
	나이 만 13 미만	성§7①	성§7②	성§7③	성§7④	성§7⑤			성§8①	성§9①	성§9③
	나이 만 13 이상 ~연 19 미만	청§7①	청§7②	청§7③	청§7④	청§7⑤			청§9	청§10①	청§10②
가중처벌 요소 없음		형§297	형§297-2	형§298	형§299	형§302 만 19세 미만 심신미약자 형§303① 피보호자	X	형§302 만 19세 미만 심신미약자 성§10① 피보호자	형§301	성§9① 형§301-2	형§301-2

/ : 또는   ↑: 이상   ↓: 이하   수 – 수: 수 이상 – 수 이하

사: 사형   무: 무기징역   1 내지 10: 그 수에 해당하는 년의 징역   100단위 이상의 수: 그 수에 해당하는 만 원의 벌금

가해자/피해자	행위/결과	강간 (강제간음)	유사강간 (강제/유사간음)	강제추행	준강간/유사강간/강제추행	위계·위력 간음	위계·위력 유사간음	위계·위력 추행	상해치상	살인	치사
가해자	주침, 야주절(미), 특절(미)	무/7↑				X			무/10↑	사/무	X
가해자	특수강도(야주, 흉, 합) (미)	사/무/10↑				X			X	사/무	X
가해자	특수(흉, 합)	무/7↑	X	5↑	좌측 각 법정형과 동일	X			무/10↑	사/무	무/10↑
피해자	친족	7↑	X	5↑	좌측 각 법정형과 동일	X			무/7↑	사/무	무/10↑
피해자	장애인※1	무/7↑	5↑	3↑/ 3천–5천	좌측 각 법정형과 동일	5↑	X	1↑/ 1천–3천	무/10↑	사/무	사/무/10↑
피해자 나이	만13 미만	무/10↑	7↑	5↑	좌측 각 법정형과 동일	좌측 각 법정형과 동일			무/10↑	사/무	사/무/10↑
피해자 나이	만 13 이상 ~연 19 미만※2	무/5↑	5↑	2↑/ 1천–3천	좌측 각 법정형과 동일	좌측 각 법정형과 동일			무/7↑	사/무	사/무/10↑
가중처벌 요소 없음		3↑	2↑	10↓/ 1,500↓	좌측 각 법정형과 동일	5↓ 7↓/ 3,000↓	X	5↓ 3↓/ 1,500↓	무/5↑	사/무	무/10↑

※1. 성§6⑦ : 장애인 보호 등 목적 시설장 등이 보호감독의 대상인 장애인에 대해 제1항 내지 제6항의 죄를 범한 경우 법정형 1.5배 가중

※2. 아§18 : 신고의무 있는 기관장 등이 보호 등을 받는 아동 청소년 대상으로 성범죄를 범한 경우 법정형 1.5배 가중

▣ 이제 위 순서에 따라 아래의 사실관계에 대해 죄명을 특정해 보자.

〈연습문제〉

　　가해자인 남학생과 피해자인 여학생은 만 17세로 같은 학교의 동급생이며 장애인이 아니다.

　　가해자와 피해자는 다른 친구들과 함께 술을 마시고 놀다가 가해자가 피해자를 부축하여 집으로 데려다 주었다.

　　피해자는 짧은 치마를 입고 있었는데, 인적이 드문 골목길에서 속이 좋지 않다면서 쪼그려 앉아서 구토를 했다. 가해자는 피해자의 등을 두드려 주다가 갑자기 피해자의 옷 위로 피해자의 가슴을 만지고 피해자의 치마 안으로 손을 넣어 피해자의 음부에 손가락을 넣고 빼는 행위를 수회에 걸쳐 하였다. 피해자가 그만하라고 하자 가해자는 이러한 행위를 그만 두었는데 피해자는 성경험이 없었고 가해자의 행위로 인해 처녀막이 손상되는 등 7일간의 치료가 필요한 질내 출혈이 발생하였다. 가해자는 피해자에게 상처를 입히려고 한 것은 아니었다.

---

❶ 가해자의 행위가 간음, 유사간음, 추행 등에 해당하는지 확인

　　가해자는 행위는 "가슴을 만지고", "음부에 손가락을 넣었다"는 것이다. 가슴을 만진 것은 추행에, 음부에 손가락을 넣은 것은 유사간음에 해당한다.

❷ 가해자의 수단이 강제, 준, 위계, 위력에 해당하는지 확인

　　가해자가 피해자를 상대로 저항이 불가능하거나 현저히 곤란한 폭행을 행사한 것인지는 위에서 주어진 사실관계만으로는 특정하기 어렵다. 하지만 적어도 기습적 수단을 사용했기 때문에 유사강간이나 강제추행에서의 강제에는 해당한다고 판단된다.

　　피해자는 가해자의 행위를 알고 저항하고 있어 심신상실 또는 항거불능의 상태에 빠진 것은 아니므로 준에는 해당하지 않는다.

따라서 가해자의 수단은 기습으로서 강제에 해당한다. ❶에서 각 행위는 유사간음과 추행이므로 강제와 결합하여 유사강간과 강제추행이 인정된다. 강제에 해당하므로 위계나 위력에 대해서는 검토할 필요가 없다.

❸ **결합범 또는 결과적 가중범의 검토 후 형법상 죄명의 선택 및 특별법 검토 후 죄명 확정**

먼저 결합범 또는 결과적 가중범을 검토하고 형법상 죄명을 선택한다.

피해자의 상처부위는 성적 행위와 직접적으로 연관된 성기 내부이고 피해자는 성경험도 없어 비록 7일간의 치료를 필요로 하는 상처이지만 상해로 인정될 가능성이 높아 보인다. 가해자는 피해자에게 상해를 입힐 고의가 있어 보이지는 않지만 가해자의 행위로 인해 피해자가 상해를 입었고(인과관계), 일반인의 입장에서 갑자기 여성의 음부에 손가락을 넣고 만지면 질내 출혈이 발생할 수 있음은 충분히 예견할 수 있으므로(예견가능성) 치상죄는 성립한다. ❷에서 유사강간과 강제추행이 인정되므로 형법상 유사강간치상죄와 강제추행치상죄가 성립한다.

다음으로 가중처벌의 요소를 본다. 가해자에 의한 가중처벌 요소는 없다. 피해자에 의한 가중처벌요소로 피해자는 만 13세 이상 연 19세 미만에 해당한다. 따라서 가해자에게는 청소년성보호법상 유사강간치상죄와 강제추행치상죄가 성립한다. (유사강간치상죄와 강제추행치상죄 상호 간의 관계에 대해서는 Topic13-1에서 자세히 논하겠다).

이제 가해자에 대한 처벌 가능성을 판단하기 위해 남은 일은 소추요건과 공소시효를 검토하고, 죄수를 정리하는 것이다. 이에 대해서는 제2편에서 확인해 보도록 하자.

제2편 주요 성폭력 범죄의 소추요건, 공소시효 및 죄수정리

주요 성폭력 범죄의 소추요건과 공소시효에 대한 문제점은 이미 자세히 살펴보았다. 2013년 6월 19일 이후의 주요 성폭력 사건은 소추요건이 없는 범죄이고, 공소시효는 최소 10년 이상으로 계산방법도 그리 어렵지 않다. 하지만 2013년 6월 18일 이전에 발생한 사건, 특히 10년 이상이 지난 사건이라면 반드시 소추요건과 공소시효에 대해 정확히 살펴보아야 한다.

적용법조를 특정하고 소추요건과 공소시효를 살펴보아 가해자가 저지른 범죄를 처벌할 수 있다면 수사를 진행하고 재판을 통해 가해자를 처벌해야 한다. 그런데, 가해자를 처벌할 수 있는 범죄가 2개 이상이라면 가해자를 어떻게 처벌하는지의 문제가 있다. 이를 죄수문제라 한다.

제2편에서는 제1편에서 특정한 죄명과 법정형을 기초로 하여 소추요건과 공소시효를 검토하는 구체적인 방법 및 가해자가 여러 개의 범죄를 저질렀을 때 죄수를 정리하는 방법을 구체적으로 제시해 보고자 한다.

아래의 사건에 대해 가해자에 대해 소추요건이 충족되지 아니하여 형사처벌이 불가능한 것은 몇 개일까?

사건 ①

피해일시 : 2010. 4. 14.   피해내용: 강간치상

가중처벌요소: 없음   피해자의 나이: 만 20세

사건 ②

피해일시 : 2013. 6. 18.   피해내용 : 강간

가중처벌요소: 없음   피해자 나이: 만 25세

사건 ③

피해일시 : 2008. 2. 5.   피해내용: 강간

가중처벌요소: 나이 외 없음   피해자 나이: 연 17세

사건 ④

피해일시 : 2015. 5. 2.

피해내용: 업무상위력에 의한 추행

피해자 나이: 만 30세

소추요건이란 검사가 공소를 제기할 수 있는 조건으로 소추요건이 흠결되면 검사는 공소를 제기할 수 없고, 만약 공소가 제기되어도 법원은 공소기각의 판결, 즉 유무죄를 따지지 않고 가해자를 처벌하지 않는 재판을 한다.

먼저 친고죄란 범죄 피해자의 고소가 없이는 검사가 공소를 제기할 수 없는 범죄로서, 형법 조문에 "…의 죄는 고소가 있어야 공소를 제기할 수 있다"라고 명시되어 있는 경우를 말한다. 수사기관은 고소가 없더라도 수사를 진행할 수 있으나, 고소기간의 도과 등으로 인해 고소가 불가능한 경우에는 수사를 진행해서는 아니된다. 처벌이 불가능한 사람에 대해 수사를 진행하는 것은 수사권 남용에 해당하기 때문이다.

다음으로 반의사불벌죄란 범죄 피해자의 의사에 반하여 검사가 공소를 제기할 수 없는 범죄이다. 피해자는 한 번이라도 수사기관에 가해자에 대한 처벌을 원하지 않는다는 의사를 표시하면 이를 번복할 수 없다.

양자의 차이는 친고죄의 경우 가해자를 처벌하기 위해 피해자의 적극적인 의사표시인 고소를 필요로 하지만, 반의사불벌죄는 피해자가 고소를 하지 않더라도 가해자를 처벌할 수 있다는 점이다. 반의사불벌죄는 피해자가 가해자의 처벌을 원하지 않는다는 의사를 표시하지만 않으면 가해자를 처벌할 수 있다.

그런데 2013년 6월 19일 형법, 성폭력처벌법, 청소년성보호법이 성폭력 범죄에 대한 소추요건을 일괄적으로 폐지하기 전까지 성폭력 범죄에는 다수의 친고죄 또는 반의사불벌죄가 존재하였다. 2013년 6월 18일 이전에 발생한 성폭력 범죄 중 반의사불벌죄의 경우에는 피해자가 처벌불원의사를 표시하지 않는 이상 현재에도 소추요건에 대한 문제는 없다. 하지만 2013년 6월 18일 이전에 발생한 성폭력 범죄 중 친고죄의 경우에는 고소기간이 도과하였다면 가해자를 처벌할 수 있는 방법이 없다. 소추요건의 충족 여부는 가해자를 처벌할 수 있는지의 문제로, 가해자가 범행을 했을 때 친고죄나 반의사불벌죄였던 것이 법률의 개정을 통해 소추요건이 없는 일반적인 범죄로 변경된 경우에는 행위시의 법률을 적용하여 친고죄나 반의사불벌죄로 보아야 하기 때문이다.

다만, 피해자에게 고소를 할 수 없는 불가항력의 사유가 있다면 이러한 사유가 없어진 날부터 고소기간을 기산해야 하므로 그러한 사유가 있는지 살펴볼 필요가 있다. 고소를 할 수 없는 불가항력의 사유는 ① 피해자에게 고소능력이 없는 경우, ② 물리적으로 고소를 할 수 없는 사정이 있는 경우, ③ 고소하지 못할 만큼 가해자의 압도적인 지배하에 있는 등 고소가 사실상 불가능하였다고 볼 만한 객관적인 사유가 있는 경우 등이다. 먼저, 피해자에게 고소능력이 없는 경우라면 피해자는 성폭력특별법상 장애인에 해당할 것이고 성폭력특별법상 장애인에 대한 성폭력 범죄는 과거에도 친고죄나 반의사불벌죄가 아니다. 다음으로 물리적으로 고소를 할 수 없는 경우로는 피해자가 가해자에 의해 감금되어 있는 등의 사정이 해당할 수 있을 것이다. 끝으로 고소가 사실상 불가능하다고 볼 만한 객관적인 사유로는 종교관계나 가족관계 등을 들 수 있는데, 앞의 ①, ②의 사유와는 달리 판단이 쉽지않은 경우가 있다. 아래의 판례를 통해 피해자가 고소하는 것이 사실상 불가능했는지 여부에 대한 판단기준을 익혀보자.

○ 부산지방법원 2008. 4. 25. 선고 2007고합705 판결

(1) 피해자는 이 사건 최종범행시인 2005. 10.경 이미 범인을 알고 있었다고 판단되고, 피해자의 고소는 그로부터 1년이 경과된 후인 2007. 3. 22. 수사기관에 접수되었음은 기록상 명백하다.

(2) 그러나 다음과 같은 사실이 인정된다.

피해자의 친부와 생모는 약 10여 년 전에 이혼하였고, 계모는 피해자가 초등학교 4학년이 되었을 즈음부터 함께 살면서 수시로 피해자를 구타하는 것도 모자라 사춘기에 접어든 피해자와 피해자의 남동생이 성적 행위를 하게 하는 등 성적학대를 하였다. 친부는 이를 묵인하였다.

가해자가 이 사건 범행에 이르게 된 경위는 계모가 피해자를 무속인으로 만들어 달라며 가해자에게 소개시켜 주었으며, 가해자와 피해자 둘만 남겨두고 자리를 비켜주는 등 하였으며, 피해자가 계모에게 가해자와의 성관계 사실을 알렸음에도 친부에게 그러한 사실을 이야기하지 말라는 말만을 하였다.

이러한 사정을 알고 있는 가해자는 피해자에게 "자신의 말을 듣지 않으면 계모에게 당한다"는 말을 하였고, 피해자는 계모의 가혹행위가 두려운 나머지 가해자와 성관계를 할 수밖에 없었다.

피해자는 '천 생리대'를 삶던 중 이를 태워버리는 실수를 하였는데 그로 인하여 계모로부터 가혹행위를 당할 것이 두려워 순천에

서 전남 영암에 있는 친할머니 집으로 도망을 쳤고, 친할머니와 생모가 피해자가 그간 당한 가혹행위 및 이 사건 범행에 관하여 알게 되었다. 피해자와 생모는 남편이 만나지 못하게 하여 서로 만나지 못하고 있었고, 피해자는 생모를 찾아갈 생각을 하지 못했다.

(3) 위 인정 사실에 의하면, 피해자는 부모의 이혼 후 어린 나이부터 계모의 가혹행위 및 친부의 방조 내지 묵인 속에 외포된 상태에서 성장하였는데, 그 계모가 조장하였다고 하여도 무방할 정도의 이 사건 범행에 대하여 계모의 보호 아래에 있던 피해자가 고소를 할 수 있었던 상태에 있었다고 보기는 어렵다고 판단되고, 그와 같은 상태의 피해자 앞에서 계모가 가해자로부터 합의금 명목으로 돈을 받고 이 사건에 관하여 문제제기를 하지 않겠다고 합의를 함으로써 피해자로 하여금 더더욱 이 사건 범행에 대하여 고소를 할 수 없게 만들었다고 볼 수밖에 없다. 거기다가 그와 같은 이루 말할 수 없는 고초를 겪는 동안 피해자는 생모와 친할머니 등에게 자신의 그와 같은 처지에 대하여 말을 할 수 있는 상황은커녕 제대로 만나지도 못하는 사정에 처해 있었던 것으로 여겨진다. 피해자는 이 사건 범행에 관하여 실질적인 가해자라고 할 수 있는 계모 등의 보호, 감독 하에 있던 동안에는 '고소할 수 없는 불가항력의 사유가 있는 때'라고 할 것이므로, 친할머니에게로 도피한 2007. 3. 12.경부터 기산해야 한다고 할 것이다. 따라서 피해자는 위 기산일로부터 고소기간인 1년이 경과하기 전에 피고인을 고소한 것이므로, 피해자의 고소기간이 도과하였다고 할 수 없다.

이처럼 피해자에게 고소능력이 인정되고 물리적으로 고소할 수 없는 사정이 없더라도, 사실상 고소할 수 없는 사정이 인정되는지 여부는 피해자가 처한 상황에서 피해자의 입장에서 판단해야 한다.

소추요건에 대해 정리해 보자. 2013년 6월 18일을 이전에 발생한 성폭력 범죄에 대해서는 친고죄인지 여부와 친고죄라면 고소기간이 도과하였는지를 확인해 보아야 한다.

먼저, 형법의 경우 2013년 6월 18일 이전에 발생한 성폭력 범죄 중 상해 · 살인·치사상죄에 해당하지 않는 경우는 모두 친고죄였다. 즉, 강간죄, 강제추행죄, 준강간·강제추행죄, 위계·위력에 의한 강간·강제추행죄, 만 13세 미만 의제 강간·강제추행죄 등이 친고죄였다.(유사강간죄는 2013년 6월 19일부터 시행되어 그 전에 가해자가 피해자를 유사강간한 경우 강제추행죄를 적용할 수밖에 없었다.) 형법에는 친고죄의 고소기간이 가해자를 알게 된 날로부터 6개월로 규정되어 있지만, 법원은 성폭력처벌법과의 형평 등을 보아 성폭력 범죄에 대해서는 형법이 적용되더라도 고소기간을 1년으로 보았다(2014도13504). 따라서 고소기간은 가해자를 알게 된 날로부터 1년이라 할 것인데, 그렇다고 해도 2013년 6월 18일 이전에 일어난 사건은 2021년 현 시점을 기준으로 적어도 7년 이상 경과하였으므로 고소기간이 남아 있는 경우는 거의 없을 것이다. 따라서 고소를 할 수 없는 불가항력의 사유가 없는 이상 형법상 성폭력 범죄는 상해·살인·치사상죄가 아니면 고소기간 완성으로 가해자를 처벌하는 것은 불가능하다.

다음으로, 성폭력처벌법의 경우 주요 성폭력 범죄는 원래 친고죄나 반의사불벌죄가 아니었다. 성폭력처벌법은 업무상위력등추행죄, 공중밀집장소추행죄, 통신매체이용음란죄만 친고죄로 규정하고 있었고, 그 외 친고죄나 반의사불벌죄는 존재하지 않았는데, 이들도 2013년 6월 19일 이후로는 친고죄나 반의사불벌죄가 아니게 되었다. 따라서 성폭력처벌법이 적용되는 경우에는 위 세 개의 범죄 외에는 소추요건은 충족된다.

끝으로, 청소년성보호법에서 소추요건의 변화는 조금 복잡하다.

청소년 성보호법은 2006년 6월 29일 이전까지 아동·청소년(연 19세 미만)이 피해자인 강간죄, 유사강간죄, 강제추행죄, 준강간·유사강간·강제추행죄, 위계·위력등간음·유사간음·추행죄(이상 미수죄 포함), 업무상위력등간음·추행죄, 의제강간·추행죄, 공중밀집장소추행죄, 통신매체이용음란죄를 친고죄로 규정하였고 고소기간은 1년이었다가, 2006년 6월 30일부터 고소기간을 2년으로 규정하였다. 2008년 2월 4일부터는 위 범죄 중 공중밀집장소추행죄와 통신매체이용음란죄를 제외한 모든 범죄를 반의사불벌죄로 변경하였고, 2010년 4월 15일부터는 업무상위력등추행죄와 공중밀집장소추행죄 및 통신매체이용음란죄는 반의사불벌죄로 남겨두고, 그 외 범죄는 모두 소추요건이 없는 범죄로 변경하였다. 2012년 8월 2일부터는 업무상위력등추행죄도 소추요건이 없는 범죄로 변경하였고, 2013년 6월 19일 이후로는 모든 성폭력 범죄의 소추요건을 폐지하게 되었다. 따라서 각 시점에 따라 친고죄였던 범죄에 대해서는 고소기간이 도과했는지 여부를 세심히 확인해 보아야 한다.

아래는 이상의 내용을 정리한 표이다.

〈표 19〉 피해자가 연 19세 미만(2010. 4. 14.까지는 만 19세)인 경우 성폭력 범죄의 소추요건

법률	범행기간	'06. 6. 29. 이전	'06. 6. 30. 이후 (제7801호)	'08. 2. 4. 이후 (제8634호)	'10. 4. 15. 이후 (제10260호)	'12. 8. 2. 이후 (제11287호)	'13. 6. 19. 이후 (제11572호)
아청법 (구)청성법	강간(미), 유사강간(미), 강제추행(미), 준강간·강제추행(미), 위계 등 간음·추행(미)	친고죄 ※고소기간 1년	친고죄 ※고소기간 2년	반의사불벌죄	소추요건 X	소추요건 X	모든 성폭력 범죄 소추요건 X
형법	강간(미), 강제추행(미), 준강간·강제추행(미), 미성년자등 간음·추행, 업무상위력 등 간음, 의제간음·추행			반의사불벌죄	소추요건 X	소추요건 X	
성폭법	업무상위력 등 추행			반의사불벌죄	반의사불벌죄	소추요건 X	
	공중밀집장소추행, 통신매체이용·음란			친고죄	반의사불벌죄	반의사불벌죄	

※아청법上 유사강간(미)은 2010. 1. 1. 시행(제9765호) 아청법 개정 시 신설

〈표 20〉 성폭력 범죄의 일반적인 소추요건

법률	범행기간	'13. 6. 19. 이전	'13. 6. 19. 이후 (제11572호)
형법		**친고죄** ※고소기간 1년 강간(미), 강제추행(미), 준강간·추행(미), 미성년자등 간음·추행, 업무상위력 등 간음, 의제간음·추행	모든 성폭력 범죄 소추요건 X
성폭법		**친고죄** ※고소기간 1년 업무상위력 등 추행, 공중밀집장소추행, 통신매체이용·음란	

지금까지 소추요건에 대한 설명과 이를 간략히 요약한 표를 제시하였다. 이미 1단계에서 확인한 적용법조를 기초로 하여 2단계에서는 아래의 순서로 소추요건을 검토하면 된다.

〈 2단계: 소추요건의 검토순서 〉

❶ 범죄일시의 확인

2013. 6. 19. 이후에 발생한 성폭력 범죄인 경우 – 3단계 공소시효에 대해 검토한다.

2013. 6. 18. 이전에 발생한 성폭력 범죄인 경우 – ❷를 검토한다.

❷ 피해자가 아동 청소년인지 여부의 확인

피해자가 아동청소년인 경우 〈표 19〉를 검토한다. 친고죄인 경우 아래 ❸을 검토하고, 그 외의 경우에는 3단계 공소시효에 대해 검토한다.

피해자가 아동청소년이 아닌 경우 〈표 20〉을 검토한다. 친고죄인 경우 아래 ❸을 검토하고, 그 외의 경우에는 3단계 공소시효에 대해 검토한다.

❸ 고소기간 도과 여부 확인

고소를 할 수 없는 불가항력의 사유가 있지 않으면 고소 기간의 도과로 소추요건이 충족되지 않으므로 가해자에 대한 처벌은 절대 불가능하다.

〈그림 8〉은 위 내용을 그림으로 정리한 것이다.

〈그림 8〉 2단계: 소추요건의 검토

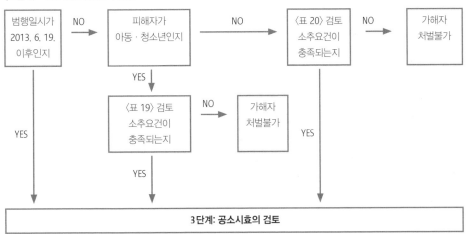

A 사건 ②는 고소를 할 수 없는 불가항력인 사유가 없는 이상 친고죄의 고소기간 도과로 소추요건이 충족되지 않기 때문에 가해자를 처벌할 수 없다.

사건 ①

피해일시 : 2010. 4. 14.

피해내용: 강간치상

가중처벌요소: 없음

피해자의 나이: 만 20세

- 적용법조의 특정: 강간치상죄에 대해 가중요소가 없으므로 형법상 강간치상죄에 해당한다.
- 2013. 6. 19. 전의 범죄이다.
- 피해자의 나이는 만 20세 이므로 〈표 20〉을 검토한다.
- 강간치상죄는 과거에도 친고죄 또는 반의사불벌죄가 아니므로 소추요건은 충족되었다.

사건 ②

피해일시 : 2013. 6. 18.

피해내용 : 강간

가중처벌요소: 없음

피해자 나이: 만 25세

- 적용법조의 특정: 강간죄에 대해 가중요소가 없으므로 형법상 강간죄에 해당한다.
- 2013. 6. 19. 전의 범죄이다.
- 피해자의 나이는 만 25세 이므로 〈표 20〉을 검토한다.
- 강간죄는 당시 친고죄였고, 고소기간은 1년이었다.
- 따라서 고소를 할 수 없는 불가항력인 사유가 없는 이상 고소기간 도과로 인해 소추요건이 충족되지 못하였고, 가해자를 처벌할 수 없다.

사건 ③

피해일시 : 2008. 2. 5.

피해내용: 강간

가중처벌요소: 없음

피해자 나이: 연 17세

- 적용법조의 특정: 강간죄에 대해 가중요소로 연 19세 미만 자이므로 청소년성보호법상 아동 · 청소년강간죄(당시 청소년 성보호법 제7조 제1항)에 해당한다.
- 2013. 6. 19. 전의 범죄이다.
- 피해자의 나이는 연 17세 이므로 〈표 19〉를 검토한다.
- 당시 반의사불벌죄이고 소추요건은 충족되었다.

사건 ④

피해일시 : 2015. 5. 2.

피해내용: 업무상위력에 의한 추행

피해자 나이: 만 30세

- 적용법조의 특정: 성폭력처벌법상 업무상위력에의한추행죄 이다.
- 2013. 6. 19. 이후의 범죄로 소추요건에 대한 검토가 필요하 지 않다.

이처럼 2013년 6월 18일 이전에 발생한 성폭력 범죄 중 당시 친고죄는 지금 범행이 발각되더라도 고소기간이 도과하여 가해자에 대한 처벌이 불가능하다. 성폭력 범죄의 피해자에게 가해자 못지않은 낙인을 찍어온 우리 사회에서 피해자가 성폭력 범죄의 가해자를 쉽게 고소를 할 수 없었던 사정을 생각하면 고소가 늦었다는 이유로 실체적 진실을 밝힐 기회조차 없어진다는 점이 매우 안타깝다. 하지만 우리나라 형법이 친고죄를 두고 있고 소급효금지원칙이 가진 헌법적 가치를 생각해 보면 가해자를 처벌할 수 없는 것은 어쩔 수 없는 노릇이다.

그렇다면 이는 누구의 책임이라 할 수 있을까? 결국 형법을 만든 사람들이 책임져야 하지 않을까? 애초에 형법상 성폭력 범죄를 친고죄로 입법한 사람들, 그들에게 초안을 제공하여 당시의 입법에 결정적인 영향을 미쳤던 학자들을 비롯하여 사회적 문화적 변화에도 불구하고 이러한 문제점을 꽤나 긴 시간동안 방치해왔던 우리 모두의 책임은 아닌가? 아직도 성폭력 관련법에는 가해자의 처벌에 대한 다수의 공백과 피해자 보호에 대한 상당한 미비점이 있다. 내일의 피해자들에게 더 큰 빚을 지지 않도록 오늘 우리 모두가 함께 고민해 보았으면 한다.

Topic 12. 공소시효

Q 아래의 사건들에 대해 오늘 기준으로 공소시효가 남아 있는가? 각 사건에서 주어진 정보 외에 가중처벌의 요소는 없는 것으로 한다.

사건 ①

2006. 4. 17. 장애인인 피해자(여, 1983. 6. 19.생)가 강간(당시 법정형 3년 이상 유기징역) 피해를 당하였을 경우 (DNA 등 과학적 증거 없음)

사건 ②

2004. 7. 8. 비장애인인 피해자(여, 1991. 8. 10.생)가 강간(당시 법정형 5년 이상 유기징역) 피해를 당했을 경우 (DNA 등 과학적 증거 있음)

사건 ③

2004. 7. 8. 비장애인인 피해자(여, 1990. 8. 10.생)가 강제추행(당시 법정형 1년 이상 유기징역) 피해를 당했을 경우 (DNA 등 과학적 증거 없음)

사건 ④

2007. 12. 25. 비장애인인 피해자(여, 1993. 8. 5.생)가 강간(당시 법정형 5년 이상 유기징역) 피해를 당했을 경우 (DNA 등 과학적 증거 있음)

특정한 성폭력 범죄에 대해 소추요건이 충족되었다면, 다음으로는 공소시효가 남아 있는지를 확인해야 한다. 공소시효란 특정한 범죄에 대해 검사가 공소를 제기할 수 있는 기간으로 공소시효가 완성되면 검사는 공소를 제기할 수 없고, 공소를 제기하더라도 법원으로부터 면소판결을 받게 되어 가해자를 처벌할 수 없게 된다. 2007년 12월 21일부터 시행된 현행 형사소송법 제249조는 아래의 표와 같이 공소시효를 규정하고 있다.

〈표 21〉 형사소송법 제249조 공소시효

법정형	공소시효
1. 사형에 해당하는 범죄	25년
2. 무기징역 또는 무기금고에 해당하는 범죄	15년
3. 장기 10년 이상의 징역 또는 금고에 해당하는 범죄	10년
4. 장기 10년 미만의 징역 또는 금고에 해당하는 범죄	7년
5. 장기 5년 미만의 징역 또는 금고, 장기 10년 이상의 자격정지 다액 1만 원 이상의 벌금에 해당하는 범죄	5년
6. 장기 5년 이상의 자격정지에 해당하는 범죄	3년
7. 장기 5년 미만의 자격정지, 다액 1만 원 미만의 벌금, 구류, 과료 또는 몰수에 해당하는 범죄	1년

주요 성폭력 범죄는 1953년 형법이 처음 제정되었을 때부터 위계 · 위력에의한 간음죄(5년 이하의 징역) 외에는 법정형이 장기 10년 이상의 징역, 무기, 또는 사형에 해당하는 범죄들이기 때문에 2007년 12월 21일 이후의 범죄라면 그 공소시효는 최소 10년 이상이다. 따라서 범행 시로부터 10년 이상이 경과한 경우가 아니라면 지금 사건이 접수되어도 공소시효는 크게 문제되지 않는다.

하지만 범행 시로부터 10년 이상이 경과한 사건이 지금 접수된다면 문제는 매우 복잡해진다. 2007년 12월 21일 형사소송법이 전체적으로 공소시효를 늘리도록 개정하였고, 성폭력 범죄와 관련하여 2010년 4월 15일 공소시효의 정지 및 연장에 대한 개정이, 2011년 11월 17일 공소시효 배제에 대한 개정이, 2013년 6월 19일, 2019년 8월 20일, 2020년 5월 19일 공소시효 배제의 범위 확대에 대한 개정이 이루어졌다. 따라서 성폭력 범죄의 공소시효는 이에 대한 소급효의 인정 여부까지 모두를 고려하여 판단해야 한다. 성폭력 범죄의 공소시효를 변경하는 입법이 있는 경우 진정소급효 또는 부진정소급효가 인정되는지에 대한 논의는 앞에서 이미 다루었다. 이를 정리하면 다음과 같다.

> 66 진정소급효: 공소시효가 완성된 범죄에 대해 신법에 의한 공소시효가 적용되는지 성폭력 범죄에는 진정소급효가 적용되지 않는다. 99

> 66 부진정소급효: 공소시효가 완성되지 않은 범죄에 대해 신법에 의한 공소시효가 적용되는지 부칙이 있는 경우 부칙에 따라 결정된다. 부칙이 없는 경우, 법원은 성폭력 범죄에 대해 부진정소급효를 부정하였다. 99

이제 구체적으로 성폭력 범죄에 대한 공소시효의 개정과정과 위 원칙의 적용으로 어떠한 결론에 도달하는지 살펴보자

2007년 12월 21일 시행된 형사소송법은 제249조가 개정되어 〈표 21〉과 같이 공소시효가 전체적으로 연장되었다. 그런데 부칙 제3조는 부진정 소급적용을 하지 않도록 규정하고 있다. 따라서 2007년 12월 20일 이전에 발생한 범죄는 이전의 공소시효를, 2007년 12월 21일 이후 발생한 범죄는 이후의 공소시효를 적용하여야 한다.

〈표 22〉 2007.12.21. 기준 공소시효 비교

법정형	2007.12.20.이전	2007.12.21.이후
1. 사형에 해당하는 범죄	15년	25년
2. 무기징역 또는 무기금고에 해당하는 범죄	10년	15년
3. 장기 10년 이상의 징역 또는 금고에 해당하는 범죄	7년	10년
4. 장기 10년 미만의 징역 또는 금고에 해당하는 범죄	5년	7년
5. 장기 5년 미만의 징역 또는 금고, 장기 10년 이상의 자격정지 다액 1만 원 이상의 벌금에 해당하는 범죄	3년	5년
6. 장기 5년 이상의 자격정지에 해당하는 범죄	2년	3년
7. 장기 5년 미만의 자격정지, 다액 1만 원 미만의 벌금, 구류, 과료 또는 몰수에 해당하는 범죄	1년	1년

2010년 4월 15일 제정된 성폭력처벌법 제21조 제1항에서 DNA 등 과학적 증거가 있을 때 공소시효를 10년 연장하였다. 그리고 성폭력 범죄의 피해자가 미성년인 경우, 공소시효는 피해자가 성년이 되는 날까지 정지하도록 하였다. 이러한 경우 공소시효의 기산일자는 범죄종료시가 아닌 피해자의 만 20세 생일이 되는 것이다. 그런데, 2013년 7월 1일 민법이 개정되어 성년의 기준이 만 20세에서 만 19세로 하향되었다. 따라서 2010년 4월 15일 이후까지 공소시효가 남아 있고, 범행당시 피해자가 미성년자였던 범죄의 공소시효 기산점은 2013년 6월 30일까지는 피해자의 만 20세 생일이, 2013년 7월 1일부터는 피해자의 만 19세 생일이 된다.

부칙 제3조는 이에 대한 부진정 소급효를 적용하도록 규정하고 있다. 따라서 2010년 4월 15일을 기준으로 공소시효가 하루라도 남아 있는 범죄라면 위 공소시효 정지와 공소시효 연장이 모두 적용된다.

2011년 11월 17일 시행된 성폭력처벌법 제21조 제3항에서 피해자가 만 13세 미만 또는 장애인이 경우 강간죄와 준강간죄에 대한 공소시효를 배제하였다. 그런데 이에 대한 부칙은 존재하지 않았고, 법원은 깊은 고심 끝에 부진정 소급효를 부정하였다(2015도1362, 2015전도19). 따라서 판례의 변경이 없는 한 부진정 소급효는 부정된다.

2013년 6월 19일 시행된 성폭력처벌법 제21조 제3항에서 피해자가 만 13세 미만 또는 장애인인 강간죄, 유사강간죄, 강제추행죄, 준강간·강제추행죄, 강간 등상해·살인·치사상죄 및 모든 피해자에 대한 형법 제301조의2에 해당하는 범죄 중 강간등살인죄, 성폭력처벌법 제9조 제1항에 해당하는 강간등살인·치사죄, 청소년성보호법 제10조 제1항에 해당하는 강간등살인·치사죄, 군형법 제92조의8에 해당하는 강간등살인죄에 대해 공소시효를 배제하여 공소시효 배제 해당 범죄를 확대하였다.

부칙 제3조는 이에 대한 부진정 소급효를 적용하도록 규정하고 있다. 따라서 2013년 6월 19일을 기준으로 공소시효가 하루라도 남아 있는 범죄라면 위 공소시효 배제가 적용된다.

2019년 8월 20일에 시행된 성폭력처벌법 제21조 제3항에서 위 2013년 시행 성폭력처벌법에서의 시효배제 범죄 및 피해자가 만 13세 미만인 위계 또는 위력에 의한 간음 또는 추행죄의 공소시효를 배제하여 공소시효배제 해당범죄를 확대하였다. 그런데 이에 대한 부칙은 존재하지 않았기 때문에 위 2011년 시행된 성폭력처벌법에서와 같이 피해자가 만 13세 미만인 위계 또는 위력에 의한 간음 또는 추행죄에 대해서는 부진정소급효가 부정될 가능성이 높다.

2020년 5월 19일에 시행된 성폭력처벌법 제21조 제3항에서 위 2019년 시행 성폭력처벌법에서의 시효배제 범죄 및 미성년자의제강간·유사강간·강제추행죄, 강간등상해·살인·치사상죄의 공소시효를 배제하여 공소시효배제 해당범죄를 확대하였다. 부칙 제2조는 이에 대한 부진정 소급효를 적용하도록 규정하고 있다. 따라서 2020년 5월 19을 기준으로 공소시효가 하루라도 남아있는 범죄라면 위 공소시효 배제가 적용된다.

공소시효에 대한 변천과 각각의 부진정소급효 적용 여부를 모두 정리했다. 이러한 방식의 정리는 거의 모든 성폭력 범죄에 대한 책에서 찾아볼 수 있는데 저자로서는 이를 적용하여 실제 사건에서 공소시효를 계산해 낼 수 없었다. 특히 부진정소급효를 어떻게 적용해야 오류없이 공소시효를 계산할 수 있는 것인지 파악하기가 매우 어려웠는데, 저자는 상당한 시간동안 고민한 끝에 아래와 같은 공소시효 계산식을 만들었다. 계산식에 대해 오류를 발견한 독자가 있다면 저자에게도 꼭 알려 주기 바란다.

〈표 23〉 공소시효 계산식[4]

1단계: 공소시효 배제 여부 검토	①, ②, ③, ④에 해당하면 **공소시효 배제** / 그 외 범죄는 **2단계 검토** ① '11. 11. 17. 이후 발생한 13세 미만 여성 또는 장애인 여성이 피해자인 강간죄, 준강간죄 ② '13. 6. 19. 이후 발생한 13세 미만 또는 장애인이 피해자인 강간죄, 유사강간죄, 강제추행죄, 준강간·유사강간·강제추행죄 및 강간등상해·치상·살인·치사죄 / 피해자 제한없이 강간등살인죄 ③ '19. 8. 20. 이후 발생한 13세 미만이 피해자인 위계·위력에의한간음·유사간음·추행죄 ④ '20. 5. 19. 이후 발생한 미성년자의제강간·유사강간·강제추행죄, 강간등상해·치상·살인·치사죄
2단계: 공소시효 완성일 계산	2007. 12. 21. 기준 공소시효 기간의 결정 및 공소시효 완성일 계산 후 **3단계 검토**

---

(4) 이 표는 2018년 저자와 성폭력범죄의 교육에 힘써온 문성준, 박주형, 백윤석 경감의 협업으로 작성된 것으로, 이후 저자가 계속 수정하는 등 관리하고 있다.

3단계: 공소시효 정지/연장 검토	① 공소시효 완성일이 2010. 4. 15. 이전인 경우: **공소시효 완성(처벌불가)** ② 공소시효 완성일이 2010. 4. 15. 이후인 경우 　㉮ 피해 당시 피해자가 미성년자면 <u>성년이 된 날부터</u> 시효 계산('13. 7. 1. 민법 　　성년 만 20세 → 만 19세 유의) 　㉯ DNA 등 과학적 증거 있으면 공소시효 10년 추가 　㉮ 및 ㉯를 반영하여 공소시효 완성일 계산한 후 **4단계 검토**
4단계: 공소시효 배제 소급효 검토	3단계 ②에서 계산한 공소시효 완성일이 　2013. 6. 19. 이후이고 범행 당시 1단계 ②의 범죄에 해당하거나, 　2020. 5. 19. 이후이고 범행 당시 1단계 ④의 범죄에 해당하는 경우: **공소시효 　배제(처벌가능)** 그 외 경우라면 3단계에서 계산한 공소시효 완성일에 **공소시효 완성(공소시효가 　남아 있으면 처벌 가능)**

　이 계산식과 위 공소시효 비교표를 활용하여 독자 여러분이 직접 위 문제를 풀어본 후 해답을 확인하기 바란다.

위 공소시효 계산식을 이용하면 아래와 같이 각 사건에 대한 답을 얻을 수 있다.

사건 ① : 2006. 4. 17. 장애인인 피해자(여, 1983. 6. 19.생)가 강간(당시 법정형 3년 이상 유기징역) 피해를 당하였을 경우 이 사건의 공소시효는? (DNA 등 과학적 증거 없음)

- 1단계: 공소시효 배제 범죄 여부 검토
  — 2011. 11. 17. 이전 범죄이므로 공소시효 배제 범죄에 해당하지 않음
- 2단계: 공소시효 완성일 계산
  — 2007. 12. 21. 이전 범죄이고, 법정형이 3년 이상 유기징역 이므로 공소시효는 7년
  — 범행일시는 2006. 4. 17.이므로 공소시효는 2013. 4. 16. 완성
- 3단계: 공소 시효의 정지 또는 연장 여부 검토
  — 2010. 4. 15. 이후 공소시효 완성
    ▷ 피해 당시 미성년자 아님
    ▷ DNA 등 과학적 증거 없음
  — 공소시효의 정지 또는 연장사유 없음
- 4단계: 공소시효 배제 범죄 소급효 적용 여부 검토
  — 2013. 6. 19. 이전에 공소시효가 완성되므로 검토할 필요 없음

따라서 2013. 4. 16. 공소시효가 완성되었다.

사건 ② : 2004. 7. 8. 비장애인인 피해자(여, 1991. 8. 10.생)가 강간(당시 법정형 5년 이상 유기징역) 피해를 당했을 경우 이 사건의 공소시효는? (DNA 등 과학적 증거 있음)

- 1단계: 공소시효 배제 범죄 여부 검토
  — 2011. 11. 17. 이전 범죄이므로 공소시효 배제 범죄에 해

당하지 않음

- 2단계: 공소시효의 결정
  - 2007. 12. 21. 이전 범죄이고, 법정형이 5년 이상 유기징역 이므로 공소시효는 7년
  - 범행일시는 2004. 7. 8.이므로 공소시효는 2011. 7. 7. 완성
- 3단계: 공소시효의 정지 또는 연장 여부 검토
  - 2010. 4.15. 이후 공소시효 완성
    ▷피해 당시 피해자는 미성년자(만12세). 성년이 되는 날 인 2011. 8. 10.부터 공소시효 7년 진행. 2018. 8. 9. 공소시효 완성
    ▷DNA 등 과학적 증거 있음
  - 공소시효 10년을 연장하여 2028. 8. 9. 공소시효 완성
- 4단계: 시효배제 범죄 소급효 적용 여부 검토
  - 2013. 6. 19. 이후에 공소시효가 완성
  - 강간 피해 당시 피해자는 13세 미만의 여성이므로 시효 배제 소급효 적용

따라서 공소시효가 배제된다.

사건 ③ : 2004. 7. 8. 비장애인인 피해자(여, 1990. 8. 10.생)가 강제추행(당시 법정형 1년 이상 유기징역) 피해를 당했을 경우 이 사건의 공소시효는? (DNA 등 과학적 증거 없음)

- 1단계: 공소시효 배제 범죄 여부 검토
  - 2011. 11. 17. 이전 범죄이므로 공소시효 배제 범죄에 해 당하지 않음
- 2단계: 공소시효의 결정
  - 2007. 12. 21. 이전 범죄이고, 법정형이 1년 이상 유기징역 이므로 공소시효는 7년
  - 범행일시는 2004. 7. 8.이므로 공소시효는 2011. 7. 7. 완성

- 3단계: 시효의 정지 또는 연장 여부 검토
  - 2010. 4. 15. 이후 시효 완성
    - ▷피해 당시 피해자는 미성년자(만13세 이상). 성년이 되는 날인 2010. 8. 10.부터 공소시효 7년 진행. 2017. 8. 9. 공소시효 완성
    - ▷DNA 등 과학적 증거 없음
- 4단계: 시효배제 범죄 소급효 적용 여부 검토
  - 2013. 6. 19. 이후에 공소시효가 완성
  - 강간 피해 당시 피해자는 장애인, 만 13세 미만의 여성이 아니므로 시효배제 소급효 적용 안 됨

따라서 2017. 8. 9. 공소시효가 완성되었다.

사건 ④ : 2007. 12. 25. 비장애인인 피해자(여. 1993. 8. 5.생)가 강간(당시 법정형 5년 이상 유기징역) 피해를 당했을 경우 이 사건의 공소시효는? (DNA 등 과학적 증거 있음)
- 1단계: 공소시효 배제 범죄 여부 검토
  - 2011. 11. 17. 이전 범죄이므로 공소시효 배제 범죄에 해당하지 않음
- 2단계: 공소시효의 결정
  - 2007. 12. 21. 이후 범죄이고, 법정형이 5년 이상 유기징역 이므로 공소시효는 10년
  - 범행일시는 2007. 12. 25.이므로 공소시효는 2017. 12. 24. 완성
- 3단계: 공소시효의 정지 또는 연장 여부 검토
  - 2010. 4. 15. 이후 공소시효 완성
    - ▷피해 당시 피해자는 미성년자(만 14세)
  - 민법 개정으로 2013. 7. 1.부터 성년은 만 19세. 따라서 1993. 8. 5.생인 피해자가 법적으로 성년이 되는 날은 2013. 7. 1.이므로 이때부터 공소시효 10년 진행 2023. 6. 30. 공소시효 완성

▷DNA 등 과학적 증거 있음

— 공소시효 10년 연장하여 2033. 6. 30. 공소시효 완성

• 4단계: 시효배제 범죄 소급효 적용 여부 검토

— 2013. 6. 19. 이후에 공소시효가 완성

— 강간 피해 당시 피해자는 장애인, 만 13세 미만의 여성이
아니므로 시효배제 소급효 적용 안 됨

따라서 2033. 6. 30. 에 공소시효가 완성된다.

Topic 13-1. 죄수의 일반론, 주요 성폭력 범죄 상호 간의 관계 및 타 죄와의 관계

(1) 성폭력 범죄 죄수의 일반론

죄수는 가해자가 몇 개의 범죄를 저질렀는지의 문제이다. 가해자가 1개의 범죄를 저지르면 일죄이고, 여러 개의 범죄를 저지르면 수죄이다. 전혀 어려울 게 없는 문제로 보이지만 일본을 통해 독일의 형법을 수입한 우리나라에는 독일식의 매우 복잡한 셈법이 있다. 먼저 일죄에는 하나의 행위로 하나의 범죄를 저지른 경우의 단순일죄를 비롯하여 하나로 평가되는 행위에 수개의 죄가 적용 가능하지만 그 중 하나의 죄만이 인정되는 법조경합, 여러 개의 행위를 하나의 행위로 평가하여 하나의 죄만 인정되는 포괄일죄가 있다. 다음으로 수죄에는 행위는 하나이지만 여러 개의 범죄를 저지른 경우의 상상적 경합과 여러 개의 행위로 여러 개의 범죄를 저지른 실체적 경합이 있다. 분류도 복잡하거니와 실제 사안에서 법원은 자연적인 의미에서 가해자의 행위의 수를 기준으로 하기도 하고(행위표준설), 침해되는 보호법익의 수를 기준으로 하기도 하고(법익표준설), 가해자의 의사의 수를 기준으로 하기도 하고(의사표준설), 구성요건에 해당하는 수를 기준으로 하기도 하여(구성요건설) 일률적인 기준을 있다고 보기 어렵다.

그럼에도 실무가가 이 부분을 반드시 익혀야 하는 이유는 죄수에 따라 여러 가지 소송법상 효과가 달라지기 때문이다. 특히 일죄이냐 수죄이냐, 만약 수죄라면 상상적 경합이냐 실체적 경합이냐에 따라 가해자의 처벌가능 범위는 큰 차이가 나게 된다. 가해자가 일죄를 저질렀을 때에는 법정형의 범위 내에서 처벌받게 되지만, 상상적 경합에 해당하는 범죄를 범하면 여러 죄 중에서 가장 중한 죄의 법정형으로 처벌받게 된다. 실체적 경합에 해당하는 범죄를 범하면 사형이나 무기징역 형 외에는 중한 죄의 법정형에 1.5배를 곱한 것이 상한이 되고, 하한은 중한 죄의 법정형이 된다. 예를 들어 가해자가 3년 이상의 징역에 해당하는 죄와 1년 이상의 징역에 해당하는 죄를 범했는데 양자가 상상적 경합이라면 가해자는 3년 이상 30년 이하의 징역으로 처벌을 받을 수 있는데 그치지만, 양자가 실체적 경합이라면 3년 이상 45년 이하의 징역으로 처벌을 받을 수 있는 것이다.(징역형의 상한은 30년이고, 가중되면 50년까지이다.)

다행히도 이렇듯 복잡하면서도 중요한 죄수문제에 대해 성폭력 범죄에는 일반적 규칙이 있다. 가해자가 한 명의 피해자에게 한 번의 기회에 성폭력 범죄를 저질렀다면 단순일죄이다. 한 명의 피해자에게 여러 번의 기회에 성폭력 범죄를 저질렀다면 각 기회의 성폭력 범죄마다 일죄가 성립하고 서로 실체적 경합관계가 된다. 여러 명의 피해자에게 한 번의 기회에 성폭력 범죄를 저질렀다면 각 피해자에 대한 성폭력 범죄마다 일죄가 성립하고 각 일죄는 서로 실체적 경합관계가 된다. 아래 판례를 통해 성폭력 범죄에서 일죄와 수죄의 구분을 익혀보자.

—— "피해자 ○○○을 위협하여 항거불능케 한 후 이를 1회 간음하고 200미터쯤 오다가 다시 1회 간음하였는데 이때에는 그 여자가 순순히 응하였다 하여도 기록에 의하면 그 여자는 당시 이미 당한 몸으로서 그 요구를 거절하기가 두려워서 그 하는 대로 내맡겼다고 진술하고 있는 것이 뚜렷하므로 그렇다면 이는 가해자가 피해자의 항거불능 상태를 이용한 경우에 해당할뿐더러 가해자의 의사 및 그 범행시각과 장소로 봐서 두 번째의 간음행위는 처음 간음 행위의 계속으로 볼수 있으므로 이러한 견지에서 이를 단순 1죄"에 해당 (70도1516)

—— "피해자(여, 20세)를 강간할 목적으로 도망가는 피해자를 추격하여 머리채를 잡아 끌면서 블럭조각으로 피해자의 머리를 수회 때리고 손으로 목을 조르면서 항거불능케 한후 그녀를 1회 간음하여 강간하고 이로 인하여 그녀로 하여금 요치 28일 간의 전두부 타박상을 입게한 후 약 1시간 후에 그녀를 가해자 집 작은방으로 끌고 가 앞서 범행으로 상처를 입고 항거불능 상태인 그녀를 다시 1회 간음"한 경우 전자는 강간치상죄, 후자는 강간죄가 성립하고 양자는 실체적 경합에 해당(87도694)

하지만 이것만으로 성폭력 범죄의 죄수문제가 모두 해결되는 것은 아니다. 강간죄, 유사강간죄, 강제추행죄 상호 간의 문제나 강도죄와 강간죄의 문제 등 법원의 판단이 없어 이론적으로 접근할 수 밖에 없는 수많은 죄수 문제가 있다. 이렇듯 아직 판례가 형성되지 않은 영역에 대해 저자는 가급적 가해자를 중하게 처벌할 수 있는 방향을 제시함으로서 죄수를 정리하고자 한다.

(2) 강간죄, 유사강간죄, 강제추행죄 상호 간의 관계

한 명의 피해자에게 한 번의 기회에 성폭력 범죄를 하면 일죄가 성립된다고 하였다. 그렇다면 한 번의 기회에 강간, 유사강간, 강제추행을 모두 한 경우는 어떻게 될까? 지금까지는 주로 강간죄, 유사강간죄, 강제추행죄가 서로 명확히 구분되는 것을 전제로 논의했지만 실제 사건도 그런 식으로 일어날까? 아래의 예를 살펴보자.

> ❝ 가해자는 피해자와 대학 동기로, 가해자는 피해자를 강간하기
> 로 마음먹고 있던 중 MT를 가게 되었다. 가해자는 피해자와 둘 만
> 있을 기회를 엿보다가 잠시 산책을 나가자고 피해자를 속여 강변으
> 로 피해자를 데려갔다. 사람이 전혀 보이지 않는 곳에 이르자 가해
> 자는 피해자를 폭행하여 저항할 수 없게 하였다. 가해자는 피해자의
> 옷을 벗긴 후 피해자의 몸을 만지다가 피해자의 음부에 손가락을 넣
> 고 빼기를 반복하였다. 그 후 가해자는 결국 피해자를 간음하였다. ❞

가해자는 강제추행 후 유사강간을 하고 강간까지 하였다. 가해자는 한 번의 기회에 여러 가지 행위를 하였는데, 이러한 경우 가해자는 어떤 범죄를 저지른 것일까? 강제추행죄, 유사강간죄, 강간죄를 모두 저질렀으니 실체적 경합 관계에 있을까? 하나의 행위로 여러 개의 범행을 저지른 상상적 경합인가?

저자는 이 경우 각 죄들은 흡수관계에 있으므로 강간죄 1죄만이 성립한다고 생각한다. 쉽게 말하면 가해자는 처음부터 피해자를 강간하려고 했고, 강제추행과 유사강간은 강간을 하는 과정에서 벌어진 일이므로 강간죄만이 성립한다는 것이다. 같은 이유로 유사강간을 할 생각으로 강제추행 후 유사강간을 하였다면 유사강간죄 만이 성립한다. 법정형도 성폭력처벌법 제3조에 의해 가중처벌되는 경우를 제외하면 강간죄가 유사강간죄보다 높고, 유사강간죄가 강제추행죄보다 높아서 강간죄 → 유사강간죄 → 강제추행죄의 순서로 적용하는 것이 가해자를 가장 크게 처벌할 수 있다.

이제 조금 더 어려운 문제를 생각해 보자. 위 사례를 아래와 같이 조금 변경해 본다.

> 가해자는 피해자와 대학 동기로, 피해자를 강간하기로 마음먹고 있던 중 MT를 가게 되었다. 가해자는 피해자와 둘 만 있을 기회를 엿보다가 잠시 산책을 나가자고 피해자를 속여 강변으로 피해자를 데려갔다. 사람이 전혀 보이지 않는 곳에 이르자 가해자는 피해자를 폭행하여 저항할 수 없게 하였다. 가해자는 피해자의 옷을 벗긴 후 피해자의 몸을 만지다가 MT를 온 친구들에게 발각되어 간음을 하지 못하였다. 친구들이 가해자에게 따지자 가해자는 순간적으로 욕정이 생겨서 피해자의 몸을 만진 것이지 간음을 할 생각은 없었다고 주장한다.

이처럼 강제 후 추행은 하였으나 간음으로 나아가지 못한 경우에는 강간미수죄를 적용해야 할까, 강제추행죄를 적용해야 할까? 가해자는 강간의 고의를 가지고 있었고 강제는 인정되므로 강간미수죄가 성립한다. 또한 가해자는 강제추행의 고의도 가지고 있었고 강제추행도 했으므로 강제추행죄는 기수에 이르렀다.

위와 같이 중한 죄의 미수와 경한 죄의 기수가 경합되는 예들의 조합은 얼마든지 만들어 볼 수 있고, 중지미수의 경우 중한 죄의 미수의 법정형이 경한 죄의 기수의 법정형보다 낮은 경우도 있다. 이러한 경우 실무가는 가해자가 자신의 책임에 상응하는 처벌을 받도록 피해사실을 명백히 밝히는 것에 집중하고, 수사의 시작단계부터 가장 증명이 쉬워 보이는 죄만을 적용해서는 안된다는 점을 명심하자. 위 사례에서 강제추행죄에 대한 증명이 쉽다는 이유로 강간미수죄는 수사조차 하지 않아서는 안된다는 말이다. 피해자를 보호하고 가해자에게 마땅한 처벌을 내리는 것은 실무가로부터 시작되는 일임을 항시 잊지 말자.

강간죄, 유사강간죄, 강제추행죄에 대한 결론이다. 각 범죄가 모두 기수인 경우에는 강간죄 → 유사강간죄 → 강제추행죄의 순서로 적용하여 일죄로 처리한다. 강간이 미수에 그치고 유사강간이나 강제추행이 기수에 이르렀을 때에는 강간미수죄를, 유사강간이 미수에 그치고 강제추행이 기수에 이르렀을 때에는 유사강간미수죄를 적용하되 범행의 진행과정을 자세하고 명확하게 밝힌다.

(3) 성폭력 범죄와 강도죄와의 관계

먼저, 강도죄와 강간죄가 경합하는 경우를 보자. 형법에는 강도가 강간을 저지른 경우 강도강간죄를 두고 있으나 강간강도죄는 존재하지 않고, 강도강간상해·살해·치사상죄도 따로 두고 있지 않다. 따라서 강도죄와 강간죄 사이 및 강간 등과 상해·살해가 결합되거나 강간 등 치사상죄가 성립하는 경우에는 다양한 조합의 범죄 및 죄수 성립의 문제가 발생한다. 가능한 조합과 각각의 법정형을 비교해 보자.

① 강도범이 강간하면 강도강간죄

　강도강간죄: 무기 또는 10년 이상 30년 이하 징역

② 강간범이 강도하면 강간죄와 강도죄의 실체적 경합

　강간죄: 3년 이상 30년 이하 징역

　강도죄: 3년 이상 30년 이하 징역

　※ 3년 이상 45년 이하 징역

③ 강도범이 강간하고 상해·치상·살인·치사죄를 저지르면

• 강도강간죄와 강도상해·치상·살인·치사죄가 상상적 경합인 경우

　강도강간죄: 무기 또는 10년 이상 30년 이하 징역

　강도상해·치상죄: 무기 또는 7년 이상 30년 이하 징역

　강도살인죄: 사형 또는 무기

　강도치사죄: 무기 또는 10년 이상 30년 이하 징역

　※ 강도강간죄와 강도살인죄가 상상적경합인 경우는 사형 또는 무기,

　　강도강간죄와 그 외의 죄가 상상적경합인 경우는 무기 또는 10년 이상 30

　　년 이하 징역

• 강도강간죄와 강간상해·치상·살인·치사죄가 실체적 경합인 경우

　강도강간죄: 무기 또는 10년 이상 30년 이하 징역

　강간상해·치상죄: 무기 또는 5년 이상 30년 이하 징역

　강간살인죄: 사형 또는 무기

　강간치사죄: 무기 또는 10년 이상 30년 이하 징역

　※ 강도강간죄와 강간살인죄가 실체적경합인 경우는 사형 또는 무기,

　　강도강간죄와 그 외의 죄가 실체적경합인 경우는 무기 또는 10년 이상 45

　　년 이하 징역

이처럼 강도죄와 강간죄가 경합하면 강도범이 강간을 하는 경우가 강간범이 강도를 하는 경우에 비해 법정형이 높다. 법원도 강간범이 강도를 한 경우 강간죄와 강도죄가 따로 성립하고 양자는 실체적 경합의 관계라 한다(2001도6425). 강간범이 강도를 한 후 다시 강간하면 강도강간죄 일죄가 성립하고, 강도가 강간을 시도하였으나 미수에 그치고 상처를 입힌 경우 법원은 강도강간미수죄와 강도치상죄의 상상적 경합을 인정하였다(88도820).

다음으로, 특수강도죄와 특수강간죄가 경합하는 경우를 보자. 형법에는 특수강도죄는 있으나 특수강도상해 · 살인 · 치사상죄는 없다. 성폭력처벌법에는 특수강간죄, 특수강간상해 · 살인 · 치사상죄가 있고, 특수강도강간살인죄는 존재하지만, 특수강도강간상해 · 치사상죄는 존재하지 않는다. 따라서 특수강도죄와 특수강간죄가 경합하는 경우 이론상 아래와 같은 다양한 조합의 죄수성립 가능성이 있다.

① 특수강도가 특수강간하면 특수강도강간죄
   특수강도강간죄: 사형, 무기 또는 10년 이상 30년 이하 징역

② 특수강간이 특수강도하면 특수강간죄와 특수강도죄의 실체적 경합
   특수강간죄: 무기 또는 7년 이상 30년 이하 징역
   특수강도죄: 무기 또는 5년 이상 30년 이하 징역
   ※ 무기 또는 7년 이상 45년 이하 징역

③ 특수강도가 특수강간하고 상해 · 살인 · 치사상죄를 저지르면
   • 특수강도강간죄와 특수강도상해 · 살인 · 치사상죄의 상상적 경합인 경우
   특수강도강간죄: 사형, 무기 또는 10년 이상 30년 이하 징역
   강도상해 · 치상죄: 무기 또는 5년 이상 30년 이하 징역(특수강도 상해죄는 부존재)
   강도살인죄: 사형 또는 무기(특수강도 살인죄는 부존재)
   강도치사죄: 무기 또는 10년 이상 30년 이하 징역(특수강도치사죄는 부존재)
   ※ 특수강도강간죄와 강도살인죄가 상상적경합인 경우는 사형 또는 무기, 특수강도강간죄와 그 외의 죄가 상상적경합인 경우는 사형, 무기 또는 10년 이상 30년 이하 징역
   • 특수강도강간죄와 특수강간상해 · 살인 · 치사상죄의 실체적 경합인 경우
   특수강도강간죄: 사형, 무기 또는 10년 이상 30년 이하 징역

특수강간상해 · 치상죄: 무기 또는 10년 이상 30년 이하 징역

특수강간살인죄: 사형 또는 무기

특수강간치사죄: 무기 또는 10년 이상 30년 이하 징역

※ 특수강도강간죄와 특수강간살인죄가 실체적경합인 경우에는 사형 또는
　무기,
　특수강도강간죄와 그 외의 죄가 실체적 경우는 사형, 무기 또는 10년 이상
　45년 이하 징역

위와 같이 강도와 강간이 경합하면 굉장히 복잡한 조합들이 존재할 수 있는데, 세 가지만 기억하자. 먼저, 이러한 조합의 범죄는 반드시 '강도강간'과 '강도 또는 강간의 상해 · 살인 · 치사상죄'의 두 죄로 분리해야 한다. 다음으로 강도강간죄와 특수강도강간죄 두 죄 중 하나를 반드시 죄명으로 특정한다. 끝으로 피해자가 다치거나 죽은 것이 강도에서 비롯됐는지, 강간에서 비롯됐는지를 보아 강도에서 비롯되었다면 '강도강간죄 또는 특수강도강간죄'와 '강도상해 · 살인 · 치사상죄'의 상상적 경합으로, 강간에서 비롯되었다면 '강도강간죄 또는 특수강도강간죄'와 '특수강간상해 · 살인 · 치사상죄'의 실체적 경합으로 처리하면 된다. 각 조합에 따라 가해자에 대한 처벌의 범위에 차이가 있으므로 유의하길 바라며, 이 내용을 간단히 정리하면 다음과 같다.

〈표 24〉 강도강간죄 또는 특수강도강간죄와 상해 · 살인 · 치사상죄의 관계

기본 죄명 / 상해 등 원인	강도강간죄	특수강도강간죄
강도	'강도강간죄'와 '강도상해 · 살인 · 치사상죄'의 상상적 경합 ※ 강도살인죄와 조합 시 사형 또는 무기, 　그 외 조합 시 무기, 10년 이상 30년 이하 징역	'특수강도강간죄'와 '강도상해 · 살인 · 치사상죄'의 상상적 경합 ※강도살인죄와 조합 시 사형 또는 무기, 　그 외 조합 시 사형, 무기, 10년 이상 30년 이하 징역
강간	'강도강간죄'와 '강간상해 · 살인 · 치사죄'의 실체적 경합 ※ 강간살인죄와 조합 시 사형 또는 무기, 　그 외 조합 시 무기, 10년 이상 45년 이하 징역	'특수강도강간죄'와 '특수강간상해 · 살인 · 치사상죄'의 실체적 경합 ※ 특수강간살인죄와 조합 시 사형 또는 무기, 　그 외 조합 시 사형, 무기, 10년 이상 45년 이하 징역

(4) 성폭력 범죄와 감금죄와의 관계

가해자가 강간 등을 하기 위해 피해자를 감금하는 경우의 문제이다. 감금이 단순히 강간 등의 수단으로만 이용되고 강간 등을 한 후 피해자를 더 이상 감금하지 않은 경우에는 강간죄 등과 감금죄는 상상적 경합관계이다. 강간 등을 한 후에도 피해자를 계속 감금한 경우에는 양 죄는 실체적 경합관계이다. 이미 살펴보았듯 실체적 경합관계의 처벌 상한은 사형, 무기징역 외에는 중한 죄에 정한 형의 1.5배까지 가중되고, 하한은 중한 죄에 정한 형이 되며 자유형과 재산형의 병과도 가능하므로 가해자가 피해자를 풀어준 시점을 잘 따져 성폭력 범죄와 실체적 경합관계인지, 상상적 경합관계인지를 판단해야 한다.

> Q
> 아래 사실관계에 대해 가해자가 범한 범죄의 죄수를 설명하라
>
> ① 가해자는 자신의 의붓딸이자 만12세인 피해자의 목에 칼을 대고 저항하면 죽여버리겠다고 협박하여 피해자가 저항을 할 수 없게 만든 후 피해자를 간음하였다.
>
> ② 가해자가 ①의 범행을 하던 중 피해자가 도망갔고 그 과정에서 피해자가 넘어지면서 3주의 상해를 입혔다.

〈표 24〉는 성폭력 범죄의 죄수를 정리한 표이다. 그 작성근거는 다음과 같다. ① 청소년성보호법과 성폭력처벌법은 형법에 대해 특별법이므로, 형법은 보충적으로 성립한다. ② 청소년성보호법과 성폭력처벌법은 상호 동일한 관계로서 양자 모두 성립할 경우 상상적 경합의 관계이다(2012도6503 참조). 다만, 나이에 있어서 양자의 구성요건은 피해자의 나이 외에는 동일하고 성폭력처벌법의 법정형이 높으므로 피해자가 만 13세 미만인 경우에는 성폭력처벌법만 성립한다. ③ 가해자로 인해 가중처벌 되는 경우는 행위유형에 따른 것으로 주거침입에서 주거침입절도로, 절도에서 강도로 발전한 후 강간 등을 하였다면 법조경합 관계로 각 후자에 의한 강간죄 등 만이 성립한다. 주거침입 강간과 합동 강간처럼 행위유형이 전혀 관련없는 경우 양자는 상상적 경합관계이다. ④ 피해자로 인해 가중처벌되는 경우는 피해자의 나이, 장애, 가해자와의 관계 등 동시에 여러 가지 상황이 충족될 수 있으므로 상상적 경합관계이다. ⑤ 강간죄 등이 상상적 경합관계에 있다고 해도 각 강간죄 등이 결합범이나 결과적 가중범이 되고, 그 결합범이나 결과적 가중범의 적용법조가 동일하면 포괄일죄가 된다(99도354).

〈표 25〉 죄수 정리

Ⅰ. 피해자 명. 동일 기회 = 일죄   Ⅱ. 성폭력처벌법과 청소년성보호법은 상상적 경합/형법에 대해 특별법

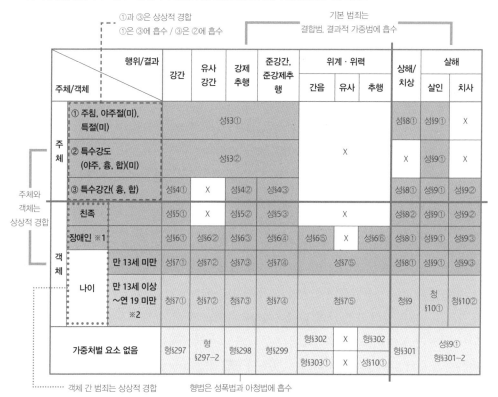

① ①과 ③은 상상적 경합 / ①은 ③에 흡수 / ③은 ②에 흡수
기본 범죄는 결합범. 결과적 가중범에 흡수
주체와 객체는 상상적 경합

주체/객체	행위/결과	강간	유사강간	강제추행	준강간, 준강제추행	위계·위력 간음	위계·위력 유사	위계·위력 추행	상해/치상	살인	치사
주체	① 주침, 야주절(미), 특절(미)	성§3①	성§3①	성§3①	성§3①				성§8①	성§9①	X
주체	② 특수강도 (야주, 흉, 합)(미)	성§3②	성§3②	성§3②	성§3②	X	X	X	X	성§9①	X
주체	③ 특수강간(흉, 합)	성§4①	X	성§4②	성§4③				성§8①	성§9①	성§9②
객체	친족	성§5①	X	성§5②	성§5③	X	X	X	성§8②	성§9①	성§9②
객체	장애인 ※1	성§6①	성§6②	성§6③	성§6④	성§6⑤	X	성§6⑥	성§8①	성§9①	성§9③
객체 나이	만 13세 미만	성§7①	성§7②	성§7③	성§7④	성§7⑤	성§7⑤	성§7⑤	성§8①	성§9①	성§9③
객체 나이	만 13세 이상 ~연 19 미만 ※2	청§7①	청§7②	청§7③	청§7④	청§7⑤	청§7⑤	청§7⑤	청§9	청§10①	청§10②
가중처벌 요소 없음		형§297	형§297-2	형§298	형§299	형§302 / 형§303①	X / X	형§302 / 성§10①	형§301	성§9① / 형§301-2	성§9① / 형§301-2

객체 간 범죄는 상상적 경합   형법은 성폭법과 아청법에 흡수

다음은 죄수표와 그 활용 순서에 대한 설명이다.

① 제1단계에 따른 죄명의 특정
- 한 명의 피해자에 대해 한 번의 기회에 이루어진 가해자의 각 행위에 대해 적용법조를 특정한다. 결합범이나 결과적 가중범이 성립하면 기본범죄는 이에 흡수된다.
- 죄명이 1개라면 죄수는 단순일죄로 확정된다.
- 죄명이 2개 이상이면 ②를 검토한다.

② 죄명이 2개 이상인 경우 죄수표의 활용
- 결합범이나 결과적 가중범에 해당하지 않는 경우
  ▷ 가해자에 대한 가중요건이 있는 경우에는 성폭력처벌법 제3조 제2항에 흡수가 가능하면, 성폭력 처벌법 제3조 제2항만 성립한다. 그 외의 경우는 상

상적 경합관계이다.

▷ 피해자에 대한 가중요건이 있는 경우에는 상상적 경합관계이다.

▷ 가해자와 피해자에 대한 가중요건이 모두 있는 경우 전체적으로 상상적 경
합관계이다.

• 결합범이나 결과적 가중범에 해당하는 경우
적용 법조가 동일하면 일죄이다(포괄일죄).
적용법조가 동일하지 않으면 상상적 경합관계이다.

죄수표와 그 활용순서에 따라 위 문제를 실제로 풀어보기를 권한다. 정답은 충분히 연습한 후에 확인해 보자.

① 가해자는 자신의 의붓딸이자 만 12세인 피해자의 목에 칼을 대고 저항하면 죽여버리겠다고 협박하여 피해자가 저항을 할 수 없게 만든 후 피해자를 간음하였다.

1. 제1단계에 따른 죄명의 특정

• 강제로 간음하였으므로 형법상 강간죄가 성립한다.

• 가중요소로 가해자가 흉기를 사용했으므로 성폭력처벌법 제4조 제1항이, 피해자가 친족관계에 있으므로 성폭력처벌법 제5조 제1항이, 피해자가 만 12세이므로 성폭력처벌법 제7조 제1항이 성립한다.

2. 죄명이 2개 이상인 경우 죄수표의 활용

• 결합범이나 결과적 가중범에 해당하지 않는다.

• 따라서 성폭력처벌법 제4조 제1항, 제5조 제1항, 제7조 제1항이 성립하고, 이들은 서로 상상적 경합관계이다.

② 가해자는 ①의 범행을 하던 중 피해자가 도망갔고 그 과정에서 피해자가 넘어지면서 3주의 상해를 입혔다.

1. 제1단계에 따른 죄명의 특정

• 강제로 간음하던 중 피해자가 상해를 입었고 인과관계와 예

견가능성이 인정되므로 형법상 강간치상죄가 성립한다.

- 가중요소에 따라 성폭력처벌법 제8조 제1항(4조 제1항, 제7조 제1항의 결과적 가중범)과 제8조 제2항(제5조 제1항)이 성립한다.

2. 죄명이 2개 이상인 경우 죄수표의 활용

- 성폭력 처벌법 제8조 제1항이 두 번 성립하지만 포괄일죄이다.
- 성폭력 처벌법 제8조 제2항이 성립한다.
- 따라서 성폭력 처벌법 제8조 제1항과 제2항이 성립하고, 서로 상상적 경합관계이다.

제3편   종합연습문제와 그외 주요 성범죄 관련 중요쟁점

지금까지 주요 성폭력 범죄의 복잡한 형사법 체계를 적용법조의 특정, 소추요건, 공소시효, 죄수정리의 순서로 살펴보았다. Topic 14. 종합연습문제를 통해 학습한 내용을 충분히 이해했는지 확인해 보자. 실제 재판에서 주요 성폭력 범죄의 가해자가 유죄의 판결을 받으려면 범죄의 내용, 일시장소 등은 얼마나 명확해야 하는지(Topic 15. 공소사실의 특정), 범행에 대한 증명은 어느 정도까지 이루어져야 하는지(Topic 16. 사실인정과 범행의 증명)도 여기에서 살펴보겠다.

Topic 14. 종합연습문제

지금까지 이 책을 읽었다면 독자 여러분도 이제 주요 성폭력 범죄를 체계적으로 이해하는 방법을 충분히 익혔을 것이라 생각한다. 이 책의 모든 내용을 외울 필요는 없다. 이 책의 핵심 목적은 독자들이 성폭력 범죄의 체계적으로 이해하고 이 책에 별책부록으로 포함되어 있는 "성폭력 가해자 처벌 가능성 검토"를 활용하여 실제 사건에서 가해자에 대한 처벌 가능성을 가늠해 보는 능력을 키우는 것이기 때문이다.

다음의 문제를 해결해 봄으로써 지금까지의 내용을 독자 여러분 자신의 것으로 만들어 보자. 정답을 확인하기 전에 반드시 위 "성폭력 가해자 처벌 가능성 검토" 및 이 책 말미 부록인 "연도별 주요 성폭력 범죄 죄명표 및 법정형표"를 활용하여 직접 연습해 보자.

■ 아래의 사실관계에 대해 피해자가 금일 고소를 하고자 한다면 가해자들에 대한 처벌은 가능한가?

〈연습문제〉

① 가해자 장태진(1982. 7. 20. 생. 범행 당시 18세)은 2000. 11. 2. 16:30경 인주시 00동 00−00에 있는 주택(일명: 버드나무집)에서 피해자 강혜승(1986. 5. 10. 생, 당시 만 14세. 장애인 아님)을 강간하고 강간시 피해자를 폭행하여 2주간의 치료를 요하는 안면부 좌상 및 전신타박상 등 상해를 입혔다.

② 가해자 장태진 등 7명은 합동하여 2000. 11. 12. 16:00경 위와 같은 장소에서 피해자 강혜승을 차례로 강간하고 강간 시 피해자를 폭행하여 2주간의 치료를 요하는 외음부 출혈 및 대퇴부 좌상 등 상해를 입혔다.

③ 가해자 장태진은 2000. 11. 22. 17:00경 위와 같은 장소에서 피해자 강혜승을 불러낸 후 소지하고 있던 칼을 피해자의 목에 대고 지갑을 뺐었다. 그런 다음 가해자는 피해자를 강간하고, 강간 시 피해자를 폭행하여 3주간의 치료를 요하는 내음부 파열, 흉부 및 대퇴부 좌상 등 상해를 입혔다.

〈1단계〉 적용법조의 특정

①

②

③

〈2단계〉 소추요건의 확인

①

②

③

〈3단계〉 공소시효의 확인

①

②

③

〈4단계〉 죄수 정리

❶ 〈1단계〉 적용법조의 특정

① 주요 성폭력 범죄인지를 본다. 가해자는 강제로 간음하였고, 상해를 입혔다. 따라서 강간상해죄가 성립한다.

가중처벌요소를 본다. 가해자에게는 가중처벌 요소가 없다. 피해자는 연 19세 미만으로 나이에 의한 가중처벌 요소가 있다. 장애인이나 친족관계는 없다.

여기에서 반드시 유의할 것이 있다. 과거에 일어난 범죄에 대해서는 반드시 범행당시의 법을 확인해야 한다는 것이다. 현행법을 따르면 피해자는 연 19세 미만이므로 청소년성보호법상 강간상해죄가 적용되지만, 이 사건 범행일시는 2000. 11. 2.이고 당시의 청소년성보호법에는 연 19세 미만 피해자에 대한 강간상해죄가 존재하지 않는다. 당시 법에 따라 만 19세 미만인 피해자에 대한 강간죄가 성립하는데, 법정형이 5년 이상 징역이었다. 한편, 당시 형법에는 강간상해죄가 존재했고, 법정형은 무기 또는 5년 이상의 징역이다. 따라서 법정형이 무거운 형법상 강간상해죄를 적용한다(또는 청소년성보호법상 강간죄와 형법상 강간상해죄의 경합도 가능할 것이다.).

② 주요 성폭력 범죄인지를 본다. 가해자는 강제로 간음하였고, 상해를 입혔다. 따라서 강간상해죄가 성립한다.

가중처벌요소를 본다. 가해자는 2명 이상의 합동이라는 가중처벌 요소가 있다. 이 사건 범행일시인 2000. 11. 2. 당시 성폭력처벌법 제9조 제1항을 적용한다. 법정형은 당시 형법상 강간상해죄보다 높은 무기 또는 7년 이상의 징역이다.

피해자는 만 19세 미만이지만 ①에서 본 것처럼 당시에는 상해에 대한 가중처벌근거가 없었다.

③ 주요 성폭력 범죄인지를 본다. 가해자는 피해자에게 흉기를 소지 및 사용하여 강도를 하였다. 가해자는 피해자를 강제로 간음하였고, 상해를 입혔다.

강도죄와 강간죄 및 상해죄의 관계를 본다. 강간으로 상해가 발생하였으므로 강도강간죄와 강간상해죄가 성립하고 양자는 실체적 경합관계이다.

가해자에 대한 가중처벌요소를 본다.

강도강간죄에 대해 가해자는 특수강도라는 가중처벌 요소가 있다. 특수강도강간죄가 성립하고 이 사건 범행일시인 2000. 11. 2. 당시 성폭력처벌법 제5조 제2항을 적용한다. 법정형은 당시 형법상 강도강간죄 보다 높은 사형, 무기,

또는 10년 이상 30년 이하 징역이다.

강간상해죄에 가해자는 특수강간이라는 가중처벌 요소가 있다. 특수강간상해죄가 성립하고 이 사건 범행일시인 2000. 11. 2. 당시 성폭력처벌법 제9조 제1항을 적용한다. 법정형은 당시 형법상 강간상해죄보다 높은 무기 또는 7년 이상 30년 이하 징역이다.

피해자는 만 19세 미만이지만 ①에서 본 것처럼 당시에는 상해에 대한 가중처벌근거가 없었다.

따라서 성폭력처벌법상 특수강도강간죄와 특수강간상해죄의 실체적 경합관계로 사형, 무기, 또는 10년 이상 45년 이하 징역으로 처벌될 수 있다.

❷ 〈2단계〉 소추요건의 확인

①, ②, ③ 모두 당시에도 반의사불벌죄나 친고죄가 아니었다.

❸ 〈3단계〉 공소시효의 확인

① 2000. 11. 2.에 발생한 사건이고 무기형이 있어 공소시효는 10년이다.
2010. 11. 1.에 시효가 완성되는데, 2010. 4. 15. 공소시효 특례 적용으로 피해자가 성년이 된 2006. 5. 10.까지 시효가 정지된다. 따라서 공소시효 완성은 2016. 5. 9.이다.
2013. 6. 19. 시효배제에 해당하지 않는다. 2020. 5. 19. 이전에 시효가 완성되었기 때문에 이에 대한 검토는 불필요하다. 따라서 공소시효는 이미 완성되어 가해자를 처벌할 수 없다.

② 2000. 11. 12.에 발생한 사건이고 무기형이 있어 공소시효는 10년이다.
2010. 11. 11.에 시효가 완성되는데, 2010. 4. 15. 공소시효 특례 적용으로 피해자가 성년이 된 2006. 5. 10.까지 시효가 정지된다. 따라서 공소시효 완성은 2016. 5. 9.이다.
2013. 6. 19. 시효배제에 해당하지 않는다. 2020. 5. 19. 이전에 시효가 완성되었기 때문에 이에 대한 검토는 불필요하다. 따라서 공소시효는 이미 완성되어

가해자를 처벌할 수 없다.

③ 2000. 11. 22.에 발생한 사건이고 사형이 있어 공소시효는 15년이다.
2015. 11. 21.에 시효가 완성되는데, 2010. 4. 15. 공소시효 특례 적용으로 피해자가 성년이 된 2006. 5. 10.까지 시효가 정지된다. 따라서 공소시효 완성은 2021. 5. 9.이다.
2013. 6. 19., 2020. 5. 19. 시효배제에 해당하지 않는다. 따라서 공소시효는 이미 완성되어 가해자를 처벌할 수 없다.

❹ 〈4단계〉 죄수 정리

①, ②, ③은 공소시효가 이미 완성되어 가해자의 처벌 가능성이 없기 때문에 별도로 죄수를 정리할 필요가 없다.
만약 ①, ②, ③에 대해 각각 DNA 등 과학적 증거가 있다면 어떨까? 각 범죄에 대해 시효가 10년씩 추가된다. 그렇다면 ①, ②, ③에 대해 가해자를 처벌할 수 있다. ①, ②, ③은 각 독립된 범죄로 실체적 경합관계이다.

> Q 10년 정도 지난 일입니다. 제가 그때는 초등학생이었는데, 어머니의 남자친구로부터 여러 번 강간과 강제추행을 당했습니다. 처음 당한 것은 10년 전 3월 즈음이었는데, 정확한 날짜는 기억이 안 납니다. 제가 고등학교에 들어가고 강하게 저항해서 더 이상 피해는 없습니다. 하지만 마음에 한이 됩니다. 피해를 입었을 당시에는 일기장에 기록을 해 두었는데, 너무 수치스러워서 일기장을 태워 버렸습니다. 가해자를 처벌할 수 있을까요?

공소사실이란 검사가 법원에 가해자의 처벌을 구할 때 가해자가 언제 어디에서 한 어떠한 행위에 대해 처벌을 구하는지를 공소장에 기재한 것이다. 이는 공소장의 가장 핵심적인 내용으로, 불고불리 원칙에 따라 법원은 원칙적으로 검사가 공소사실로 기재하지 않은 내용에 대해서는 재판을 할 수 없다.

법원은 공소사실 중 "범죄의 시일은 이중기소나 시효에 저촉되지 않는 정도의 기재를 요하고 장소는 토지관할을 가늠할 수 있는 정도의 기재를 필요로 하며 방법은 범죄의 구성요건을 밝히는 정도의 기재를 요"한다. "이와 같은 공소범죄 사실의 세 가지 특정요소를 갖출 것을 요구하는 법의 취지는 결국 가해자의 방어의 범위를 한정시켜 방어권행사를 쉽게 해주려는데 있으므로 공소사실은 위 세 가지의 특정요소를 종합하여 범죄구성요건에 해당하는 구체적 사실을 다른 사실과 판별할 수 있는 정도로 기재"하여야 한다(89도112). 공소사실이 특정되지 않을 경우 법원은 형사소송법 제327조 제2호에 의해 공소기각 판결을 한다. 공소기각 판결이란 가해자가 죄를 지었는지를 확인하지 않고 형식적인 사유로 가해자의 처벌을 하지 못한다는 의미의 재판이다.

 법원이 요구하는 공소사실의 특정 정도는 범죄의 종류 등 여러 상황에 따라 달라진다. 피해자의 진술만으로 공소사실이 특정된다면 큰 문제가 없지만, 오래 전에 발생한 사건의 경우 피해자의 기억에는 한계가 있을 수밖에 없고 정확히 언제 어디에서 범죄피해를 당했는지 명확하게 기억하지 못하는 경우가 있기 마련이다. 아래의 판례를 통해 법원이 성폭력 범죄의 공소사실이 어느 정도까지 특정될 것을 요구하는지 살펴보자.

○ **인정된 사례**

—— 공소장에 범행의 일시를 "1996년 월일불상 11:30경"으로 기재하더라도 그 범행의 장소와 방법이 특정되어 기재된 경우, 피해자가 공소제기 당시 5세 9개월에 불과한 아동으로 피해를 당한 정확한 일자를 표현·진술하지 못하고 있고, 가해자는 범행을 부인하고 있어, 검사는 피해자의 일부 진술과 다른 증거들을 기초로 범행의 일자는 1996년 초경부터 피해사실이 드러난 1996. 7. 15. 사이의 날로, 범행시각은 11:30경으로 가능한 한 특정하여 공소를 제기하였음을 알 수 있는 한편, 공소장에 범행의 장소와 방법 등이 구체적으로 기재되어 있는 점과 이 사건 범죄의 성격을 고려하면, 범죄의 시일을 위와 같이 기재하였다고 하더라도 그 공소사실은 특정되어 있다. (97도1211)

—— "가해자는 2012. 7.경 내지 2012. 9.경 가해자의 모가 구로성심병원에 입원하고 있던 기간 무렵 서울 양천구에 있는 △△아파트 00호 가해자의 집 거실에서, 전에 옮겨놓은 가해자의 이삿짐을 친딸인 피해자(여, 당시 12세)와 함께 정리한 후 샤워를 하고 나와 옷을 입으려는 피해자에게 '원하는 게 있냐, 니가 원하는 거 해줄테니 아빠가 원하는 거 해달라'고 말하여 피해자가 동의하자 갑자기 피해자를 바닥에 눕히고 피해자의 몸 위에 올라타 1회 간음하여 13세 미만인 피해자를 위력으로써 간음하였다."는 공소사실이 불특정 되었다는 가해자의 주장에 대해 법원은 "피해자는 판시 제1항의 범행이 피해자의 조모가 병원에 입원한 후 가해자이 위 범죄사실 기재 아파트로 이사와 가해자의 짐을 정리하는 날에 이루어진 것이라 진술하고 있고, 가해자도 위와 같이 가해자의 짐을 정리할 당시 피해자를 간음한 사실이 없다며 다투고 있는바, 범죄일시 기재의 포괄성으로 인하여 가해자의 방어권 행사를 곤란하게 할 염려가 있는 경우에 해당한다고 보이지 아니할 뿐만 아니라 법원에서 그 심판

대상을 특정하기에도 충분하다고 할 것이다."라며 공소사실이 특정되었다고 판단 (서울중앙지방법원 2013고합1024, 2013전고58(병합))

○ **부정된 사례**

—— 미성년자 의제 강간죄 또는 미성년자 의제 강제추행죄는 행위시마다 1개의 범죄가 성립하므로 각 강간 또는 강제추행시마다 일시를 특정하여 공소사실을 기재하여야 한다는 전제하에, 원심이 이 사건 공소사실 중 "가해자가 1980. 12. 일자 불상 경부터 1981. 9. 5. 전일경까지 사이에 피해자를 협박하여 약 20여 회 강간 또는 강제추행(택일적 공소사실)하였다'는 부분은 그 범행일시가 명시되지 아니하여 공소사실을 특정할 수 없어 위 공소사실부분에 대한 공소를 기각 (82도2442)

공소사실의 특정이 인정된 사례나 부정된 사례 모두 범행일시가 확실하게 특정되지 않고 수개월 이상의 기간으로 기재되어 있다. 양자의 차이점은 공소사실의 특정이 인정된 사례에서는 성폭력 범죄의 특수성, 피해자의 특성, 피해자와 가해자의 관계, 범행 전후 사정 등을 통해 법원이 가해자의 방어권에 지장을 초래하지 않는 정도로 특정되었다고 판단했다는 점이다. 따라서 이처럼 피해자가 범행일시나 장소를 특정하지 못하고 달리 이를 특정할 객관적인 자료가 없다면 실무가는 피해자로부터 피해 사실 자체에 대한 내용은 물론 피해자와 가해자의 관계, 성폭력 범죄 전후에 특별한 사건이 있었는지, 범행 당시의 상황은 어떠했는지 여부 등을 매우 자세하게 확인해야 한다. 또한 피해자가 아동이거나 장애인인 경우 등 피해자의 특성이 고려되어야 할 부분이 있다면 법원이 이를 적극적으로 반영할 수 있도록 관련 자료나 증거를 준비해야 한다.

> ⓐ 명확히 언제 어디에서 강간과 강제추행을 당했는지 확실하지 않기 때문에 공소사실 특정이 문제될 수 있습니다. 공소사실이 불특정되면 검사가 공소제기를 꺼릴 것이고, 공소가 제기되어도 법원은 공소기각의 판결을 하기 때문에 가해자를 처벌할 수 없게 됩니다. 피해를 당했을 때 특별한 다른 사건은 없었는지 잘 생각해 보시기 바랍니다. 또한 피해자와 가해자의 관계나 피해자의 특성, 또는 범행의 상황 등도 중요합니다.

아래의 사실관계에 대해 법원은 가해자가 피해자를 강간하였음을 인정할까?

- 사건 전후 사정(가해자와 피해자의 진술의 합치 또는 객관적인 증거로 사실로 인정됨)

　　가해자는 피해자의 남편과 30년 이상 친구 사이로 지내왔고, 함께 조직폭력단체에서 조직원으로 활동하면서 비슷한 위치 또는 남편이 조금 더 높은 위치에 있었다. 피해자 부부는 가해자 부부와 같은 동네에 살면서 부부동반으로 가끔 만났고, 피해자는 가해자의 처와 친한 관계로 지내다가 남편과 가해자가 사업문제로 사이가 틀어져 서로 연락을 하지 않게 되었다.

　　남편은 2017. 4. 10. 사업차 5박 6일 일정으로 베트남으로 출국하였다. 가해자는 이러한 사정을 알고 남편이 출국한 후 피해자에게 카카오톡 메시지로 긴히 할 말이 있으니 만나 줄 것을 요청하여 그날 밤에 피해자를 만났다. 이 날 이전에 가해자와 피해자는 둘만 만난 적은 없다. 가해자는 자신의 차 안에서 피해자에게 '남편에게 사생아가 있다'는 말을 하였고, 피해자도 들을 수 있는 휴대전화 스피커폰 기능을 이용하여 후배들에게 전화하여 '피해자 남편에게 아들이 있는 것 맞지', '내가 너한테 연장 놓으라고 하면 알지'라고 하거나, 현직 경찰관에게 전화하여 '형님, 제가 지금 낫을 들고 있는데 내 앞에 있는 사람이 말을 듣지 않는데 어떻게 합니까'라고 하고, 충격을 받아 당황한 피해자에게 '이게 진실이다, 정신 차려라'고 소리치며, 다짜고짜 손바닥으로 피해자의 뺨을 1회 때리고, 피해자의 머

리를 3~4회 때려 피해자를 폭행하였다.(이하 '이 사건 폭행')

그 다음 날인 2017. 4. 11.부터 같은 달 13일까지 3일 동안 가해자은 피해자에게 날마다 연락하여 3회 정도 만나서 함께 점심을 먹거나 차 안에서 잠깐 동안 이야기를 하였다. 가해자는 피해자에게 지속적으로 과거나 현재에 자신이 다른 사람을 폭력으로 굴복시킨 이야기 등을 하면서 자신의 말을 듣지 않으면 피해자나 남편과 두 딸의 신변에도 위해를 가할 것처럼 말을 하여 겁을 주었다.

피해자는 남편이 귀국하기 전날인 2017. 4. 14. 23:05경 남편에게 "졸려서 비행기 탈 때까지 못 기다릴 것 같다. 비행기에서 내리면 전화하라. 먼저 잘 테니 조심히 오라."라는 내용의 카카오톡 메시지를 보냈다.

가해자는 2017. 4. 14. 23:43경 피해자를 만났다. 피해자는 모텔에 가지 않으려 했으나, 가해자가 맥주만 마시자고 하여 피해자의 집 근처 무인모텔 주차장에 들어갔다. 모텔 CCTV 영상을 보면 당시 피해자와 가해자는 신체 접촉 없이 각자 떨어져 앞뒤로 걸어갔다. 모텔에서 가해자와 피해자는 간음을 하였다. 간음 후 피해자는 모텔에서 생리대에 관하여 이야기하거나 샤워 후에 가해자와 담배를 피우며 남편 등 피해자의 가정에 관한 대화를 10여 분 동안 하였다.

남편은 2017. 4. 15. 베트남에서 귀국하여 잠깐 집에 들렀다가 장례식에 참석하러 나갔고, 피해자는 가해자로부터 위 모텔에서 강간을 당하였다는 말을 남편이 그날 저녁 장례식을 다녀온 후 말하였다.

• 강제로 간음이 이루어졌다는 피해자의 진술 내용

피해자는 모텔 객실의 테이블에 앉아 맥주를 마시고 있었는데, 혼자 침대에 누워있던 가해자가 갑자기 "더 이상 못 참겠다"라고 말하면서 피해자에게 다가오기에, 생리 중이라며 성교를 거부하자 가해자는 피해자의 왼쪽 뺨, 머리 부위를 때리고 피해자의 팔을 잡고 끌어 강제로 침대에 눕힌 후 피해자 위에 올라 타, 왼손으로 피해자의 쇄골 부분을 누르고 다른 손으로는 피해자의 바지와 속옷을 한꺼번에 벗긴 다음 강간하였다.

• 합의하에 간음이 이루어졌다는 가해자의 진술 내용

가해자는 최초 수사기관에 대해 진술할 때 피해자가 먼저 모텔에 가자고 하였고 성관계는 갖지 않았다고 부인하였다. 이후 아래와 같이 진술을 번복하였다.

피해자는 평소 남편과 이혼할 생각을 가지고 있었고, 이 사건 폭행 이후 매일 만나면서 서로 연인관계로 발전하였다. 2017. 4. 14. 밤에 모텔에 가기를 거부하는 피해자를 설득하여 모텔에 간 것은 맞지만, 모텔 안에서는 자신은 가만히 침대에 누워 있었고, 오히려 피해자가 먼저 다가와 스킨십을 하고 생리 중임에도 피해자가 괜찮다며 템포를 빼고 합의하에 성관계를 가진 것이고, 성관계 후 피해자가 스케줄을 알려주며 앞으로 남편 몰래 주기적으로 만나기로 약속하였다.

지금까지는 가해자의 범행이 어떠한 성폭력 범죄에 해당하는지와 상당히 오래 전에 발생한 사건에 대해서는 소추요건 및 공소시효를 검토하여 가해자를 형사처벌할 수 있는지에 대해 살펴보았다. 그런데, 이러한 내용들은 성폭력 범죄의 가해자를 처벌할 수 있는 가능성에 대한 문제로, 처벌가능성이 있다는 사실만으로 반드시 가해자를 처벌할 수 있다는 것은 아니다.

법원이 가해자에 대해 유죄 또는 무죄의 재판을 하기 위해서는 법률을 적용하기에 앞서 어떠한 일이 실제로 벌어졌는지를 확정해야 하는데, 이를 '사실인정'이라고 한다. 법원은 사실인정을 통해 어떠한 행위가 있었는지를 판단한 후 그 행위가 범죄에 해당하는지 또는 해당하지 않는지를 결정하는 것이다.

그런데 법원은 사건의 현장에서 가해자의 범죄행위를 직접 본 것이 아니다. 따라서 어떤 일이 실제로 벌어졌는지는 검사와 가해자의 주장 및 그 근거 등 법원에 제출된 증거를 음미하여 판단할 수밖에 없다. 법원은 검사와 가해자의 주장이 상반될 때 사실인정에 어려움을 겪게 되는데, 검사가 합리적인 의심이 없을 정도로 가해자의 범죄행위를 증명한 경우에 한하여 유죄의 판결을 할 수 있다.

문제는 성폭력 범죄는 은밀한 영역에서 벌어지기 쉽고, 피해자의 진술 외에 다른 증거가 없거나 부족하여 가해자가 범죄를 저질렀다는 사실을 합리적인 의심이 없을 정도로 증명하기 어려울 때가 많다는 점이다. 범행 장면이 CCTV로 촬영 되었거나 목격자가 다수 존재하는 경우처럼 증거가 충분하다면 법원은 쉽게 사실인정을 할 수 있지만, 가해자가 범죄를 저질렀다는 사실을 증명할 증거로 피해자의 진술만 존재한다면 법원은 그 진술의 신빙성에 의존하여 사실인정을 해야 한다. 따라서 다수의 성폭력 범죄에 대한 사실인정에는 피해자의 진술에 어느 정도의 신빙성이 있는지가 매우 중요한데, 과거 법원은 '의심스러울 때에는 피고인의 이익으로'라는 형사사법절차의 일반적 법칙에 따라 성폭력 범죄의 사실인정에도 가해자에게 유리한 판단을 해 온 것으로 보인다. 아래의 관련 사례를 살펴보자.

○ 사례 1

피해자와 가해자는 2009. 3.경부터 교제를 하면서 정기적으로 성관계를 가져왔다.

피해자는 2009. 10.경 수회에 걸쳐 가해자로부터 팔을 잡거나 꺾는 방법으로 폭행 당하여 강간을 당했다고 주장한다.

피해자는 강간으로 3주간의 상해를 입었다고 주장하나, 상해를 입은 이후에도 가해자를 만나거나 휴대전화를 통해 가해자와 일상적인 연락을 취하였다.

피해자는 강간을 당한 직후 가해자가 운전하는 승용차에 동승하고 가해자가 구입한 고속버스 승차권을 이용하였다.

> 법원은 피해자 진술에 신빙성이 낮고, 사건의 전후 사정이 강간 피해자가 하기는
> 어려운 행동으로 보인다고 판단 (2010도9633)

○ 사례 2

피해자는 다방 종업원으로 가해자의 차량에서 강간을 당했다고 주장한다.

피해자는 차량에서 강간을 당한 상황에 대해 수회 진술하였는데 그 내용은 아래와 같다.

- 1회: 가해자가 운전석에서 옷을 모두 벗은 후 조수석으로 넘어와 피해자의 옷을 벗겨 강간했다.
- 2회: 가해자가 피해자의 옷을 먼저 벗긴 후 강간하였다.
- 3회: 가해자가 운전석에서 조수석에 넘어와 피해자의 옷을 먼저 벗기고 가해자의 바지를 벗고 강간했다.

- 4회: 가해자가 운전석에서 바지를 벗은 후 조수석으로 넘어와 피해자의 옷을 벗기고 강간한 후 가해자가 상의를 벗었다.

  가해자는 왼쪽 무릎아래가 절단되어 의족을 착용하여 옷을 벗을 때 상당히 불편하고, 피해자도 그 사실을 알고 있었다.

피해자가 강간을 당했다고 주장하는 시점 이전 가해자와 피해자는 노래주점에 함께 있었는데, 목격자의 진술은 아래와 같다.

- 가해자가 피해자에게 돈을 주었다.
- 피해자는 다방주인에게 티켓영업을 해도 되는지 물어 승낙을 받았다.

피해자가 강간을 당했다고 주장하는 시점 이후 피해자와 가해자는 여관에 왔는데, 목격자 진술은 아래와 같다.

- 피해자는 여관에 들어올 때 옷매무새가 흐트러지지 않았다.
- 피해자는 여관에 먼저 들어와 도망가야 한다며 도와달라고 했고, 남자친구에게 전화하여 자신을 데려가 달라고 부탁했다.
- 남자가 도착하여 피해자를 데려갈 때 피해자는 가해자에게 화를 내며 욕설을 하였다. 가해자는 피해자를 협박하거나 행패를 부리지 않았다.
- 피해자는 여관에 왔다가 나갈 때까지 가해자에게 두려움을 느끼는 것 같지 않았다.

> 강간에 대한 피해자의 진술 중 1회 진술을 채택(고소장 작성 직후 진술한 내용이므로)하여 장애인인 가해자가 옷을 벗는 것이 매우 불편함에도 옷을 벗은 후 비좁은 조수석에서 강간했다는 피해자의 주장을 믿기 어렵고, 사건의 전후 사정 및 목격자의 진술 등을 근거로 무죄로 판단 (2000도5395)

이 외에도 법원은 채팅으로 알게 된 남자를 영어회화를 배울 욕심에 밤늦은 시간에 바로 만났고, 짐과 책 등을 가지러 숙소에 들어가자는 가해자의 말을 믿고 의심 없이 따라 들어갔다는 피해자의 진술을 납득할 수 없다고 하고(2001도4462) 가해자가 피해자의 손목을 비트는 등 강제로 여관에 끌고 들어갔고, 당시 여관주인이 방을 안내하였지만 피해자가 창피해서 구조를 요청하지 않았다는 피해자의 진술에 대해 "손쉬운 구조요청의 기회를 이용하지 아니하였다는 것은 우리의 경험칙상 쉽게 납득이 가지 아니"한다고 하였다(90도1562).

위와 같이 과거에는 법원이 피해자의 진술만으로 유죄판결을 하는 경우를 찾기 쉽지 않았고, 사건 전후 사정을 통해 성폭력 범죄가 발생했는지를 살펴볼 때 성인지 감수성에 대한 고려도 크지 않았던 것 같다. 하지만 최근 법원은 성폭력 범죄의 피해자 진술의 신빙성 판단에 대해 아래와 같은 새로운 기준을 제시하고 있다.

—— 피해자 등의 진술은 그 진술 내용의 주요한 부분이 일관되며, 경험칙에 비추어 비합리적이거나 진술 자체로 모순되는 부분이 없고, 또한 허위로 가해자에게 불리한 진술을 할 만한 동기나 이유가 분명하게 드러나지 않는 이상, 그 진술의 신빙성을 특별한 이유 없이 함부로 배척해서는 아니 된다(2006도5407). 그리고 법원이 성폭행이나 성희롱 사건의 심리를 할 때에는 그 사건이 발생한 맥락에서 성차별 문제를 이해하고 양성평등을 실현할 수 있도록 '성인지 감수성'을 잃지 않도록 유의하여야 한다. 우리사회의 가해자 중심의 문화와 인식, 구조 등으로 인하여 성폭행이나 성희롱 피해자가 피해사실을 알리고 문제를 삼는 과정에서 오히려 피해자가 부정적인 여론이나 불이익한 처우 및 신분 노출의 피해 등을 입기도 하여온 점 등에 비추어 보면, 성폭행 피해자의 대처 양상은 피해자의 성정이나 가해자와의 관계 및 구체적인 상황에 따라 다르게 나타날 수밖에 없다. 따라서 개별적, 구체적인 사건에서 성폭행 등의 피해자가 처하여 있는 특별한 사정을 충분히 고려하지 않은 채 피해자 진술의 증명력을 가볍게 배척하는 것은 정의와 형평의 이념에 입각하여 논리와 경험의 법칙에 따른 증거판단이라고 볼 수 없다(2017두74702). 강간죄에서 공소사실을 인정할 증거로 사실상 피해자의 진술이 유일한 경우에 가해자의 진술이 경험칙 상 합리성이 없고 그 자체로 모순되어 믿을 수 없다고 하여 그것이 공소사실을 인정하는 직접증거가 되는 것은 아니지만, 이러한 사정은 법관의 자유판단에 따라 피해자 진술의 신빙성을 뒷받침하거나 직접증거인 피해자 진술과 결합하여 공소사실을 뒷받침하는 간접정황이 될 수 있다(2018도7709).

위 기준을 볼 때 향후 법원은 아래와 같은 경우 피해자 진술의 신빙성이 높다고 평가할 것이다.

> " 1. 피해자의 진술이 일관될 것
> 2. 피해자의 진술내용이 그 자체로서 모순되지 않을 것
> 3. 피해자가 가해자를 무고할 이유가 없을 것 "

그리고 법원은 사건 전후 사정을 살펴볼 때 성인지 감수성에 부합하도록 피해자의 입장에서 사건 당시의 상황, 평소 가해자와의 관계, 피해자의 성향 등을 통해 성폭력 범죄가 있었는지를 판단할 것이고, 가해자의 진술에 일관성이 없다면 피해자의 진술과 결합하여 가해자에게 유죄판결을 할 수 있는 증거로 사용할 것이다.

법원은 최근 피해자가 밀폐된 마사지 방에서 엎드린 자세로 마사지를 받던 도중 가해자(마사지사)로부터 강간을 당한 사안에서 다른 증거가 없더라도 피해자의 피해 진술이 상세하고 구체적이며 일관적이고 자연스러우며, 피해자가 가해자를 무고할 이유가 없어 신빙성이 높다고 하였다. 이 사건 가해자는 피해자와 합의하에 성관계를 한 것으로 성관계 도중 피해자가 저항을 하지 않았고, 마사지 가게 구조가 강간을 하기에 용이하지 않다고 주장하였으나, 법원은 피해자가 엎드린 자세에서 적극적으로 저항하기는 곤란하고 평소 가해자와 피해자는 특별한 관계가 아니었다는 점 등을 들어 이를 배척하였고, 결국 가해자에게 유죄의 판결을 하였다(2018도 20835). 이처럼 피해자의 진술 외에는 성폭력 범죄를 증명할 증거가 없다고 하더라도, 그 진술의 신빙성을 보아 가해자의 범행이 합리적인 의심이 없을 만큼 증명되었다면 법원은 가해자에게 유죄 판결을 할 수 있다. 이제는 사실인정에 대한 최근 판례를 정리한 것이다.

―― 피해자는 수사기관에서 친아버지인 피고인으로부터 강간을 당했다고 진술한 후, 1심 법정 증언시 피고인의 처벌을 원하는 의사를 표시하였다가 약 2달 만에 특별한 사정변경이 없는 상태에서 피고인에 대한 선처 탄원서, 처벌불원서 등을 제출하였고, 2심 법정 증언 시 1심에서 제출한 탄원서 등은 가족 등의 지속적 회유에 의한 것으로 진심이 아니었다며 진술을 재번복하였음.
: 법원은 피해자의 진술 변경은 아버지를 신고한 고립감, 부담감, 죄책감, 회유 등에 의한 것으로 피고인에 대한 '처벌불원'에 해당하지 않는다고 판단(2020도6965)

―― 피고인은 아동 · 청소년인 피해자를 강간하고 그 다음날 피고인의 집으로 사과를 받으러 온 피해자를 다시 강간하였다는 등의 혐의로 기소되자, 전날은 합의에 의한 것이었고 그 다음날은 피해자를 만난지 않았다면서 강간을 당하였다는 피해자가 스스로 피고인을 다시 찾아와 다시 강간 당하였다는 진술은 납득하기 어렵다고 주장.
: 법원은 범행 후 피해자의 일부 언행을 문제 삼아 피해자다움이 결여되었다는 등의

이유로 피해자 진술 전체의 신빙성을 다투는 피고인의 주장을 배척(2020도8016)

── 피고인은 친딸인 피해자에게 유사강간, 추행 등을 한 혐의로 기소되자 일관되게 부인하였고, 피해자는 법정에서 '피고인으로부터 피해를 입은 사실이 없다'는 취지로 진술 번복.
: 법원은 친족관계에 의한 성범죄를 당하였다는 미성년자 피해자의 진술은 피고인에 대한 이중적인 감정, 가족들의 계속되는 회유와 압박 등으로 인하여 번복되거나 불분명해질 수 있는 특수성을 갖고 있으므로, 피해자가 법정에서 진술을 번복하는 경우 수사기관에서 한 진술 내용 자체의 신빙성 인정 여부와 함께 법정에서 진술번복의 동기, 이유, 경위 등을 충분히 심리하여야 한다며 수사기관에서의 피해자 진술을 신뢰(2020도2433)

── 고등학교 교사인 피고인이 학생인 3명의 피해자에게 격려, 관심표명 등을 핑계 삼아 피해자의 신체를 만져서 추행하였는데, 피해자들은 추행 즉시 피고인에게 항의하지 않았고, 피고인에 대한 신고도 추행이 아닌 다른 피해사실에 대한 진술이 있었음.
: 법원은 위와 같은 사정만으로 피해자 진술의 신빙성을 부정할 것이 아니고 구체적 사정을 모두 살펴봐야 한다며 피해자 진술을 신뢰(2020도7869)

── 편의점 브랜드 개발팀 직원인 피고인이 편의점주인 피해자를 편의점 안에서 강제추행한 혐의로 기소되어, 1심은 유죄, 2심은 무죄 판결을 받음.
: 법원은 원심이 피해자에게 '피해자다움이' 나타나지 않음을 지적한 것은 타당하지 않고, 피해자 진술의 신빙성, CCTV 영상의 증명력에 관한 제1심의 판단이 명백하게 잘못되었다거나 그대로 유지하는 것이 현저히 부당하다고 인정되는 예외적인 경우에 해당한다고 단정하기 어렵다며 원심을 파기(2019도4047)

── 피고인은 경의중앙선 전동차 안에서, 피해자의 앞에 붙어 서서 손을 피해자의 치마 속에 넣어 스타킹 겉 부분까지 손가락이 닿은 채로 검지와 중지손가락을 이용하여 피해자의 성기 부분을 문지르고 더듬는 등 약 5분 동안 피해자를 강제로 추행하였다는 혐의로 기소.
: 법원은 피해자 진술의 구체성 및 일관성, 피고인의 진술번복, 피해자와 피고인의 위치, 신체적 차이, 피고인이 가방을 멘 상태, 피해자가 생리대를 착용한 시간 등 구체적인 상황을 매우 매우 세밀하고 종합적으로 분석 후 유죄로 판결(2020도15259)

그렇다면 실무가의 입장에서 성폭력 범죄에 대해 어떻게 접근해야 할까? 피해자가 가해자를 무고하는 일이 절대로 없는 것은 아니기 때문에 실무가는 객관적이고 중립적인 태도로 사건에 접근하면서도, 피해자 진술의 증거 가치를 바르게 인식하고 신빙성 있는 진술을 얻기 위해 최선을 다해야 한다. 먼저 피해자로부터 피해 진술을 올바르게 청취하고, 그 자체로서 모순점이 있지 않은지 살펴봐야 하겠다. 피해자의 진술 자체에 모순이 없고 가해자가 피해자의 주장을 인정하여 자신의 잘못을 시인하는 경우라면 가해자와 피해자의 진술로 가해자의 범행사실을 인정할 수 있다. 만약 관련 증거가 있다면 그 내용과 피해자 및 가해자의 진술이 일치하는지 여부를 살펴보아야 한다. 가해자가 범행을 부인하는 경우라면 피해자 진술의 일관성 및 성인지 감수성을 바탕으로 증거와 범행 전후의 사정을 음미하여 사실 여부를 판단해야 한다.

만약 피해자의 진술이 그 자체로서 모순점이 있고, 가해자도 범행을 부인하며 다른 증거도 없다면 피해자의 진술만으로 가해자가 범행을 저질렀다고 인정하기는 매우 어려울 것이다. 다만, 이러한 경우라도 피해자가 반드시 거짓말을 하고 있다고 단정해서는 안 된다. 성폭력 범죄 피해자의 심리상태는 일반적인 범죄 피해자보다 더욱 불안정하고 사건의 충격으로 기억이 훼손되어 있는 경우가 많기 때문이다.

위와 같이 성폭력 범죄 피해자를 조사할 때에는 고도의 주의가 필요한데, 범죄의 가해자나 피해자의 제대로 된 조사를 위해 면담기법을 활용할 수 있다. 면담기법은 원래 심리학에서 상담자가 피상담자를 면담하는 방법으로, 피상담자로부터 기억에 부합하는 진술을 얻어내고 거짓을 말한다면 이를 가려내는 등의 기법이다. 이에 대해 깊이 공부하고 싶다면 범죄 피해자에 대한 면담기법 관련 서적을 참고하기 바란다. 여기에서는 성폭력 범죄의 피해자 조사 시 필요한 내용만 간단히 소개하겠다.

피해자 면담기법

피해자를 면담할 때에는 먼저 라포르(rapport)를 형성하고, 적절한 질문기법과 청취기법을 활용하여 진술을 확보해야 한다.

〈1단계〉 라포르의 형성

라포르란 면담자와 피면담자의 신뢰관계 또는 공감관계를 의미하는데, 면담자는 피면담자의 긴장을 감소시키고 의사소통의 장벽을 제거하여 피면담자가 말을 할 수 있는 환경을 만들어주어야 한다. 성폭력 범죄에서 수사관 또는 상담자(이하 '수사관')와 피해자가 라포르를 형성하는 몇 가지 방법을 소개하면 다음과 같다. 성폭력 범죄 피해자 전용 진술녹화실 등에서 조사 한다. 피해자와의 첫 만남에서 상호 간의 호칭을 정하고 그대로 서로를 칭해준다. 고향, 관심사 등 수사관과 피해자 사이에 공통점이 있다면 이를 적극적으로 어필하여 동질감을 상승시킨다. 시간을 맞추어 조사장소에 나와 주어 고맙다고 하는 등 가벼운 칭찬을 한다. 이러한 방법들은 조사가 피해자를 위해 준비되었음을 알려줌으로서 라포르를 형성하는데 도움을 준다.

〈2단계〉 질문기법에 따른 질문

라포르를 형성한 후 수사관은 개방형 질문, 구체적 질문, 폐쇄형 질문을 적절히 활용하여 질문한다. 개방형 질문이란 진술 자체를 요구하는 형식의 질문으로, 예를 들자면 '그 날 있었던 일들에 대해 모두 말해 주세요.'라는 식의 질문이다. 개방형 질문은 특정한 대답을 유도하지 않으므로 기억의 왜곡을 최소화하고, 질문의 의도를 노출하지 않기 때문에 거짓말을 하기 어렵게 만든다. 답이 너무 긴 경우에는 어느 정도 이야기를 들은 후 그 내용을 요약하여 피해자로부터 확인을 받은 후 피해자가 계속 진술하도록 한다.

구체적 질문은 육하원칙에 의한 질문이다. 개방형 질문을 통해 확인되지 않는 사실 중 반드시 확인할 필요가 있음에도 피해자가 진술을 하지 않는다면 그 부분을 특정하여 질문한다.

폐쇄형 질문은 '예' 또는 '아니오'로만 대답할 수 있는 질문으로 정확한 시간,

장소, 인물 등을 반드시 특정해야 할 필요가 있음에도 개방형 질문이나 구체적 질문으로는 피해자가 그 내용을 진술하지 않는 경우에만 사용해야 한다.

한편, 유도질문은 기억을 왜곡시키고, 반복질문은 첫 번째 대답이 틀렸다는 암시를 주며, 복합질문은 질문내용이 불명확하므로 사용하지 않는다. 이러한 방법으로 얻은 진술의 신빙성을 높게 평가될 수 없다.

〈3단계〉 청취기법에 따른 청취

수사관은 피해자가 이야기할 수 있는 충분한 시간적 여유를 주고, 피해자가 이야기를 하면 최대한의 관심을 보여 주어야 한다. 피해자의 진술내용을 주제에 따라 시간 순서대로 정리하고, 피해자가 의견을 말하는지 사실을 말하는지를 구분해야 한다. 피해자의 진술 도중 이야기를 끊거나 대화의 주제를 갑자기 변경해서는 안 된다.

위 다방 종업원 강간사건(2000도5395)에서 법원은 일관성이 부족한 피해자의 여러 진술 중 제1회 진술을 채택했다는 점을 생각하자. 피해자의 제1회 진술은 언제나 수사관이나 상담자가 청취하고 기록한다.

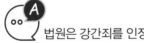

법원은 강간죄를 인정하였다(2018도7709).

원심은 피해자 진술의 신빙성을 부정하면서 가해자에 대해 무죄 판결을 하였다. 하지만 대법원의 판단은 원심과는 달랐다. 대법원은 원심이 '성인지 감수성'을 결여한 채 사실인정을 한 것으로 보인다면서 아래와 같은 이유로 피해자 진술의 신빙성을 높이 인정하여 가해자에게 유죄 판결을 하였다. 다소 내용이 길지만 피해자 진술의 신빙성을 판단하는 법원의 기준에 대해 정확히 이해하는 것은 매우 중요하므로 판례의 내용을 자세히 살펴보기로 하자.

○ 피해자 진술의 신빙성

(가) 피해자 진술내용은 Q와 동일함

피해자의 진술 내용은 수사기관에서부터 제1심 법정에 이르기까지 일관될 뿐만 아니라 매우 구체적임을 알 수 있다. 또한 위 진술이 경험칙에 비추어 비합리적이라거나 진술 자체로 모순되는 부분을 찾기 어렵다.

(나) 가해자도 이 사건 폭행 당시 차 안에서 자신의 지인들과 피해자의 위 진술 내용과 같이 통화한 사실은 일부 인정하고 있다. 또한 이 사건 폭행 이후 가해자와 피해자가 만난 횟수나 만나서 한 일, 모텔에 가기를 거부하는 피해자에게 맥주만 마시자고 말을 하여 피해자를 모텔에 데려간 경위 등에 관하여도 피해자의 진술과 대부분 일치한다.

(다) 원심이 피해자 진술의 신빙성을 배척하는 이유로 들고 있는 사정들은, 피해자가 처한 구체적인 상황이나 가해자와 피해자의 관계 등에 비추어 피해자의 진술과 반드시 배치된다거나 양립이 불가능한 것이라고 보기 어렵다. 그럼에도 원심이 그러한 사정들을 근거로 피해자 진술의 신빙성을 배척한 것은 성폭행 피해자가 처하여 있는 특별한 사정을 충분히 고려하지 않음으로써 성폭행 사건의 심리를 할 때 요구되는 '성인지 감수성'을 결여한 것이라는 의심이 든다.

① 가해자와 피해자의 진술에 의하더라도 당시 피해자는 가해자와 맥주를 마시고 이야기만 하다가 나오기로 하고 모텔에 갔다는 것이고, 모텔 CCTV 영상에 의하더라도 당시 피해자가 가해자와의 신체 접촉 없이 각자 떨어져 앞뒤로 걸어간 것 뿐이다. 그럼에도 이러한 사정을 들어 피해자가 겁을 먹은 것처럼 보이지 않고 나아가 모텔 객실에서 폭행·협박 등이 있었는지 의문이 든다고 판단한 것은 납득하기 어렵다.

② 피해자의 집과 범행장소인 이 사건 모텔은 매우 가까운 곳에 위치하고 있었다. 이동에 소요되는 시간과 피해자가 당일 남편에게 카카오톡 메시지를 보낸 시각, 위 모텔 주차장에 도착한 시각 등을 고려해 보면, 가해자와 피해자가 모텔에 가기로 예정

된 상태에서 피해자가 남편에게 앞서 본 바와 같은 내용의 메시지를 보낸 것이라고 단정할 수 없다. 더욱이 가해자도 당일 피해자의 집 앞에서 만났을 때는 모텔에 가기로 하였던 것은 아니라고 진술하였다. 물론 피해자가 위 메시지를 보낼 당시 이미 가해자의 전화를 받고 집 앞에서 만나기로 하였기 때문에 미리 남편에게 앞으로 전화를 받지 못하는 사정을 꾸며서 알린 것일 가능성도 있다. 하지만 피해자의 입장에서 늦은 밤에 가해자과 단둘이 만난다는 사실을 남편에게 일부러 알릴 수도 없는 노릇이므로 이는 오히려 자연스러운 것이라고 볼 수 있다. 피해자는 남편이 베트남에 있는 내내 남편과 카카오톡으로 대화를 주고받고 영상통화를 해왔음에도 남편에게 가해자로부터 이 사건 폭행을 당한 사실이나 남편의 사생아에 관한 이야기를 들은 사실 등 가해자에 대한 일체의 언급을 하지 않았다.

③ 피해자가 이 사건 폭행을 당한 날부터 2017. 4. 14.까지 가해자과 주고받은 휴대전화 메시지를 모두 삭제한 것은 사실이다. 이에 대해 피해자는 경찰에서 가해자가 만날 때마다 자신에게 보낸 문자를 모두 지우라고 해서 가해자가 보는 자리에서 모두 지운 것이라고 일관되게 진술하였고, 경찰 수사에서 메시지 등을 복원할 수 있다는 이야기를 듣고 자신의 휴대전화를 자진하여 제출하기까지 하였다.

④ 가해자와 피해자는 서로 남편의 친구, 친구의 처 사이로서 2016. 12.경 피해자와 남편이 이사가기 전까지 한 동네에 살면서 부부동반으로 만나기도 하고, 가해자의 처와 피해자는 자주 어울리며 친하게 지냈다. 그러므로 피해자가 가해자와 만나 피해자의 가족이나 일상에 관하여 대화를 하는 것은 오히려 자연스럽고, 피해자가 가해자와 대화하면서 별다른 의미를 두지 않고 대답해주었다고 하여 그것이 피해자 진술의 신빙성을 배척할 만한 사정이라고 볼 수 없다.

⑤ 피해자가 모텔에서 가해자와 성관계를 가진 후 가해자와 생리대에 관하여 이야기하거나 샤워 후에 가해자와 담배를 피우며 남편 등 피해자의 가정에 관한 대화를 10여 분 하다가 모텔에

서 나온 것도 피해자 진술의 신빙성을 부정할 만한 사정이라고 보기에 부족하다. 강간을 당한 피해자의 대처 양상은 피해자의 성정이나 구체적인 상황에 따라 각기 다르게 나타날 수밖에 없다. 피해자는 이전부터 계속되어 온 가해자의 협박으로 이미 외포된 상태에서 제대로 저항하지 못한 채 가해자로부터 강제로 성폭행을 당하였다는 것이고, 수치스럽고 무서운 마음에 반항을 하지 못하고 가해자의 마음이 어떻게 변할지 몰라 달랬다는 것이므로, 피해자로서는 오로지 가해자의 비위를 거스르지 않을 의도로 위와 같은 대화를 하였던 것으로 보이고, 이러한 사정이 성폭행을 당하였다는 피해자의 진술과 양립할 수 없다고 보기 어렵다.

⑥ 남편은 베트남에서 귀국한 당일 잠깐 집에 들러 옷만 갈아입고는 다시 집을 나가 광주에 있는 장례식에 가는 상황이었으므로, 피해자가 이 사건 강간피해 사실을 남편이 귀국하여 집에 도착한 즉시 말하지 않고 그날 저녁에 남편이 장례식장에서 돌아온 이후에야 말하였다는 사정이 피해자 진술의 신빙성을 배척할 만한 사정이라고 볼 수 없다.

○ 가해자 진술의 신빙성

(가) 가해자의 진술 요지는 Q와 동일함

(나) 우선 가해자는 수사기관에서 피해자와 모텔에 가게 된 경위나 피해자와 성관계를 가졌는지 등에 관하여 최초에는 피해자가 먼저 모텔에 가자고 하였고 성관계는 갖지 않았다고 부인하였다. 이후 가해자는 진술을 번복하여 피해자가 모텔에 가기를 거부하여 맥주만 마시고 나오자고 피해자를 설득하여 모텔에 가게 되었고, 당시 성관계를 염두에 두고 간 것이라고 진술하면서도 정작 모텔 안에서는 가해자는 침대에 누워만 있었는데 오히려 생리 중이었던 피해자가 적극적으로 원하여 합의하에 성관계를 가진 것이라고 진술하였다. 이러한 가해자의 진술은 일관되지 않을 뿐만 아니라 진술 자체로 모순되거나 경험칙상 납득하기 어렵다.

(다) 가해자와 피해자는 이 사건 폭행 이전에는 단둘이 만난 적이 전혀 없고 서로 연락하는 사이도 아니었다. 그런데 가해자는 남편이 해외로 출국한 당일 피해자를 불러내어 처음 만난 자리에서 남편에게 사생아가 있다는 말을 하고, 스피커폰으로 지인들과 통화하면서 흉기로 피해자나 남편을 해칠 수도 있다는 등의 말을 하여 피해자를 위협하고, 나아가 이 사건 폭행까지 하였다. 이후 3일 동안 3회 정도 만난 것은 사실이나, 가해자의 요구에 의하여 분식집에서 함께 점심을 먹거나 차 안에서 잠깐 동안 이야기를 한 것이 전부이고, 이 사건 모텔 CCTV 영상에 의하더라도 가해자와 피해자가 연인과 같은 다정한 모습은 아닌 것으로 보인다. 이러한 사정에 비추어 보면, 이 사건 폭행 이후 불과 나흘 만에 연인관계로 발전하여 피해자와 합의하에 성관계를 가졌다는 가해자의 주장은 도저히 납득하기 어렵다.

(라) 가해자의 주장과 같이 피해자가 합의하에 성관계를 가진 후 자신의 스케줄을 알려주며 앞으로 남편 몰래 주기적으로 만나기로 약속까지 하였다면 피해자가 남편이 귀국한 당일 저녁에 곧바로 강간피해 사실을 말할 이유가 없어 보인다. 가해자와의 성관계 사실이 발각될 만한 아무런 사정이 없는 상황에서 피해자가 지레 겁을 먹고 남편에게 자발적으로 강간당하였다고 거짓말을 한다는 것은 경험칙상 이례적이다. 이 사건 범행 이후 피해자와 가해자가 통화를 했다거나 연락한 흔적이 없었다는 점에서도 가해자의 위와 같은 진술은 그대로 믿기 어렵다. 나아가 피해자가 예전부터 남편과 이혼하고 싶어 했다는 것도 가해자의 일방적인 주장에 불과하고 이를 확인할 만한 아무런 정황이 없다. 피해자가 가해자로부터 사생아 이야기를 들었다고 하더라도 피해자가 이에 관한 진위 여부를 남편에게 확인하지 않은 상태에서 남편과 이혼을 결심하게 되었다고 볼 사정도 보이지 않는다.

제 2 부

기타 성폭력 범죄

기타 성폭력 범죄 개관

　지금까지는 강간죄, 유사강간죄, 강제추행죄 등을 중심으로 한 주요 성폭력 범죄에 대해 살펴보았다. 이제 기타 성폭력 범죄를 살펴보자.

　기타 성폭력 범죄에는 성폭력처벌법상 공중밀집장소추행죄(제11조), 성적목적다중이용장소침입죄(제12조), 통신매체이용음란죄(제13조), 카메라등이용촬영죄(제14조), 허위영상물 등의 반포 등 죄(제14조의2), 촬영물 등을 이용한 협박·강요죄(제14조의3), 청소년성보호법상 아동·청소년성착취물소지(제11조 제5항)·제작·배포 등 죄(이상 제11조), 아동·청소년매매죄(제12조), 아동·청소년의성매수 등 죄(제13조), 아동·청소년에대한강요행위 등 죄(제14조), 알선영업행위 등 죄(제15조) 및 아동복지법상 성적학대죄(제71조 제1항 제1의2호, 제17조 제2호)가 있다. 이러한 범죄들도 성폭력 범죄이므로 앞에서 살펴본 소추요건이나 공소시효에 대해 주요 성폭력 범죄와 동일한 법리가 적용되지만, 체계적 이해의 필요성이 크지 않고 개별적 이해를 하는 것이 오히려 효율적이라 생각된다. 따라서 기타 성폭력 범죄는 조문의 순서에 따라 개별적으로 접근하도록 하겠다.

　형사처벌규정은 구성요건과 법정형으로 나뉘어져 있는데, 구성요건만 명확히 이해하면 법정형은 한글로 적힌 것을 읽기만 하면 된다. 따라서 기타 성폭력 범죄는 구성요건을 해석하는 방식으로 접근하고자 한다. 법을 해석하는 방법으로는 유권해석으로 법원의 판례를 통한 해석, 입법기관의 정의에 의한 해석, 무권해석으로 문언의 의미에 따른 문리해석, 법률의 논리적 체계에 따른 논리해석, 법규범의 목적을 고려한 목적론적 해석 등이 있다. 실무가가 법을 해석할 때에는 판례를 따르고, 판례가 없으면 정의나 입법취지를 따르고, 그도 없다면 문리해석을 기초로 논리해석과 목적론적 해석을 가미하여야 한다. 따라서 각 범죄에 대한 개별적 이해에 앞서 성폭력 관련 특별법의 목적과 정의규정을 먼저 살펴보고자 한다.

성폭력처벌법은 제1조에서 '목적'을 두고 있는데, 입법목적은 "성폭력 범죄 피해자의 생명과 안전의 보장"과 "건강한 사회질서의 확립"이다.

> **[성폭력 처벌법]**
>
> **제1조(목적)** 이 법은 성폭력 범죄의 처벌 및 그 절차에 관한 특례를 규정함으로써 성폭력 범죄 피해자의 생명과 신체의 안전을 보장하고 건강한 사회질서의 확립에 이바지함을 목적으로 한다.

청소년성보호법은 제1조에서 '목적'을, 제3조에서 '해석상 · 적용상의 주의'를 두고 있다. 청소년성보호법의 입법목적은 "아동 청소년을 성범죄로부터 보호"하고 "아동 · 청소년이 건강한 사회구성원으로 성장할 수 있도록" 하는 것이고, 이 법을 해석할 때에는 "아동 · 청소년의 권익을 우선적으로 고려하여야 하며, 이해관계인과 그 가족의 권리가 부당하게 침해되지 아니하도록 주의하여야 한다."라고 규정되어 있다.

> **[청소년성보호법]**
>
> **제1조(목적)** 이 법은 아동 · 청소년대상 성범죄의 처벌과 절차에 관한 특례를 규정하고 피해아동 · 청소년을 위한 구제 및 지원 절차를 마련하며 아동 · 청소년대상 성범죄자를 체계적으로 관리함으로써 아동 · 청소년을 성범죄로부터 보호하고 아동 · 청소년이 건강한 사회구성원으로 성장할 수 있도록 함을 목적으로 한다.
>
> **제3조(해석상 · 적용상의 주의)** 이 법을 해석 · 적용할 때에는 아동 · 청소년의 권익을 우선적으로 고려하여야 하며, 이해관계인과 그 가족의 권리가 부당하게 침해되지 아니하도록 주의하여야 한다.

아동복지법은 제1조에서 '목적'을 두고 있는데, 입법목적은 "아동이 건강하게 출생하여 행복하고 안전하게 자랄 수 있도록 아동의 복지를 보장하는 것"이다.

> **[아동복지법]**
>
> **제1조(목적)** 이 법은 아동이 건강하게 출생하여 행복하고 안전하게 자랄 수 있도록 아동의 복지를 보장하는 것을 목적으로 한다.

세 법의 입법목적 등을 살펴보면 한 가지 공통점을 발견할 수 있다. 세 법 모두 성폭력 범죄 피해자에 대한 보호를 핵심적인 입법목적으로 정하고 있다는 것이다. 이에 따라 기타 성폭력 범죄의 조문을 해석할 때에는 최대한 성폭력 범죄의 피해자, 아동청소년 및 아동의 권익을 우선적으로 고려하여야 한다. 지금까지의 내용을 간단히 정리하면 다음과 같다.

〈해석의 우선순위〉

1순위: 대법원 판례

2순위: 정의 규정이 있고 그 내용이 명확하면 정의 규정에 따른 해석

3순위: 정의 규정이 있으나 그 내용이 명확하지 않거나, 정의규정이 없으면 문언의 한계 내에서 법체계에 맞고, 피해자의 보호에 부합하는 해석

Q 아래의 사실관계에 대해 가해자는 최소한 어떤 형사처벌을 받게 될까? 나아가 가해자를 가중처벌하기 위해서는 어떠한 점에 대해 확인해야 할까?

저는 중학교 1학년인데 학교를 가는 길에 치한에게 나쁜 짓을 당했습니다. 지하철을 타고 학교를 가는데 사람이 별로 없는 데도 이상하게 제가 앉은 자리 바로 옆에 어떤 아저씨가 앉았습니다. 기분이 찜찜했지만 피곤해서 좀 졸고 있었는데, 허벅지에 느낌이 이상해서 눈을 떠봤더니 이 아저씨가 제 허벅지를 만지고 있었습니다.

[성폭력처벌법]

제11조(공중밀집장소에서의 추행) 대중교통수단, 공연·집회 장소, 그 밖에 공중(公衆)이 밀집하는 장소에서 사람을 추행한 사람은 3년 이하의 징역 또는 3천만 원 이하의 벌금에 처한다.

공중밀집장소추행죄의 구성요건은 "사람"이 "대중교통수단, 공연·집회 장소, 그 밖에 공중(公衆)이 밀집하는 장소"에서 "사람"을 "추행"하는 것이다. 주체와 객체에 제한이 없기 때문에 특별히 설명할 것이 없고, 추행의 의미는 Topic 1에서 살펴보았다. 여기에서는 "대중교통수단, 공연·집회 장소, 그 밖에 공중(公衆)이 밀집하는 장소"의 의미를 살펴보고, 강제추행죄 및 준강제추행죄와의 관계를 생각해보자.

(1) 대중교통수단, 공연·집회 장소, 그 밖에 공중(公衆)이 밀집하는 장소

대중교통수단은 버스, 지하철, 기차, 비행기 등 누구나 이용할 수 있는 교통수단을 말하고, 공연장소 및 집회장소는 실내나 실외를 가릴 것 없이 대중에게 개방된 장소로 공중이 밀집하는 장소의 예시이다. 따라서 이 죄는 대중교통수단, 공연장소, 집회장소 외에도 목욕탕, 찜질방, 영화관, 놀이공원, 운동경기장, 경마장 등 공중이 밀집하는 장소라면 어디에서든지 성립할 수 있다.

위와 같은 장소에 사람이 그렇게 많지 않은 경우는 어떨까? 예를 들어 요즘 모스포츠의 인기가 급락하여 관중이 거의 없을 때가 많은데 그러한 장소에서 추행을 하였다면 공중밀집장소추행죄는 성립할까? 조문에 '공중이 밀집한 장소'가 아니라 '공중이 밀집하는 장소'라고 되어 있기 때문에 그러한 장소에 현실적으로 사람들이 밀집해 있는 상태만을 의미하는 것은 아니라고 생각한다. 법원도 "공중밀집장소의 일반적 특성을 이용한 추행행위라고 보기 어려운 특별한 사정이 있는 경우에 해당하지 않는 한, 행위 당시의 현실적인 밀집도 내지 혼잡도에 따라 위 규정의 적용 여부를 달리 볼 것은 아니다"(2009도5704)라고 하였다.

(2) 관련 범죄

먼저 강제추행죄와의 관계를 보자. 공중밀집장소추행죄는 강제추행죄와 달리 '강제'가 없다. 따라서 공중밀집장소추행죄는 가해자가 피해자를 폭행이나 협박하지 않고 추행만 한 경우에도 성립한다. 한편 기습적 강제추행죄에서 폭행은 유형력의 행사로 충분하고 대소강약을 불문한다고 하였다. 그렇다면 지하철에서 가해자가 피해자의 엉덩이를 강하게 쥐었다면 공중밀집장소추행죄가 성립할까, 강제추행죄가 성립할까? 공중밀집장소라는 요건이 갖추어졌고, 신체적 접촉이 있으니 추행에 해당하므로 공중밀집장소추행죄는 성립한다. 가해자가 피해자의 엉덩이를 꽉 쥐었으므로 유형력의 행사는 있었으니 기습적 강제추행죄도 성립한다. 그런데 공중밀집장소추행죄의 법정형은 "3년 이하의 징역 또는 3천만 원 이하의 벌금"에 불과하여 강제추행죄의 법정형 "10년 이하의 징역 또는 1천500만 원 이하의 벌금"에 한참 미치지 못한다. 따라서 강제추행이 인정된다면 강제추행죄를 적용하고, 강제추행이 인정되지 않을 경우 범행 장소가 공중밀집장소라면 공중밀잡장소추행죄를 적용해야 할 것이다. 만약 양자가 모두 인정되면 강제추행죄를 적용해야 한다.

이러한 점에서 어느 정도의 미약한 유형력이 강제에 해당하지 아니하고 추행에만 해당하는지는 매우 중요하다. 법원은 아래와 같이 손으로 피해자의 몸을 더듬거나 스치거나 만지는 정도의 행위를 하였을 때 공중밀집장소추행죄를 인정하였다. 유의할 점은 아래의 판례들은 검사가 처음부터 공중밀집장소추행죄로 공소를 제기하였던 것으로 강제추행죄로 공소를 제기한 것은 아니라는 점이다. 불고불리의 원칙에 따라 법원은 검사가 주장한대로 공중밀집장소추행죄에 해당하는지만 판단한 것으로 보인다.

○ **공중밀집장소추행죄가 인정된 사례**

—— 찜질방 수면실에 있던 피해자의 옆에 누워 여성 피해자의 가슴 등을 만진 경우 (2009도5704), 남성 피해자의 성기를 만진 경우 (서울동부지방법원 2017노1446)

—— KTX 열차 내에서 허리를 숙이고 짐을 정리하는 열차 승객인 피해자의 엉덩이를 1회 만진 경우 (울산지방법원 2013고단3069)

—— 서울발 부산행 고속버스 내에서 잠을 자고 있던 피해자의 옆 좌석에 앉아 피해자의 엉덩이를 손으로 더듬은 경우 (울산지방법원 2013고단1709)

—— 지하철 열차 경로석에 앉아있던 가해자가 자신의 앞에 서 있던 여성 피해자의 패딩 점퍼 아랫부분을 손으로 잡고 피해자의 복부가 드러날 높이까지 들어올려 피해자가 항의하듯 손을 뻗치자, 피해자의 손을 잡아 막고 허벅지 쪽을 살펴보듯이 고개를 들이밀면서 "옷을 입었는지 입지 않았는지 봐야 되겠다"라고 말한 경우 (서울남부지방법원 2013고정1532)

다음으로 준강제추행죄와의 관계를 보자. 공중밀집장소추행죄와 준강제추행죄는 모두 '강제'없이 '추행'만으로 성립된다. 양자의 차이점은 공중밀집장소추행죄는 공중밀집장소에서만 성립할 수 있고, 준강제추행죄는 피해자가 심심상실 또는 항거불능 상태에 있고 가해자가 이를 알고 이용하면 성립할 수 있다는 것이다. 그렇다면 지하철에서 피해자가 잠들어 있다는 사실을 알고 있는 가해자가 피해자의 엉덩이를 살짝 만졌다면 공중밀집장소추행죄가 성립할까, 준강제추행죄가 성립할까? 강제추행죄와의 관계에서 본 것과 같은 이유로 공중밀집장소추행죄는 성립한다. 피해자가 심신을 상실한 상태이고 가해자가 이를 알고 추행을 하였으니 준강제추행죄도 성립한다. 강제추행죄와의 관계에서와 마찬가지로 공중밀집장소추행죄의 법정형은 준강제추행죄의 법정형(강제추행죄와 동일) 보다 매우 낮다. 따라서 준강제추행이 인정된다면 준강제추행죄를 적용하고, 피해자의 심신상실 상태가 부정되거나 가해자가 이를 알지 못하여 준강제추행이 인정되지 않을 경우에만 공중밀집장소추행죄를 적용해야 한다. 만약 양자가 모두 인정되면 준강제추행죄를 적용해야한다. 아래의 사건은 위와 같이 준강제추행죄를 우선으로 적용하고, 공중밀집장소추행죄는 보충적으로 적용해야 할 당위성을 보여 준다.

—— 검사는 찜질방에서 피해자가 잠을 자고 있음을 이용하여 가해자가 피해자의 가슴, 음부, 엉덩이를 손으로 만졌다는 취지로 공소를 제기하였고 1심에서 벌금 300만 원이 선고되었다(대구지방법원 2008고합651).

—— 가해자는 피해자가 심신상실 또는 항거불능 상태에 있지 않았다는 이유 등으로 항소를 하자, 검사는 가해자의 항소이유를 보아 준강제추행죄로는 유죄판결을 얻지 못할 것이라 판단하고 공소사실을 공중밀집장소인 찜질방에서 추행했다는 취지로 변경해 줄 것을 법원에 신청하였다. 법원이 이를 받아들여 죄명을 준강제추행죄에서 공중밀집장소추행죄로 변경하였다. 새로운 공소사실에 대해 가해자는 당시 찜질방에 사람들이 많지 않았다는 이유로 공중이 밀집하는 장소가 아니었다고 주장했으나, 법원은 "공중이 밀집하는 장소"에는 공중이 밀집할 수 있는 공개된 장소도 포함된다고 하여 이를 배척하고 가해자에게 공중밀집장소추행죄를 인정하였다(대구고등법원 2009노36).

—— 가해자는 사건 당시 찜질방은 공중이 밀집하는 장소에 해당하지 않는다는 취지로 상고하였다. 2심에서는 공중밀집장소추행죄가 인정되었기 때문에 찜질방이 공중이 밀집하는 장소에 해당하지 않는다면 가해자는 무죄가 될 수 있었다. 대법원은 공중이 밀집하는 장소란 "사람들이 빽빽이 들어서 있어 서로간의 신체적 접촉이 이루어지고 있는 곳만을 의미하는 것이 아니라 이 사건 찜질방 등과 같이 공중의 이용에 상시적으로 제공·개방된 상태에 놓여있는 곳 일반을 의미한다. … 공중밀집장소의 일반적 특성을 이용한 추행행위라고 보기 어려운 특별한 사정이 있는 경우에 해당하지 않는 한, 그 행위 당시의 현실적인 밀집도 내지 혼잡도에 따라 그 규정의 적용 여부를 달리한다고 할 수는 없다."고 하여 상고를 기각하였다(2009도5704).

위 사례와는 반대로 하급심에서는 사우나 수면실에서 잠을 자고 있던 피해자를 추행한 사안에 대해 검사가 공중밀집장소추행죄로 공소를 제기하였다가 준강제추행죄로 공소장을 변경하여 유죄판결을 받은 예가 있다(창원지방법원 2015노377).

　　실무가는 가해자가 자신의 범행에 합당한 처벌을 받을 수 있도록 적용가능한 모든 범죄를 면밀히 검토해야 한다. 〈표 25〉는 강제추행죄, 준강제추행죄, 공중밀집장소추행죄의 구성요건과 법정형을 비교한 것이다.

〈표 26〉 강제추행죄, 준강제추행죄, 공중밀집장소 추행죄 비교

	수단	행위	장소	법정형
강제추행죄	강제	추행	무관	10년 이하 징역 또는 1천500만 원 이하 벌금
준강제추행죄	준	추행	무관	10년 이하 징역 또는 1천500만 원 이하 벌금
공중밀집장소 추행죄	없음	추행	공중밀집장소	3년 이하의 징역 또는 3천만 원 이하 벌금

(A) 먼저, 가해자는 공중밀집장소추행죄로 처벌될 수 있습니다. 지하철에 사람이 그렇게 많지 않더라도 공중이 밀집하는 장소이고, 가해자의 범행은 지하철이라는 대중교통의 공간적 특성을 활용한 것이며, 가해자가 피해자에 대해 신체접촉을 하였으니 추행에 해당하기 때문입니다.

　　다음으로, 허벅지를 살짝 만진 정도가 아니라 손으로 쥐었다던지 또는 더 큰 유형력을 행사했다면 가해자는 강제추행죄로 처벌될 수 있고, 피해자의 나이에 따라 만 13세 미만이라면 성폭력처벌법상 13세 미만 강제추행죄로, 만 13세 이상 연 19세 미만이라면 청소년성보호법상 강제추행죄로 가중처벌 될 수 있습니다.

　　끝으로, 피해자가 졸고 있어서 심신이 상실된 상태였고, 가해자가 이를 알고 허벅지를 만졌다면 가해자는 준강제추행죄로 처벌될 수 있고, 강제추행죄와 마찬가지로 피해자의 나이에 따라 성폭력처벌법이나 청소년성보호법에 의해 가중처벌 될 수 있습니다.

　　따라서 가해자에게 합당한 처벌을 하기 위해서는 허벅지를 만진 행위가 기습적 강제에 해당하는 것은 아닌지, 피해자가 심신상실의 상태에 있고 가해자가 이를 알았던 것은 아닌지를 확인해야 합니다. 가중처벌의 가능성 확인을 위해 피해자의 나이도 확인해야 합니다.

빌딩 안에 있는 상가 화장실에서 용변을 보고 있는데 누군가가 옆 용변 칸 쪽에서 칸막이 밑으로 손을 뻗어 제 엉덩이를 움켜쥐듯 만졌습니다. 어떠한 범죄로 처벌할 수 있나요?

[성폭력처벌법]

제12조(성적 목적을 위한 다중이용장소 침입행위) 자기의 성적 욕망을 만족시킬 목적으로 화장실, 목욕장·목욕실 또는 발한실(發汗室), 모유수유시설, 탈의실 등 불특정 다수가 이용하는 다중이용장소에 침입하거나 같은 장소에서 퇴거의 요구를 받고 응하지 아니하는 사람은 1년 이하의 징역 또는 1천만 원 이하의 벌금에 처한다.

성적목적다중이용장소침입죄의 구성요건은 "사람"이 "자기의 성적 욕망을 만족시킬 목적"으로 "화장실, 목욕장·목욕실 또는 발한실(發汗室), 모유수유시설, 탈의실 등 불특정 다수가 이용하는 다중이용장소"에 "침입"하거나 "퇴거의 요구를 받고 응하지 아니함"이다.

주체와 객체는 제한이 없기 때문에 특별히 설명할 것이 없다. 그 외의 구성요건 및 주거침입죄와의 관계에 대해 살펴보자.

(1) 자기의 성적 욕망을 만족시킬 목적

법원은 성폭력처벌법상 통신매체이용음란죄의 구성요건인 '성적 욕망'에는 성행위나 성관계를 직접적인 목적이나 전제로 하는 욕망뿐만 아니라, 상대방을 성적으로 비하하거나 조롱하는 등 상대방에게 성적 수치심을 줌으로써 자신의 심리적 만족을 얻고자 하는 욕망도 포함된다고 한다(2018도9775). 성적목적공공장소침입죄에서의 '성적 욕망'도 위와 달리 해석할 이유는 없다고 생각되므로, 자기의 성적 욕망을 만족시킬 목적이란 '가해자가 성행위나 성관계를 직접적인 목적이나 전제로 하는 욕망을 만족시킬 목적 또는 간접적으로 성적인 심리적 만족을 얻고자 하는 목적'이라 하겠다. 이와 관련된 대법원의 판례를 찾을 수는 없었지만 하급심에서는 화장실에서 용변을 보는 모습을 훔쳐보기 위해 화장실에 침입한 경우(울산지방법원 2014고단 3506 등 다수 하급심), 찜질방의 여성 탈의실에서 피해자의 나체를 보기위해 탈의실에 침입한 경우(대전지방법원 2014고단 2723) 등에서 자기의 성적 욕망을 만족시킬 목적이 인정되었다.

(2) 화장실, 목욕장·목욕실 또는 발한실(發汗室), 모유수유시설, 탈의실 등 불특정 다수가 이용하는 다중이용장소

사적 공간을 제외하고 불특정 다수가 이용하는 장소라면 다중이용장소에 해당한다(시행 2017.12.12. 법률 제1515호, 2017.12.12. 일부개정 이유). 2017년 12월 11일 이전에는 성폭력처벌법 제12조 조문에 "공중화장실 등에 관한 법률에 따른 공중화장실, 공중위생관리법에 따른 목욕장" 등으로 되어 있어 이 죄가 성립하는 장소는 법률에 규정된 장소로 제한적이었다. 따라서 이러한 장소에 해당하지 않는 음식점의 화장실에 침입하여 피해자가 용변을 보는 모습을 엿본 가해자에 대해 무죄를 판결한 예(광주지방법원 2013고단6387 등)가 있었다. 하지만 이러한 판례는 현행법하에서 더 이상 유지될 수 없다.

(3) 침입, 퇴거의 요구를 받고 응하지 아니함

이에 대한 정의나 판례를 찾을 수 없어 이 죄와 유사한 형법상 주거침입죄에 비추어 해석해 보고자 한다. 침입이란 다중이용장소에 들어가는 행위를 말한다. 주거침입죄에서는 반드시 행위자의 신체 전부가 주거 안으로 들어가야 하는 것은 아니고, 신체의 일부만 들어가더라도 거주자가 누리는 사실상 주거의 평온을 해할 수 있는 정도에 이르렀다면 침입에 해당한다고 한다(94도2561). 이 죄에서도 침입의 의미를 달리 볼 필요는 없다고 생각된다.

퇴거의 요구를 받고 응하지 아니함은 다중이용장소에 들어간 자가 퇴거의 요구를 받고 그 장소에서 퇴거하지 아니하는 것을 말한다. 그런데 성적목적으로 다중이용장소에 들어간 자라면 이미 성적목적다중이용장소침입죄가 성립할 것이고, 침입죄가 성립하면 퇴거의 요구를 받고 퇴거하지 않는다고 하더라도 퇴거불응죄가 따로 성립한다고 보기는 어려울 것이다. 형법상 주거침입죄의 경우 거주자 등의 허락을 받고 들어간 사람이 퇴거를 요구받았음에도 불응할 경우에만 퇴거불응죄가 성립하는데(91도1324), 성적 목적을 가진 가해자에게 다중이용장소 출입을 허락할 수 있는 권리나 권한을 가진 사람은 존재하지 않는다. 따라서 성적목적다중이용장소퇴거불응죄가 성립하려면 성적목적 없이 다중이용장소에 들어간 사람이 그 장소에 들어간 후 성적목적이 생기고, 다중이용장소를 이용하는 사람이나 관리하는 사람으로부터 퇴거를 요구받았음에도 이에 불응하는 경우라야 할 것인데, 그런 일이 현실적으로 발생할 수 있을까? 여튼, 성적목적다중이용장소침입죄가 성립하면 퇴거에 불응해도 따로 성적목적다중이용장소퇴거불응죄는 따로 성립하지 않는다고 생각한다.

(4) 관련 범죄

형법상 주거침입죄와 퇴거불응죄는 아래와 같다.

> **제319조(주거침입, 퇴거불응)** ① 사람의 주거, 관리하는 건조물, 선박이나 항공기 또는 점유하는 방실에 침입한 자는 3년 이하의 징역 또는 500만 원 이하의 벌금에 처한다.
> ② 전항의 장소에서 퇴거요구를 받고 응하지 아니한 자도 전항의 형과 같다.

이를 성적 목적다중이용장소침입죄 등과 비교하면 다음과 같은 차이가 있다.

〈표 27〉 주거침입죄와 성적목적다중이용장소침입죄의 비교

구분	목적	침입, 퇴거불응의 장소	법정형
주거침입죄, 퇴거불응죄	없음	사람의 주거, 관리하는 건조물 등, 점유하는 방실	3년 이하 징역 또는 500만 원 이하 벌금
성적목적, 다중이용장소 침입·퇴거불응죄	자기의 성적 욕망을 만족시킬 목적	다중이용장소	1년 이하 징역 또는 1천만 원 이하 벌금

양자를 비교해 보면 구성요건에 있어서는 목적과 침입 및 퇴거불응의 장소에서만 차이가 나는 것을 알 수 있다. 먼저 목적을 보면 형법상 주거침입죄나 퇴거불응죄는 목적이 없어도 성립하기 때문에 성적목적다중이용장소침입죄에 비해 성립이 용이하다.

다음으로 침입 및 퇴거불응의 장소는 서로 다르지만, 실제로 다중이용장소가 관리하는 건조물이나 점유하는 방실에 해당하지 않는 경우가 얼마나 있을지 의문이다. 관리는 함부로 타인이 침입하는 것을 방지하기 위해 어떠한 조치를 취해 두는 것이고, 건조물은 벽과 기둥 지붕 등으로 구성된 구조물로 사람이 출입할 수 있는 장소를 말하는데(2005도5351), 대부분의 다중이용장소는 사용이 가능한 시간이 정해져 있고 그 시간 외에는 관리자가 문을 잠궈두는 등 관리를 하기 때문에 관리하는 건조물에 해당할 것이다. 사용시간이 제한되어 있으나 사용시간 중인 경우 또는 사용시간이 제한되지 않는 경우는 어떨까? 법원은 주거침입죄의 성립을 매우 널리 인정하고 있는데, 그 예로 일반인의 출입이 허용된 음식점이라도 범죄를 목적으로 출입하였다면 영업주의 명시적 또는 추정적 의사에 반하였다 하여 주거침입죄의 성립을 인정하였고(95도2674) 평소에 타인의 주거에 출입이 허용된 자라 하더라도 절도나 강도의 목적으로 들어갔다면 주거침입죄의 성립을 인정하였다(75도2665). 다중이용장소라 해도 관리자는 있기 마련이고 성적 목적을 만족시키기 위해 출입하는 경우 중 범죄를 목적으로 하지 않는 경우는 생각하기 어려우므로 이러한 출입은 관리자의 의사에 반한 것으로 주거침입죄가 성립할 수 있다. 또한 빌딩 내에 있는 화장실처럼 관리자 있는 건조물 내에 다중이용장소가 설치된 경우라면 성적 목적으로 그 건조물에 들어오는 행위 자체가 주거침입죄에 해당할 수 있다. 게다가 법원은 피해자가 사용중인 공중 여자 화장실 용변칸(2003도1256), 건물의 엘리베이터, 공용계단, 복도(2009도4335)도 주거에 해당하여 주거침입죄가 성립한다고 하였다. 이렇듯 사용시간 내 또는 사용시간이 제한되어 있지 않은 경우라고 해도 성적목적으로 다중이용장소에 침입하면 성적목적다중이용장소침입죄는 물론 대부분의 경우 주거침입죄도 성립할 수 있다.

여기에서 놓치지 말아야 할 것은 주거침입죄의 법정형(3년 이하 징역, 500만 원 이하 벌금)이 성적목적다중이용장소침입죄의 법정형(1년 이하 징역, 1천만 원 이하 벌금) 보다 훨씬 높다는 것이다. 따라서 주거침입죄가 성립한다면 주거침입죄를 적용해야 하고 성적목적다중이용장소침입죄를 적용해서는 아니 된다. 그렇다면 이 죄는 왜 만들었을까? 아마도 입법자들은 주거침입죄가 성립하지 않는 경우에도 가해자를 처벌할 수 있도록 이 죄를 입법하면서도 다중이용장소라는 공적 공간에 대한 침해를, 사적 공간에 대한 침해보다는 작은 것으로 보고 이 죄의 법정형을 주거침입죄의 법정형보다 낮게 규정한 게 아닌가 한다. 하지만 다중이용장소는 이성 간의 사용이 구분되어 있는 화장실이나 탈의실 등으로 그러한 장소에 대한 침입은 사적인 공간에 대한 침입에 비해 결코 불법의 정도가 작지 않고, 주거침입죄와 달리 이 죄는 자기의 성적 만족의 목적을 구성요건으로 하고 있기 때문에 그 법정형은 주거침입죄의 법정형과 같거나 더 높도록 개정되어야 할 것이다. 어찌됐든 실무가는 주거침입죄의 적용가능성을 반드시 우선 검토하기 바란다.

> **Ⓐ** ○ 화장실에 숨어 있었던 행위에 대해
>
> 가해자는 화장실 용변칸에 들어와 숨어있었는데, 화장실은 다중이용장소이고, 가해자는 결국 피해자에게 강제추행을 하였으니 자기의 성적 욕망을 만족시킬 목적이 인정됩니다. 따라서 성적목적 다중이용장소침입죄가 성립합니다. 그리고 화장실 용변칸이 설치되어 있는 빌딩에 범죄를 목적으로 들어 왔으므로 빌딩에 들어온 순간 주거침입죄의 성립도 가능하다 생각됩니다.
>
> ○ 피해자가 사용하고 있는 화장실 용변칸에 손을 넣어 엉덩이를 만진 행위에 대해
>
> 피해자가 용변칸을 사용하고 있었기 때문에 용변칸에 대한 주거침입죄가 성립합니다. 게다가 갑자기 피해자의 엉덩이를 움켜쥐듯 만졌기 때문에 기습형 강제추행죄도 성립합니다. 주거침입을 한 자가 강제추행을 했기 때문에 성폭력처벌법상 주거침입강제추행죄가 성립합니다.
>
> ○ 양자는 실행의 착수시기, 보호법익 등을 달리 하기 때문에 실체적 경합관계로 보입니다.
>
> ※ 이와 동일한 사안에서 검사가 화장실에 들어간 행위에 대해서는 성적목적공공장소침입죄로, 용변칸에 손을 넣어 엉덩이를 움켜쥔 행위에 대해서는 성폭력처벌법상 주거침입강제추행죄로 공

소를 제기하였다가, 전자에 대해 주거침입죄로 공소장변경을 신청하였고, 법원이 이를 받아들여 주거침입죄와 성폭력처벌법상 주거침입강제추행죄 모두 유죄로 인정한 예가 있다(서울고등법원 2015노3433). 위에서 살펴봤듯 당시에는 성폭력처벌법 조문에 공공장소로 되어있었고, 공중화장실이 이에 포함되지 않으므로 주거침입죄로 공소장을 변경한 것으로 보이는데, 현행법에 따르면 이는 성적목적다중이용장소침입죄가 성립할 수 있다. 하지만 주거침입죄의 법정형이 성적목적다중이용장소침입죄의 법정형보다 높으니, 지금 이런 범죄가 발생한다해도 주거침입죄를 적용하여야 한다.

> **Q** 한동안 사귀다가 헤어진 전 남자친구와 성관계를 한 번 했는데, 성
> 관계 후에 그 인간이 저에게 "주말에 산부인과에 가서 성기부분을 수술하
> 라"고 말했습니다. 저는 너무 자존심이 상하고 황당하며 짜증도 나서 "나
> 는 당신보다 성기가 큰 사람과도 1년 6개월을 살았다"고 했습니다. 그날
> 로 그 인간과 헤어졌는데, 헤어진 후 두 달 동안 거의 매일 저에게 "너의
> 성기가 까맣고 더러워 어떤 남자도 성관계를 원치 않을 것이다.", "산부인
> 과에 가서 성기 수술을 하라", "성기가 매력이 없다"는 더러운 내용으로
> 휴대전화 문자를 보내옵니다. 처벌할 수 있나요?

[성폭력처벌법]

제13조(통신매체를 이용한 음란행위) 자기 또는 다른 사람의 성적 욕망을 유발하거나 만족시
킬 목적으로 전화, 우편, 컴퓨터, 그 밖의 통신매체를 통하여 성적 수치심이나 혐오감을 일
으키는 말, 음향, 글, 그림, 영상 또는 물건을 상대방에게 도달하게 한 사람은 2년 이하의 징
역 또는 2천만 원 이하의 벌금에 처한다.

통신매체이용음란죄의 구성요건은 "사람"이 "자기 또는 다른 사람의 성적 욕
망을 유발하거나 만족시킬 목적"으로 "전화, 우편, 컴퓨터, 그 밖의 통신매체를 통
하여" "성적 수치심이나 혐오감을 일으키는 말, 음향, 글, 그림, 영상 또는 물건"을
"상대방에게 도달"하게 함이다. 주체와 객체에는 제한이 없기 때문에 특별히 설명
할 것이 없다. 그 외의 구성요건 및 정보통신망이용촉진 및 정보보호 등에 관한 법
률상 음란물유포죄 등과의 관계에 대해 살펴보자.

(1) 자기 또는 다른 사람의 성적 욕망을 유발하거나 만족시킬 목적

다른 사람의 성적욕망까지 포함되었다는 점 외에는 Topic 17 성적목적다중이용장소침입죄에서 설명한 내용과 동일하다. 성적욕망을 적극적으로 증진시키려는 목적뿐만 아니라 성적 자존심을 회복하기 위한 목적도 성적 욕망을 유발하거나 만족시킬 목적에 해당한다는 점에 대해 다시 한번 유의하기 바란다(2018도9775).

(2) 전화, 우편, 컴퓨터, 그 밖의 통신매체를 통하여

통신매체는 정보를 전달하는 매체로서 유선 통신매체와 무선 통신매체가 있다. 전화나 컴퓨터는 통신매체의 예시이고, 라디오나 TV도 가능하다고 생각된다. 우편은 다른 예시 및 통신매체와의 관계를 볼 때 우체국을 통한 경우를 의미하는 것으로 제한해야 한다고 생각한다. 법원도 편지를 주거지 출입문에 끼워 넣어 직접 전달한 행위는 통신매체를 통한 것이 아니라고 하였다(2015도17847).

(3) 성적 수치심이나 혐오감을 일으키는 말, 음향, 글, 그림, 영상 또는 물건

"성적 수치심이나 혐오감을 일으키는"의 의미에 대해 법원은 "피해자에게 단순히 부끄러움이나 불쾌감을 넘어 인격적 존재로서의 수치심이나 모욕감을 느끼게 하거나 싫어하고 미워하는 감정을 느끼게 하는 것으로서 사회평균인의 성적 도의관념에 반하는 것"으로 "일반적이고 평균적인 사람들을 기준으로 판단함이 타당하고, 특히 성적 수치심의 경우 피해자와 같은 성별과 연령대의 일반적이고 평균적인 사람들을 기준으로 하여" 판단하여야 한다고 하면서 "유부녀인 피해자와 성관계를 하면서 찍은 피해자의 나체 사진 2장"은 성적 수치심이나 혐오감을 일으키는 그림에 해당한다고 하였다(2016도21389).

말, 음향, 글, 그림, 영상 또는 물건의 의미는 명확하여 딱히 설명할 것이 없다.

(4) 상대방에게 도달

법원은 성적 수치심이나 혐오감을 일으키는 말 등을 상대방에게 도달시키는 것은 물론 상대방이 이를 실제로 인식할 수 있는 상태에 두기만 하면 상대방에게 도달한 것이라면서, 성적 수치심을 일으키는 그림이 담겨 있는 웹페이지의 인터넷 링크를 보낸 행위를 상대방에게 도달하게 한 것이라 하였다(2016도21389).

(5) 관련 범죄 1

정보통신망이용촉진 및 정보보호 등에 관한 법률상 음란물유포죄 등은 아래와 같다.

> **[정보통신망이용촉진 및 정보보호 등에 관한 법률]**
>
> **제74조(벌칙)** ① 다음 각 호의 어느 하나에 해당하는 자는 1년 이하의 징역 또는 1천만 원 이하의 벌금에 처한다.
>
> 2. 제44조의7 제1항 제1호를 위반하여 음란한 부호 · 문언 · 음향 · 화상 또는 영상을 배포 · 판매 · 임대하거나 공공연하게 전시한 자
>
> 3. 제44조의7 제1항 제3호를 위반하여 공포심이나 불안감을 유발하는 부호 · 문언 · 음향 · 화상 또는 영상을 반복적으로 상대방에게 도달하게 한 자
>
> **제44조의7(불법정보의 유통금지 등)** ① 누구든지 정보통신망을 통하여 다음 각 호의 어느 하나에 해당하는 정보를 유통하여서는 아니 된다.
>
> 1. 음란한 부호 · 문언 · 음향 · 화상 또는 영상을 배포 · 판매 · 임대하거나 공공연하게 전시하는 내용의 정보
>
> 3. 공포심이나 불안감을 유발하는 부호 · 문언 · 음향 · 화상 또는 영상을 반복적으로 상대방에게 도달하도록 하는 내용의 정보
>
> **제2조(정의)** ① 이 법에서 사용하는 용어의 뜻은 다음과 같다.
>
> 1. "정보통신망"이란 「전기통신사업법」 제2조 제2호에 따른 전기통신설비를 이용하거나 전기통신설비와 컴퓨터 및 컴퓨터의 이용기술을 활용하여 정보를 수집 · 가공 · 저장 · 검색 · 송신 또는 수신하는 정보통신체제를 말한다.
>
> **[전기통신사업법]**
>
> **제2조(정의)** 이 법에서 사용하는 용어의 뜻은 다음과 같다.
>
> 1. "전기통신"이란 유선 · 무선 · 광선 또는 그 밖의 전자적 방식으로 부호 · 문언 · 음향 또는 영상을 송신하거나 수신하는 것을 말한다.
>
> 2. "전기통신설비"란 전기통신을 하기 위한 기계 · 기구 · 선로 또는 그 밖에 전기통신에 필요한 설비를 말한다.

정보통신망법 제74조 제1항 제3호의 공포심 또는 불안감을 유발하는 부호 등을 상대방에게 반복적으로 도달하게 한 행위에 대해서는 죄명이 따로 없으므로 음란물유포죄와 구별 등 편의를 위해 '제3호위반죄'로 표기하겠다.

1) 목적

통신매체이용음란죄는 "자기 또는 타인의 성적욕망 유발"이라는 목적이 있고, 음란물유포죄와 제3호위반죄는 아무런 목적이 없다. 따라서 가해자에게 목적이 인정되지 않는다면 음란물유포죄와 제3호위반죄만 성립될 수 있다.

2) 정보전달 매개

통신매체이용음란죄는 우편이나 통신매체를 통해야 하고, 음란물유포죄와 제3호위반죄는 정보통신망을 통해야 한다. 정보통신망법과 전기통신사업법의 정의에 따르면 정보통신망이란 "유선·무선·광선 또는 그 밖의 전자적 방식으로 부호·문언·음향 또는 영상을 송신하거나 수신하기 위한 기계·기구·선로 또는 그 밖에 전기통신에 필요한 설비를 이용하거나 전기통신설비와 컴퓨터 및 컴퓨터의 이용기술을 활용하여 정보를 수집·가공·저장·검색·송신 또는 수신하는 정보통신체제"를 말한다. 이미 살펴본 통신매체와 정보통신망의 의미는 큰 차이가 없다고 생각한다. 따라서 우편을 통했다면 통신매체이용음란죄만 성립할 수 있고, 그 외의 경우에는 세 가지 범죄가 모두 성립할 수 있다.

3) 전달시킨 내용

법원은 음란이란 "사회통념상 일반 보통인의 성욕을 자극하여 성적 흥분을 유발하고 정상적인 성적 수치심을 해하여 성적 도의관념에 반하는 것"으로 "표현물을 전체적으로 관찰·평가해 볼 때 단순히 저속하다거나 문란한 느낌을 준다는 정도를 넘어서 존중·보호되어야 할 인격을 갖춘 존재인 사람의 존엄성과 가치를 심각하게 훼손·왜곡하였다고 평가할 수 있을 정도로 노골적인 방법에 의하여 성적 부위나 행위를 적나라하게 표현 또는 묘사한 것"이라고 하고, 판단기준은 "사회의 평균인의 입장에서 그 시대의 건전한 사회통념에 따라 객관적이고 규범적으로 평가"해야 한다고 하면서 여성의 성기, 자위행위, 불특정 다수와의 성매매를 포함한 성행위 등을 저속하고 노골적으로 표현 또는 묘사하거나 이를 암시하는 문언이 기재된 문자메시지는 음란한 문언에 해당한다고 하였다(2016도 8783).

이와 같은 음란의 의미와 판단기준은 앞에서 살펴본 성적 수치심이나 혐오감을 일으키는 것의 의미 및 판단기준과 큰 차이가 없어 보인다. 따라서 음란 또는 성적수치심이나 혐오감을 일으키는 내용에 해당한다면 통신매체이용음란죄나 음란물유포죄가 성립할 수 있고, 음란 등과 관련없이 공포심이나 불안감을 느끼게 하는 내용이라면 제3호위반죄가 성립할 수 있다.

4) 행위

통신매체용음란죄는 상대방에게 1회만 도달하게 해도 성립한다. 음란물유포죄는 배포·판매·임대하거나 공공연하게 전시해야 성립한다. 배포는 불특정 또는 다수인에게 무상으로 교부하는 것, 판매는 타인에게 돈을 받고 양도하는 것, 임대는 타인에게 돈을 받고 빌려주는 것, 공공연하게 전시는 그림이나 물건 등을 불특정 다수인이 인식할 수 있는 상태에 두는 것을 말한다. 따라서 상대방에게 1회만 도달시켰다면 후자는 성립할 수 없다.

한편, 제3호위반죄는 상대방에게 반복적으로 도달하게 하여야 성립한다. 법원은 3일간 236회에 걸쳐 '교제하고 싶다'거나 '교제를 허락하지 않으면 주변에 해를 끼치겠다'는 내용의 문자메시지를 보냈다면 피해자가 가해자의 휴대전화를 스팸 처리하여 실제로는 문자를 전혀 보지 못했다 하더라도 상대방에게 반복적으로 도달시킨 것에 해당한다고 하였다(2018도14610). 정확히 몇 회를 전달해야 반복적이라 할 수 있을지는 명확하지 않으나 1회만 도달하게 한 경우에는 제3호위반죄는 성립될 수 없음이 명백하다.

위와 같이 세 죄는 다소간의 차이가 있다. 이 중 통신매체이용음란죄의 법정형이 가장 높으므로 이를 우선적으로 검토해야 한다.

(6) 관련 범죄 2

2021년 9월 24일부터 시행되는 청소년성보호법에는 아래와 같은 새로운 입법이 이루어졌다.

제15조의2(아동·청소년에 대한 성착취 목적 대화 등) ① 19세 이상의 사람이 성적 착취를 목적으로 정보통신망을 통하여 아동·청소년에게 다음 각 호의 어느 하나에 해당하는 행위를 한 경우에는 3년 이하의 징역 또는 3천만 원 이하의 벌금에 처한다.
1. 성적 욕망이나 수치심 또는 혐오감을 유발할 수 있는 대화를 지속적 또는 반복적으로 하거나 그러한 대화에 지속적 또는 반복적으로 참여시키는 행위
2. 제2조제4호 각 목의 어느 하나에 해당하는 행위를 하도록 유인·권유하는 행위
② 19세 이상의 사람이 정보통신망을 통하여 16세 미만인 아동·청소년에게 제1항 각 호의 어느 하나에 해당하는 행위를 한 경우 제1항과 동일한 형으로 처벌한다.

　　따라서 앞으로는 가해자가 19세 이상인 경우, 성적 착취를 목적으로 아동청소년에게 정보통신망을 통해 성적 욕망이나 수치심 등을 유발하는 대화를 지속적 또는 반복적으로 하거나, 성적인 행위를 하도록 유인 또는 권유하면 처벌할 수 있다. 피해자가 16세 미만인 경우에는 성적 착취의 목적이 없어도 가해자를 처벌할 수 있다.

　　이상에서 살펴본 것과 같이 성폭력처벌법상 통신매체이용음란죄, 정보통신망법상 음란물유포죄와 제3호 위반죄, 청소년성보호법상 성착취목적대화죄 등은 서로 유사한 내용을 구성요건으로 삼고 있는데, 이 중 청소년성보호법상 성착취목적대화죄 등의 법정형이 가장 높으므로 이를 우선적으로 검토해야 한다. 아래 〈표 28〉은 위 네 가지 범죄들을 비교 정리한 것이다.

〈표 28〉　통신매체이용음란죄, 음란물유포죄, 제3호위반죄, 성착취목적대화죄 비교

	목적	정보전달 매개	전달시킨 내용	행위	법정형
통신매체이용 음란죄	자기 또는 타인 성적욕망 유발	우편 통신매체	성적 수치심·혐오감 일으키는 말 등	상대방에게 도달	3년 이하 징역, 500만 원 이하 벌금
음란물유포죄	없음	정보통신망	음란한 부호 등	배포 등	1년 이하 징역, 1000만 원 이하 벌금
제3호위반죄	없음	정보통신망	공포심·불안감 유도하는 부호 등	상대방에게 반복적 도달	1년 이하 징역, 1000만 원 이하 벌금
성착취목적 대화죄 등※	• 만 16세 이상–연 19세 미만 피해자: 성적착취 • 만16세 미만 피해자 : 없음	정보통신망	• 성적욕망, 수치심, 혐오감을 유발 할 수 있는 대화 • 성적인 행위를 하도록 유인·권유	지속적·반복적 대화, 유인, 권유	3년 이하 징역, 3,000만 원 이하 벌금

※1. 가해자가 19세 이상인 경우에만 성립

A 가해자는 통신매체이용음란죄로 처벌될 수 있습니다. 다른 남자와 성적으로 비교당하여 열등한 취급을 받았다는 분노감을 표출하고 손상된 성적 자존심을 회복하고자 하는 목적이 있고, 통신매체를 이용해 피해자에게 성적 수치심을 일으키는 글을 도달하게 했기 때문입니다.

제 딸(만 24세)이 남자친구와 알몸으로 휴대전화로 영상통화를 하였는데, 남자친구가 딸 몰래 자신의 휴대전화에 설치된 영상통화 실시간 캡처 프로그램을 이용하여 영상통화 내용을 캡처하여 저장했습니다. 이후 제 딸이 남자친구와 헤어지려 하자 남자친구는 캡처한 영상을 자신의 휴대폰으로 보여 주면서 인터넷에 올려 버리겠다고 협박하고 있습니다. 처벌할 수 있나요?

소위 'n번방' 사건 이후 카메라 등을 이용하여 성적 욕망이나 수치심을 유발할수 있는 사람의 신체를 촬영한 촬영물 및 일명 '딥페이크-포르노'라 불리는 허위 영상물과 관련된 다양한 입법이 이루어졌다. 촬영물 및 허위 영상물(이하 '촬영물 등')과 관련된 범죄를 크게 나누어 보면, 촬영물 등을 만들어 내는 행위, 만들어진 촬영물등을 다른 사람에게 보내는 행위, 촬영물 등을 가지고 있거나 시청하는 행위, 촬영물을 이용하여 협박하거나 강요하는 행위로 나뉘어진다.

그런데 허위 영상물과 관련된 범죄는 최근 입법되어 아직 판례가 형성되지 않았고, 촬영물에 대한 범죄유형과 유사하게 입법되어 있다. 따라서 먼저 촬영물과 관련된 위 4가지 유형의 범죄를 살펴보고, 허위 영상물과 관련된 범죄에 대해서는 촬영물 관련 범죄와의 차이점을 검토하겠다. 편의상 촬영물과 관련된 4가지 유형의 범죄에 대해서는 Topic 20-1 촬영죄, Topic 20-2 반포등 죄, Topic 20-3 소지등죄, Topic 20-4 협박등 죄로 표기하겠다.

한편, 촬영대상자인 피해자가 연 19세 미만인 사람이라면 바로 다음 Topic인 청소년성보호법상 아동·청소년 성착취물 관련 범죄와의 관계를 늘 염두에 두어야 한다. 카메라등이용촬영은 기본적으로 촬영대상자의 의사에 반한 촬영물의 생성이나 반포 등을 처벌하고 있다. 이에 비해 아동·청소년 성착취물 관련 범죄는 그러한 표현물의 생성에 대해 그 대상인 아동·청소년의 동의가 있었는지 여부를 따지지 않는다. 따라서 아동·청소년 이용 음란물 관련 범죄는 카메라등이용촬영죄 및 반포등죄에 비해 쉽게 성립된다. 게다가 아래와 같이 청소년성보호법상 아동·청소년이용음란물 관련 범죄가 성폭력처벌법상 카메라등이용촬영죄에 비해 법정형이 크게 높다.

〈표 29〉 카메라 등 이용촬영죄와 아동·청소년이용음란물 관련 범죄 법정형 비교

	촬영/제작	반포 등	영리목적 반포 등	소지
촬영물 관련 범죄	7년 이하 징역 또는 5천만 원 이하 벌금	7년 이하 징역 또는 5천만 원 이하 벌금	3년 이상 징역	처벌규정 없음
아동·청소년이용 음란물 관련 범죄	무기징역 또는 5년 이상 징역	3년 이상 징역	5년 이상 징역	1년 이상 징역

따라서 피해자의 나이를 잘 따져보아 연 19세 미만이라면 아동·청소년 성착취물 관련 범죄를 적용해야 한다.

> **[성폭력처벌법]**
>
> **제14조(카메라 등을 이용한 촬영)** ① 카메라나 그 밖에 이와 유사한 기능을 갖춘 기계장치를 이용하여 성적 욕망 또는 수치심을 유발할 수 있는 사람의 신체를 촬영대상자의 의사에 반하여 촬영한 자는 7년 이하의 징역 또는 5천만 원 이하의 벌금에 처한다.
> ⑤ 상습으로 제1항부터 제3항까지의 죄를 범한 때에는 그 죄에 정한 형의 2분의 1까지 가중한다.
>
> **제15조(미수범)** 제3조부터 제9조까지, 제14조, 제14조의2 및 제14조의3의 미수범은 처벌한다.

촬영죄의 구성요건은 "사람"이 "카메라나 그 밖에 이와 유사한 기능을 갖춘 기계장치를 이용"하여 "성적 욕망 또는 수치심을 유발할 수 있는 사람의 신체"를 "촬영대상자의 의사에 반하여" "촬영"이다.

주체와 객체에 제한이 없고, '촬영'이란 카메라나 그 밖에 이와 유사한 기능을 갖춘 기계장치 속에 들어 있는 필름이나 저장장치에 피사체에 대한 영상정보를 입력하는 행위로(2010도10677) 특별히 설명할 것이 없다. 그 외의 구성요건 및 실행의 착수시기에 대해 살펴보자.

(1) 카메라나 그 밖에 이와 유사한 기능을 갖춘 기계장치를 이용

카메라처럼 사람, 사물, 풍경 따위를 사진이나 영상으로 찍을 수 있는 모든 기계장치를 이용해서 촬영해야 한다. 최근에는 촬영전용 카메라보다 휴대전화의 촬영기능을 이용하는 경우가 많다.

(2) 성적 욕망 또는 수치심을 유발할 수 있는 사람의 신체

"성적 욕망 또는 수치심을 유발한다"의 의미는 이미 충분히 살펴보았다. 여기에서는 사람의 신체와 관련한 몇 가지 유의점을 짚어보자.

먼저, 성적 욕망 또는 수치심을 유발할 수 있는 신체부위는 어디인가? 법원은 피해자와 같은 성별, 연령대의 일반적이고 평균적 사람들의 입장에서 고려하고, 피해자의 옷차림, 노출의 정도, 촬영자의 의도와 촬영에 이르게 된 경위, 촬영장소와 각도 및 거리, 촬영된 원판의 이미지, 특정 신체부위의 부각 여부를 종합적으로 고려하여 결정해야 한다고 한다면서 야간에 버스 안에서 휴대폰 카메라로 옆 좌석에 앉은 여성(18세)의 치마 밑으로 드러난 허벅다리 부분을 촬영한 경우(2008도7007) 성적 욕망 또는 수치심을 유발하는 신체부위로 인정하였다. 피해자의 등 부위를 3회에 걸쳐 촬영한 경우(2013도8619), 화장실에서 재래식 변기를 이용하는 여성들의 용변 보기 진전과 직후의 무릎아래 맨다리 부분을 촬영한 경우(2014도6309), 버스 안에서 레깅스 바지를 입고 있는 피해자의 엉덩이 부분을 촬영한 경우(2019도16258)도 마찬가지다.

조금 더 구체적으로 법원의 판단기준을 살펴보자. 아래는 국민참여재판으로 진행된 한 하급심의 판례(서울중앙지방법원 2013고합1438) 중 일부이다. 법원은 엉덩이, 허벅지, 가슴 등이 특히 부각되거나 옷 안쪽이 찍힌 경우에는 성적 욕망 또는 수치심을 유발하는 신체부위로 인정하였다. 하지만 공개된 장소에서 자연스럽게 볼 수 있는 젊은 여성의 모습에 가깝고 특별한 각도나 특수한 방법이 아닌 사람의 시야에 통상적으로 비춰지는 부분을 그대로 촬영한 것으로 특별히 엉덩이나 허벅지 부분을 부각시켜 촬영하지 않은 경우, 비교적 먼 거리에서 촬영하고 엉덩이나 허벅지를 부각하지 않은 경우, 상체 일부만 촬영된 경우, 피해자가 메고 있는 가방에 의해 엉덩이의 대부분이 가려진 경우에는 그러한 신체부위가 아니라고 하였다.

순번	일시	장소	피해자 (인상착의)	피해 당시의 상황 및 촬영부위	전시 여부	사진 번호	배심원 평결 (배심원 7인)	이 법원의 판단
1	2013. 6. 7. 오후 시간불상경	지하철역 안 에스컬레이터	황토색 반바지, 목발을 짚고, 왼무릎 보호대	보행 중/ 전체적인 뒷모습	○	3	유죄 1 무죄 6	주문 무죄
2	2013. 6. 28. 오후 시간불상경	3호선 양재역 안 계단	파란색 반바지	보행 중/ 전체적인 뒷모습	○	6	무죄 7	주문 무죄
3	2013. 6. 28. 오후 시간불상경	전동차 안	살구색 원피스, 샌들	서있음/ 전체적인 앞모습	○	7	무죄 7	주문 무죄
4	2013. 7. 22. 오후 시간불상경	강남역 11번 출구 인근 노상	검은색 블라우스, 회색 줄무늬 치마, 갈색 가방	보행 중/ 전체적인 뒷모습과 엉덩이, 다리 등	○	15 16~22 23 24, 25 26	무죄 7 각 유죄 7 무죄 7 각 유죄 7 무죄 7	사진 번호 16~22, 24, 25번 촬영 유죄, 15, 23, 26번 촬영 부 분 이유 무죄
5	2013. 7. 22. 오후 시간불상경	3호선 도곡역 안 승강장	파란색 꽃무늬 원피스, 소라색 가방, 슬리퍼	서있음/ 전체적인 뒷모습과 다리	○	28 29	무죄 7 유죄 4 무죄 3	주문 무죄
6	2013. 7. 22. 오후 시간불상경	전동차 안	검은색 줄무늬 면티, 검은색 반바지, 슬리퍼	서있음/다리	○	30	무죄 7	주문 무죄
7	2013. 7. 22. 오후 시간불상경	7호선 고속터미널역 안 승강장	파란색 면티, 흰색 반바지, 운동화	서있음/ 전체적인 뒷모습	○	31, 32	각 유죄 2 무죄 5	주문 무죄
8	2013. 7. 29. 오후 시간불상경	3호선 전동차 안	회색 면티, 흰색 반바지, 흰색 가장	앉아있음/ 전체적인 옆모습	○	35	유죄 2 무죄 5	주문 무죄
9	2013. 8. 5. 오후 시간불상경	신분당선 강남역 승강장	검은색 블라우스, 파란색 반바지, 흰색 가방	서있음/ 전체적인 뒷모습	○	38, 39 40	각 유죄 6 무죄 1 유죄 2 무죄 5	38, 39번 촬영 유죄, 40번 촬영 부분 이유 무죄

다음으로 문언의 의미상 사람의 신체에는 신체 자체만 해당하고, 영상통화나 화상채팅 또는 동영상 파일 등을 재생하면서 화면에 나온 사람의 신체 이미지는 사람의 신체에 해당하지 않는다. 법원도 피해자와 인터넷 화상채팅 등을 하면서 카메라 기능이 내재된 가해자의 휴대전화를 이용하여 피해자의 유방, 음부 등 신체부위를 피해자의 의사에 반하여 촬영한 경우(2013도4279), 성관계 동영상파일을 컴퓨터로 재생한 후 모니터에 나타난 영상을 휴대전화 카메라로 촬영한 경우(2017도3443)는 사람의 신체에 해당하지 않는다고 하였다. 현행법상 이러한 해석은 어쩔 수 없을 것이다. 조문에 촬영의 대상이 "사람의 신체"로 제한되어 있고, 법원은 문언의 의미를 넘어서는 해석을 할 수 없기 때문이다. 하지만 피해자의 입장에서 성적 욕망 또는 수치심을 유발할 수 있는 사람의 신체를 피해자의 의사에 반하여 직접 촬영하는

행위와 그 촬영물을 피해자 몰래 다시 촬영하는 행위에 어떠한 차이가 있을까? 피해자에 대한 법익침해라는 관점에서 양자는 딱히 큰 차이가 아닐 것이다. 이와 같은 문제점은 가해자가 그러한 영상을 반포 등을 했을 때 더욱 커진다. 신체를 촬영한 촬영물이든 촬영물을 찍은 영상이든, 반포 등이 되었을 때 피해자가 입는 피해에는 아무런 차이가 없다. 이러한 문제점에 대한 다양한 입법적 고려가 필요하다.

(3) 촬영대상자의 의사에 반하여

이에는 촬영대상자의 명시적인 의사에 반하는 것은 물론 묵시적인 의사나 몰래 카메라처럼 촬영되는 사실을 전혀 몰랐던 경우도 포함한다.

(4) 실행의 착수시기 및 기수시기

일반적으로 가해자가 카메라등을 이용하여 피해자의 신체를 촬영하는 과정은 피해자의 물색, 성적 욕망이나 수치심을 유발할 수 있는 피해자의 신체부위를 촬영하기 직전의 행위, 그러한 신체의 촬영 개시 및 종료의 순서로 이루어진다. 법원은 휴대전화를 피해자의 치마 밑으로 들이밀거나, 피해자가 용변을 보고 있는 화장실 칸 밑 공간 사이로 집어넣는 등 카메라 등 이용 촬영 범행에 밀접한 행위를 개시한 경우 실행의 착수를 인정하였고(2021도749), 촬영물이 정보저장매체에 저장되는 형식의 카메라 등을 이용한 경우, 촬영 후 일정한 시간이 경과하여 촬영물의 영상정보가 기계장치 내 주기억장치 등에 입력되면 즉시 기수에 이르는 것으로, 영구적으로 저장되지 않았다 미수에 그치지 않는다고 하였다(2010도10677).

[성폭력처벌법]

제14조(카메라 등을 이용한 촬영) ① 카메라나 그 밖에 이와 유사한 기능을 갖춘 기계장치를 이용하여 성적 욕망 또는 수치심을 유발할 수 있는 사람의 신체를 촬영대상자의 의사에 반하여 촬영한 자는 7년 이하의 징역 또는 5천만 원 이하의 벌금에 처한다.

② 제1항에 따른 촬영물 또는 복제물(복제물의 복제물을 포함한다. 이하 이 조에서 같다)을 반포 · 판매 · 임대 · 제공 또는 공공연하게 전시 · 상영(이하 "반포등"이라 한다)한 자 또는 제1항의 촬영이 촬영 당시에는 촬영대상자의 의사에 반하지 아니한 경우(자신의 신체를 직접 촬영한 경우를 포함한다)에도 사후에 그 촬영물 또는 복제물을 촬영대상자의 의사에 반하여 반포등을 한 자는 7년 이하의 징역 또는 5천만 원 이하의 벌금에 처한다.

③ 영리를 목적으로 촬영대상자의 의사에 반하여 「정보통신망 이용촉진 및 정보보호 등에 관한 법률」 제2조 제1항 제1호의 정보통신망(이하 "정보통신망"이라 한다)을 이용하여 제2항의 죄를 범한 자는 3년 이상의 유기징역에 처한다.

⑤ 상습으로 제1항부터 제3항까지의 죄를 범한 때에는 그 죄에 정한 형의 2분의 1까지 가중한다.

제15조(미수범) 제3조부터 제9조까지, 제14조, 제14조의2 및 제14조의3의 미수범은 처벌한다.

촬영물의 반포 등 죄는 성폭력처벌법 제14조 제2항에 규정되어 있는데, 촬영물이 촬영대상자의 의사에 반하였는지 여부에 따라 두 가지 종류로 나뉜다. 그리고 촬영대상자의 의사에 반하여 영리목적으로 정보통신망을 이용하여 반포 등을 하면 가중처벌 된다. 이를 정리하면 아래와 같다.

〈표 31〉 촬영물의반포등죄 비교

촬영 시 촬영대상자의 의사	반포 시 촬영대상자의 의사	영리목적 정보통신망 이용 반포 시 가중처벌 가능성
의사에 반함	무관함	반포가 촬영대상자 의사에 반한 경우만 가능
의사에 반하지 않음	의사에 반함	가중처벌 가능

이와 같이 반포 등 죄에는 ① 촬영시 촬영대상자의 의사에 반하였고, 반포 시에도 반한 경우, ② 촬영 시 촬영대상자의 의사에 반하였으나, 반포 시에는 반하지 않

은 경우, ③ 촬영 시 촬영대상자의 의사에 반하지 않았으나 반포 시 반한 경우의 3가지 범죄가 성립가능하고, 이중 ①과 ③은 영리목적으로 정보통신망을 이용하여 반포 등을 했을시 가중처벌이 가능하다. ②의 경우를 촬영죄 뿐만 아니라 반포 등의 죄로 처벌하는 것에는 의문이 있고, 법원은 이 같은 경우라면 반포 등 죄는 무죄판결을 할 가능성도 있을 것이다. 하지만, 촬영대상자의 의사에 반한 촬영물을 촬영대상자의 의사에 반하지 않고 반포 등을 하는 경우는 쉽게 생각하기 어렵다. 피해자가 이미 자포자기하여 허락을 해 주었다던지 하는 경우에는 ①의 경우로 보아야 하고, 가중처벌의 가능성도 따져 보아야 할 것이다.

위 두 가지 범죄 및 가중처벌규정은 다수의 동일한 내용을 구성요건으로 삼고 있으므로 함께 검토해보겠다. 구성요건은 "사람"이 "촬영대상자의 의사에 반한 촬영물 또는 복제물, 복제물의 복제물"을 "반포·판매·임대·제공 또는 공공연하게 전시·상영"하거나, "촬영 당시에는 촬영대상자의 의사에 반하지 아니한" 촬영물을 "촬영대상자의 의사에 반하여 반포 등"을 하는 것이다. 가중처벌의 구성요건은 "영리를 목적"으로 "정보통신망을 이용하여 반포 등"이다.

주체에 제한이 없으므로 촬영물을 촬영한 자와 동일인이 아니라도 무관하다(2016도6172). 촬영대상자의 의사에 반하거나 반하지 않는다는 의미는 Topic 20-1에서, 정보통신망의 정의는 Topic 19에서 이미 살펴보았다. 영리를 목적으로 한다는 의미는 특별한 설명이 필요하지 않다고 보인다. 여기에서는 "촬영물, 복제물, 복제물의 복제물"과 "반포·판매·임대·제공 또는 공공연하게 전시·상영"만을 보도록 하자.

(1) 촬영물, 복제물, 복제물의 복제물

촬영물이란 성적 욕망 또는 수치심을 유발할 수 있는 사람의 신체를 사진이나 영상으로 찍어 저장한 것이다. 저장 방식에는 필름이나 비디오테이프와 같은 아날로그 방식도 있으나, 오늘날에는 디지털 저장매체에 파일의 형식으로 저장되는 것이 일반적이다.

복제물은 일반적으로 원본과 동일한 또 다른 원본을 의미하는데, 2018년 12월 18일 시행된 성폭력처벌법의 개정이유를 보면 "유포의 객체에 사람의 신체를 촬영한 촬영물 외에 복제물(복제물의 복제물을 포함한다)을 추가"한다는 내용만이 있을 뿐 그 의미에 대해서는 밝히지 않고 있다. 아직 판례가 전혀 형성되어 있지 않아 조심스럽지만, 아날로그 방식은 원본과 동일한 원본을 다시 만드는 것이 불가능하기 때문에 복제물이 존재할 수 없다. 하지만 비디오테이프에 녹화된 촬영물을 다른 비디오테이프에 복사하거나 디지털로 복원하여 원본과 거의 동일한 수준의 동영상 파일로 만든다면 법원은 이를 복제물로 인정할 가능성이 높다고 생각한다. 디지털 방식으로 저장된 촬영물은 파일을 복사할 경우 새로 만든 파일은 원본과 동일하기 때문에 복제물로 인정된다. 나아가 디지털 파일은 몇 단계를 거쳐 복제하여도 원본과 모두 동일하므로 복제물의 복제물도 원본과 동일하다. Topic 20-1에서 언급했던 촬영물을 다시 찍은 영상은 복제물에도 속한다고 보기 어렵다. 원본이 재생되는 것을 카메라 등으로 찍은 영상은 원본과 동일한 것이라 할 수 없고, 따라서 복제라는 문언의 의미를 벗어나기 때문이다. 다음 개정시 "복제물"을 "복제물 또는 재생중인 촬영물을 촬영한 영상물"로 개정하는 것은 어떨까.

(2) 반포 · 판매 · 임대 · 제공 또는 공공연하게 전시 · 상영

반포는 불특정 또는 다수인에게 무상으로 교부하는 것으로, 계속적이고 반복적인 의사가 있을 시에는 1인 또는 소수에게 교부하는 것도 포함된다(2018도1481). 배포는 불특정 또는 다수인에게 무상으로 교부하는 것, 판매는 타인에게 돈을 받고 양도하는 것, 임대는 타인에게 돈을 받고 빌려주는 것을 말한다. 제공은 반포할 의사 없이 1인 또는 소수에게 무상으로 교부하는 것으로 촬영대상인 피해자는 1인 또는 소수에게 포함되지 않기 때문에 피해자에게만 촬영물을 보냈다면 제공에 해당하지 않는다(2018도1481). 공공연하게 전시나 상영은 촬영물의 내용을 불특정 다수인이 인식할 수 있는 상태에 두는 것을 말한다.

Topic 20-3. 소지등 죄

[성폭력처벌법]

제14조(카메라 등을 이용한 촬영) ① 카메라나 그 밖에 이와 유사한 기능을 갖춘 기계장치를 이용하여 성적 욕망 또는 수치심을 유발할 수 있는 사람의 신체를 촬영대상자의 의사에 반하여 촬영한 자는 7년 이하의 징역 또는 5천만 원 이하의 벌금에 처한다.

② 제1항에 따른 촬영물 또는 복제물(복제물의 복제물을 포함한다. 이하 이 조에서 같다)을 반포·판매·임대·제공 또는 공공연하게 전시·상영(이하 "반포등"이라 한다)한 자 또는 제1항의 촬영이 촬영 당시에는 촬영대상자의 의사에 반하지 아니한 경우(자신의 신체를 직접 촬영한 경우를 포함한다)에도 사후에 그 촬영물 또는 복제물을 촬영대상자의 의사에 반하여 반포등을 한 자는 7년 이하의 징역 또는 5천만 원 이하의 벌금에 처한다.

④ 제1항 또는 제2항의 촬영물 또는 복제물을 소지·구입·저장 또는 시청한 자는 3년 이하의 징역 또는 3천만 원 이하의 벌금에 처한다.

제15조(미수범) 제3조부터 제9조까지, 제14조, 제14조의2 및 제14조의3의 미수범은 처벌한다.

　

2020년 5월 19일 시행된 성폭력처벌법 제14조 제4항에 의해 카메라 등을 이용한 촬영물이나 복제물을 소지, 구입, 저장, 시청하면 형사처벌 된다. 과거 청소년성보호법은 아동청소년성착취물의 소지를 처벌하는 규정을 두고 있었으나, 성폭력처벌법상 촬영물에 대해서는 소지 등을 처벌하는 규정이 없었는데, 'n번방 사건'으로 사회적 관심이 증폭되자 촬영물에 대해서도 소지를 비롯하여 구입, 저장 및 시청에 대해 처벌할 근거를 마련한 것이다. 여기에서는 소지, 구입, 저장 및 시청의 의미가 문제되는데, 판례가 형성되어 있지 않으므로 문언의 의미를 중심으로 살펴보고자 한다.

소지란 일반적으로 대상물을 자신의 몸에 지니고 있는 것을 의미한다. 촬영물이나 복제물은 정보저장매체에 저장된 형태로 존재하는 것이 일반적이므로, 그러한 정보저장매체를 몸에 지니고 있다면 소지에 해당한다. 가해자가 촬영물이나 복제물을 클라우드 등에 저장하여 마치 몸에 직접 지니고 있는 것처럼 쉽게 접근할 수 있다면 소지라 할 수 있을까? 이와 관련하여 한 하급심은 아동청소년성착취물 파일을 다운로드 받은 행위가 "소지"에 해당하려면, 피고인이 해당 파일을 다운로드 받기 전에 그 파일이 아동·청소년성착취물임을 인식하여야 하고, 그와 달리 파일을 시청한 후에 비로소 그에 관한 인식이 생긴 경우라면, 단순히 1회적으로 보는 정도를 넘어 반복적인 시청·배포 등의 의도에 따라 이를 사실상 지배하는 행위가 있었다는 점에 대한 검사의 증명이 필요하다고 한 바 있다(서울북부지방법원 2013고단1213).

이처럼 소지라는 문언의 해석상 한계를 극복하고, 촬영물이나 복제물에 대한 다양한 접근행위를 처벌하기 위해 이번 입법시 구입이나 저장, 나아가 시청까지 처벌 할 수 있도록 하였다. 대가를 지불하고 파일 형태의 촬영물이나 복제물을 다운로드 받거나, 어디서든 그러한 파일을 재생할 수 있는 권리를 얻었다면 구입에 해당한다. 또한 자신이 소유한 정보저장매체에 다운로드 받은 경우라면 저장에도 해당한다. 나아가 촬영물이나 복제물을 구입하거나 저장하지 아니하였더라도 단 한번 본 것 만으로도 시청에 해당한다. 물론 이러한 행위를 한 사람은 해당 파일이 촬영물이나 복제물에 해당한다는 사실, 즉 피해자의 의사에 반하여 촬영되었거나 의사에 반하지 아니하였더라도 의사에 반하여 반포 등이 되었다는 사실을 알고 있어야 한다. 특히 시청과 관련하여 향후 이 부분에 대한 다툼, 즉 가해자가 해당 파일이 촬영물이나 복제물에 해당하는지 모르고 한 번 본 것일 뿐이라는 취지의 주장을 하는 경우가 있을 것으로 생각된다. 이러한 경우에는 촬영물이나 복제물 파일이 업로드 되어 있는 사이트의 성격, 가해자의 구입이나 저장 내역 및 시청 횟수 등을 통해 가해자가 처음부터 촬영물이나 복제물에 해당함을 알면서도 시청하였음을 증명하여야 할 것이다.

한편 소지 등의 행위에 대해서는 미수범을 처벌하도록 하였으므로, 촬영물이나 복제물의 저장버튼을 누르는 것과 같이 저장이나 재생의 실행 명령을 입력하였다면 인터넷 접속 등의 문제로 저장이나 재생이 되지 않았다해도 미수범으로 처벌할 수 있을 것이다.

Topic 20-4. 협박등 죄

2020년 5월 19일 시행된 성폭력처벌법은 촬영물이나 복제물을 빌미로 피해자에게 해악을 고지하거나, 피해자의 권리행사를 방해 또는 피해자에게 의무없는 일을 하게 하는 경우, 가해자를 형법상 협박죄(3년 이하 징역 또는 500만 원 이하 벌금, 구류, 과료)나 강요죄(5년 이하 징역 또는 3천만 원 이하 벌금) 보다 무겁게 처벌하는 가중처벌 규정을 두고 있다. 이 역시 'n번방 사건' 이후 입법된 것으로, 당시 가해자는 아르바이트 등을 명목으로 피해자들의 신체노출 사진을 확보한 후 이를 이용하여 점점 그 정도가 심한 성적 행위를 하도록 강요하고 그 촬영물을 확보하여 결국 입에 담을 수 없을 정도의 잔혹한 성적 학대를 하기에 이르렀다. 이렇듯 가해자가 촬영물이나 복제물을 손에 넣으면 이를 이용하여 피해자에게 점점 심각한 성적 학대행위를 하기 쉬운데, 이러한 행위를 매우 엄하게 처벌하여 근절하고자 입법한 것이다.

아직 판례가 형성되어 있지 않고, 특별히 설명을 요하는 구성요건도 없다고 생각되므로 입법 당시 예견치 못했던 것으로 보이는 실무상 다수의 문제점에 대해 다루어보고자 한다. 아래는 최근 필자가 실무자들에게 받은 몇몇 질문에 대해 답했던 내용이다.

> " 아동청소년성착취물을 이용하여 협박이나 강요한 경우에도
> 성폭력처벌법상 협박이나 강요죄에 해당하는가? "

성폭력처벌법 제14조의3은 같은 법 제14조 제1항에 해당하는 촬영물이나 복제물이라는 제한이 없으므로, 피해자의 동의하에 촬영된 것이라 할지라도 성적 욕망 또는 수치심을 유발할 수 있는 내용을 담고 있다면 제14조의3이 적용될 수 있다. 아동청소년성착취물은 성적 욕망 또는 수치심을 유발할 수 있는 촬영물에 해당하므로 그 제작에 있어서 피해자의 동의 여부에 불문하고, 이를 이용하여 피해자를 협박이나 강요하면 성폭력처벌상 협박죄나 강요죄가 성립한다.

> " 촬영물이나 복제물을 이용한 협박으로 강간이나 강제추행을
> 한 경우, 죄수관계는 어떻게 되는가? "

이 조항은 촬영물이나 복제물을 이용하여 더 가혹한 성적 학대를 하는 행위를 처벌하기 위해 입법한 것으로, 강간죄나 강제추행죄와의 관계에 대해서는 명확한 답을 하는 것은 매우 어려운 문제이다. 게다가 성폭력처벌법상 협박죄나 강요죄의 법정형이 매우 높기 때문에 일반적인 법리를 적용하기도 쉽지 않다. 비판의 여지가 크다는 사실을 인정하며, 실무자의 입장에서 저자의 견해를 간단히 정리하면 아래와 같다.

먼저 성폭력처벌법상 협박죄와 강요죄의 죄수관계를 살펴보면 아래와 같다. 법원은 협박죄를 위험범으로 보고 있으므로, 가해자가 촬영물 등을 이용하여 해악을 고지하였으나 피해자에게 도달되지 않거나 피해자가 그 의미를 전혀 인식하지 못한 경우에는 미수범이 성립하고, 피해자에게 도달되어 그 의미를 인식하였다면 기수범이 성립한다. 그런데 촬영물을 이용한 해악의 고지로서 대표적인 예는 '인터넷에 촬영물을 올린다, 다른 사람에게 유포한다'는 등으로 가해자가 단지 이러한 해악만을 고지하는 경우는 거의 없을 것이다. 가해자는 '이런 것을 해 주지 않으면 인터넷에 촬영물을 올린다'는 식으로 촬영물을 빌미로 피해자에게 무엇인가를 요구하는 것이 일반적일 것이다. 이렇게 가해자가 촬영물 등을 이용하여 피해자에게 해악을 고지하는 방법으로 피해자에게 무엇인가를 요구하면 그 즉시 강요죄의 미수에 해당하고 협박죄는 따로 성립하지 않는다. 이를 통해 권리행사를 방해하거나 의무

없는 일을 하게 하면 하게 하면 성폭력처벌법상 강요죄의 기수에 해당한다.

다음으로 형법상 협박죄와 강간죄 등, 강요죄와 강간죄 등의 죄수관계를 살펴보면 아래와 같다. 협박은 강간죄나 강제추행죄의 구성요건 일부를 이루므로 강간죄나 강제추행죄가 성립하면 따로 성립하지 않는다. 강요죄는 강간죄나 강제추행죄에 대해 법조경합의 관계에 있으므로 강간죄나 강제추행죄가 성립하면 강요죄는 따로 성립하지 않는다.

끝으로 성폭력처벌법상 협박죄와 강간죄 등의 관계에 대해, 가해자가 촬영물을 이용하여 간음이나 추행을 요구하는 것이라면 성폭력처벌법상 강요죄의 성립 여부가 문제되므로, 성폭력처벌법상 협박죄와 강간죄 등의 관계를 따로 살펴볼 필요는 없다. 다음으로 성폭력처벌법상 강요죄는 강간죄 등의 구성요건인 협박과 특별관계에 있는 특별한 유형의 협박을 구성요건으로 삼고 있는 바, 가해자는 하나의 행위에 의해 여러 개의 구성요건을 충족시켰고, 양 죄의 보호법익은 성적 자기결정권 등 전속적 법익에 해당하므로 성폭력처벌법상 강요죄와 강간죄 등은 상상적 경합관계에 있다고 생각된다.

> **"** 촬영물이나 복제물이 실제로는 존재하지 않는데, 마치 존재하는 것처럼 속여서 협박이나 강요하는 경우 어떠한 법률을 적용해야 하는가?**"**

조문에 "촬영물 또는 복제물을 이용하여"라고 하고 있으므로, 촬영물이 만들어진 적이 없다면 이를 이용한다는 것은 문언의 의미를 벗어난다. 따라서 성폭력처벌법상 협박죄나 강요죄는 성립하지 않고 형법상 협박죄나 강요죄가 성립한다. 하지만 가해자가 반드시 촬영물이나 복제물을 사실상 자신의 지배하에 두고 있을 것을 요하는 것으로 제한할 필요는 없을 것이다. 따라서 촬영물이나 복제물이 존재하고 있으나 가해자가 가지고 있지 않다던지, 과거 존재했으나 현재에는 존재하지 않는 경우 등이라면 성폭력처벌법상 협박죄나 강요죄가 성립할 수 있다고 생각한다.

Topic 20-5. 허위 영상물등 관련범죄

[성폭력처벌법]

제14조의2(허위영상물 등의 반포등) ① 반포등을 할 목적으로 사람의 얼굴·신체 또는 음성을 대상으로 한 촬영물·영상물 또는 음성물(이하 이 조에서 "영상물등"이라 한다)을 영상물등의 대상자의 의사에 반하여 성적 욕망 또는 수치심을 유발할 수 있는 형태로 편집·합성 또는 가공(이하 이 조에서 "편집등"이라 한다)한 자는 5년 이하의 징역 또는 5천만 원 이하의 벌금에 처한다.

② 제1항에 따른 편집물·합성물·가공물(이하 이 항에서 "편집물등"이라 한다) 또는 복제물(복제물의 복제물을 포함한다. 이하 이 항에서 같다)을 반포등을 한 자 또는 제1항의 편집등을 할 당시에는 영상물등의 대상자의 의사에 반하지 아니한 경우에도 사후에 그 편집물등 또는 복제물을 영상물등의 대상자의 의사에 반하여 반포등을 한 자는 5년 이하의 징역 또는 5천만 원 이하의 벌금에 처한다.

③ 영리를 목적으로 영상물등의 대상자의 의사에 반하여 정보통신망을 이용하여 제2항의 죄를 범한 자는 7년 이하의 징역에 처한다.

④ 상습으로 제1항부터 제3항까지의 죄를 범한 때에는 그 죄에 정한 형의 2분의 1까지 가중한다

제15조(미수범) 제3조부터 제9조까지, 제14조, 제14조의2 및 제14조의3의 미수범은 처벌한다.

최근 AI기술의 발달로 인해 성적 욕망이나 수치심을 유발할 수 있는 영상물과 피해자의 사진 한 장만 있으면, 컴퓨터를 전혀 모르는 사람도 클릭 몇 번으로 피해자가 등장하는 허위 영상물을 만들어 낼 수 있다. 이러한 심각한 문제에 대응하기 위해 2020년 5월 19일 개정된 성폭력처벌법은 반포등을 할 목적으로 허위 영상물을 만드는 행위와 이를 반포 하는 행위 등을 처벌하도록 하고 있다. 촬영물 등과 관련된 범죄와 비교해 볼 때, 반포등의 목적이 없이허위 영상물을 만드는 행위를 처벌할 수 없고, 허위 영상물을 소지하는 등의 행위에 대해 처벌하는 규정이 없으며, 허위 영상물을 이용하여 협박이나 강요하는 경우에도 형법상 협박죄나 강요죄가 성립할 뿐이라는 점에 유의해야 한다. 다른 구성요건에 대해서는 이미 앞에서 충분히 살펴보았으므로 여기에서는 허위 영상물에 대해서만 살펴본다.

허위 영상물등이란 이미 존재하고 있는 것으로서 사람의 얼굴·신체를 사진이나 영상의 형태로 기록한 촬영물이나 영상물 또는 사람의 음성을 녹음한 음성물(이하 기술편의상 '원본'이라 함)을 편집, 합성, 가공을 통해 피해자의 의사에 반하여 성적 욕망 또는 수치심을 유발할 수 있는 형태로 새로이 만들어 낸 것을 말한다. 편집이란 둘 이상의 원본의 특정 지점을 이어 붙여 하나로 완성하는 것을, 합성이란 별개의 포맷으로 이루어진 둘 이상의 원본을 합쳐 하나로 만드는 것을, 가공이란 원본을 인공적으로 처리하여 새로운 영상물 등으로 만드는 것을 의미한다 할 것으로 어떤 방법을 이용하든 원본과는 다른 새로운 영상물 등을 만든다면 위 세 가지 유형 중 하나에 해당할 것이다.

한편 원본 자체가 성적 욕망 또는 수치심을 유발할 수 있는 형태일 필요는 없다. 원본을 편집, 합성, 가공함으로서 피해자의 성적 욕망이나 수치심을 유발할 수 있는 새로운 영상물 등이 생성되면 피해자에 대한 허위 영상물 등의 편집죄 등이 성립한다. 만약 원본 자체가 앞에서 살펴본 촬영물이나 바로 뒤에서 살펴볼 아동청소년성착취물 등에 해당한다면, 편집물 등에 새로이 등장한 피해자는 물론, 원본의 피해자에 대해서도 허위 영상물등의 편집죄 등이 성립한다.

A 피해자가 자신의 의사에 의하여 자신의 휴대전화에 탑재된 카메라로 직접 자신의 신체를 촬영하여 촬영물을 만들었기 때문에 가해자에게는 카메라등이용촬영죄가 성립하지 않습니다. 가해자가 그 촬영물을 전송받아 저장한 것은 촬영물의 복제물을 저장한 것에 불과합니다.

이 사건의 복제물은 피해자의 의사에 반하지 않는 촬영물을 복제한 것이므로 가해자가 피해자의 의사에 반하여 이를 반포, 판매, 임대, 제공 또는 공공연하게 전시 또는 상영을 한다면 의사에 반하지 않은 촬영물의 반포 등 죄가 성립할 수 있습니다. 하지만 가해자는 피해자에게 복제물을 보여주기만 했을 뿐이므로 반포, 판매, 임대, 제공, 공공연하게 전시 또는 상영에 해당하는 어떠한 행위도 하지 않았습니다.

이 사건의 복제물은 촬영대상자에게는 성적 수치심을 줄 수 있는 영상이지만, 가해자가 우편이나 통신매체 등을 통하지 않고 피해자에게 직접 보여주는 방법으로 도달시켰기에 통신매체이용음란죄도 성립할 수 없습니다.

이 사건의 복제물은 음란물에 해당하나, 가해자는 이를 배포, 판매, 임대하거나 공공연하게 전시하지 않았기 때문에 음란물유포죄에도 성립하지 않습니다.

또한 가해자는 피해자에게 복제물을 반복하여 도달시키지도 않았기에 제3호위반죄도 성립할 수 없습니다.

하지만 가해자는 이 사건 복제물을 이용하여 가해자를 협박하고 있으므로 촬영물 등을 이용한 협박죄가 성립합니다. 또한 가해자는 피해자가 계속해서 연인관계를 유지할 것을 요구하고 있으므로 최소한 촬영물 등을 이용한 강요죄의 미수가 성립하며(협박죄는 강요죄에 흡수됨), 이로 인해 피해자가 가해자와 헤어지지 못하고 있다면 강요죄의 기수가 성립합니다. 다만, 이는 2020년 5월 19일 이후에 발생한 범죄에 한하는 것으로, 그 이전에 발생한 범죄라면 형법상 협박죄나 강요죄만 성립할 수 있습니다.

> 일본을 여행갔다가 성인용 애니메이션 DVD를 구입했습니다. 고등학생 여학생이 남자친구와 성행위를 하는 장면도 나오고 조직폭력배에게 강간을 당하는 장면도 나오는데, 이걸 가지고 있다고 처벌받는 건 아니겠죠?

[청소년성보호법]

제2조(정의)　이 법에서 사용하는 용어의 뜻은 다음과 같다.

1. "아동·청소년"이란 19세 미만의 자를 말한다. 다만, 19세에 도달하는 연도의 1월 1일을 맞이한 자는 제외한다.

4. "아동·청소년의 성을 사는 행위"란 아동·청소년의 성(性)을 사는 행위를 알선한 자 또는 아동·청소년을 실질적으로 보호·감독하는 자 등에게 금품이나 그 밖의 재산상 이익, 직무·편의제공 등 대가를 제공하거나 약속하고 다음 각 목의 어느 하나에 해당하는 행위를 아동·청소년을 대상으로 하거나 아동·청소년으로 하여금 하게 하는 것을 말한다.

　가. 성교행위

　나. 구강·항문 등 신체의 일부나 도구를 이용한 유사 성교행위

　다. 신체의 전부 또는 일부를 접촉·노출하는 행위로서 일반인의 성적 수치심이나 혐오감을 일으키는 행위

　라. 자위행위

5.. "아동·청소년 성착취물"이란 아동·청소년 또는 아동·청소년으로 명백하게 인식될 수 있는 사람이나 표현물이 등장하여 제4호의 어느 하나에 해당하는 행위를 하거나 그 밖의 성적 행위를 하는 내용을 표현하는 것으로서 필름·비디오물·게임물 또는 컴퓨터나 그

밖의 통신매체를 통한 화상 · 영상 등의 형태로 된 것을 말한다.

제11조(아동 · 청소년이용음란물의 제작 · 배포 등) ① 아동 · 청소년성착취물을 제작 · 수입 또는 수출한 자는 무기징역 또는 5년 이상의 유기징역에 처한다.

② 영리를 목적으로 아동 · 청소년성착취물을 판매 · 대여 · 배포 · 제공하거나 이를 목적으로 소지 · 운반 · 광고 · 소개하거나 공연히 전시 또는 상영한 자는 5년 이상의 징역에 처한다.

③ 아동 · 청소년성착취물을 배포 · 제공하거나 이를 목적으로 광고 · 소개하거나 공연히 전시 또는 상영한 자는 3년 이상의 징역에 처한다.

④ 아동 · 청소년성착취물을 제작할 것이라는 정황을 알면서 아동 · 청소년을 아동 · 청소년성착취물의 제작자에게 알선한 자는 3년 이상의 징역에 처한다.

⑤ 아동 · 청소년성착취물을 구입하거나 아동 · 청소년성착취물임을 알면서 이를 소지 · 시청한 자는 1년 이상의 징역에 처한다.

⑥ 제1항의 미수범은 처벌한다

⑦ 상습적으로 제1항의 죄를 범한 자는 그 죄에 대하여 정하는 형의 2분의 1까지 가중한다.

청소년성보호법 제11조는 아동 · 청소년 성착취물의 제작 · 수입 · 수출, 판매 · 대여 · 배포 · 제공, 판매 등 목적 소지 · 운반, 공연히 전시 · 상영, 아동 · 청소년과 아동 · 청소년 성착취물 제작자 알선, 아동 · 청소년 성착취물임을 알면서 소지 · 시청하는 행위를 처벌하도록 하고 있다. 다수의 구성요건의 의미에 대해서는 이미 앞선 범죄들에서 살펴보았고, 아직 살펴보지 않은 구성요건 중 해석에 논란이 있는 "아동 · 청소년 성착취물"과 "제작" 및 "영리목적"의 의미에 대해서만 간단히 살펴보겠다.

(1) 아동 · 청소년 성착취물

"아동 · 청소년 성착취물"이란 아동 · 청소 또는 아동 · 청소년으로 명백하게 인식될 수 있는 사람이나 표현물이 등장하여 성교 행위, 구강 · 항문 등 신체의 일부나 도구를 이용한 유사 성교 행위, 신체의 전부 또는 일부를 접촉 · 노출하는 행위로서 일반인의 성적 수치심이나 혐오감을 일으키는 행위, 자위행위, 그 밖의 성적 행위를 하는 내용을 표현하는 것으로서 필름 · 비디오물 · 게임물 또는 컴퓨터나 그 밖의 통신매체를 통한 화상·영상 등의 형태로 된 것을 말한다.

　이는 과거에는 "아동·청소년 이용음란물"이었으나 2020년 6월 20일 시행된 청소년성보호법에서 "아동·청소년 성착취물"로 용어가 개정되었는데, 용어 정의의 내용은 개정되지 아니하였다. 따라서 이하에서 소개하는 아동·청소년 이용음란물에 대한 판례들은 아동·청소년 성착취물에 대해서도 동일하게 적용되므로 혼란을 방지하기 위해 "아동·청소년 성착취물"로 표기한다.

　법원은 등장인물의 신체발육 상태 등을 종합적으로 고려하여 사회 평균인 시각에서 객관적으로 관찰할 때 의심 여지없이 명백하게 아동·청소년으로 인식되는 경우에만 아동·청소년 성착취물에 해당한다고 하는데(13도4503), 최근 대법원은 애니메이션도 아동·청소년 성착취물에 해당한다고 하였다(2015도863).

　이제 성행위 등의 대상이 아동·청소년으로 명백히 인식되는 표현물 중 화상이나 영상의 형태, 예컨대 사진이나 그림, 만화 등도 아동·청소년 성착취물로 인정될 것이다. 그렇다면 글의 형태로 된 표현물이 화상이나 영상으로 된 것은 어떠할까? 예를 들어 소위 팬픽이라 불리는 소설 형식의 글에 미성년자인 남성 아이돌의 성행위가 묘사된 경우에도 TXT, HWP, PDF 등 파일로서 실행 시 화상으로 현출된다면 아동·청소년 성착취물에 해당될 가능성이 있다. 법원의 답을 기다려 보아야 하겠다.

　아동·청소년 성착취물로 인정되기 위해서는 성착취물에 등장한 아동·청소년이 성적인 행위를 해야 한다. 법원은 아동·청소년 앞에서 자위하는 성인 가해자의 모습을 촬영한 동영상은 아동·청소년이 등장하지만 그 아동·청소년이 성적인 행위를 한 것은 아니라는 이유로 아동·청소년 성착취물이 아니라고 하였다(2013도502).

(2) 제작

　법원은 아동·청소년 성착취물을 직접 촬영하는 행위는 물론 직접 아동·청소년의 면전에서 촬영행위를 하지 않았더라도 아동·청소년 성착취물을 만드는 것을 기획하고 타인으로 하여금 촬영행위를 하게 하거나 만드는 과정에서 구체적인 지시를 하였다면 특별한 사정이 없는 한 아동·청소년 성착취물 제작에 해당한다고 하였다. 이는 가해자가 아동·청소년의 동의를 얻어 스스로 자신을 대상으로 하는 음란물을 촬영하게 한 경우에도 마찬가지이다. 카카오톡 메신저를 이용하여 피해자에게 돈을 주겠다고 말한 다음 피해자로 하여금 피해자의 스마트폰에 부착된 카메라로 피해자를 대상으로 한 자위행위 등 음란 행위 장면을 촬영하도록 지시하고, 그에 따라 피해자가 자신의 스마트폰에 부착된 카메라로 음란행위 장면을 촬영하여 그 동영상을 가해자에게 전송한 사안에서 법원은 가해자가 아동·청소년 성착취물 제작죄의 기수범이라 하였고(2018도9340), 가해자가 SNS 등을 통해 알게 된 아동·청소년들에게 거짓말을 하여 개인정보 탈취 사이트에 접속하도록 유도하여 트위터 계정 아이디와 비밀번호를 탈취하고, 이를 이용해 청소년인 피해자들이 트위터에 비공개로 저장해 놓은 나체 사진과 신상정보를 수집한 다음 이를 빌미로 피해자들을 협박하여 피해자들로 하여금 음란 사진 및 동영상을 촬영하게 하였다면 아동·청소년 성착취물 제작에 해당한다고 하였다(2020도18285). 한편, 이 죄의 구성요건으로 제작의 의도를 따로 두고 있지 않기 때문에 가해자가 개인적인 소지나 보관을 1차적 목적으로 아동·청소년 성착취물을 제작하더라도 아동·청소년 성착취물의 제작에 해당한다(2014도11501).

(3) 영리목적

법원은 사설 인터넷 도박사이트를 운영하는 사람이 카카오톡 오픈채팅방을 개설하여 아동·청소년 성착취물을 게시하고, 이를 본 불특정 다수의 사람이 오픈채팅방에 들어오게 한 후 그들을 자신이 운영하는 도박사이트에 가입하도록 유도하여 불법 도박을 하게 함으로서 수익을 얻은 사안에서, "영리의 목적이란 위 법률이 정한 구체적 위반행위를 함에 있어서 재산적 이득을 얻으려는 의사 또는 이윤을 추구하는 의사 … 널리 경제적인 이익을 취득할 목적을 말하는 것으로서 반드시 아동·청소년 성착취물 배포 등 위반행위의 직접적인 대가가 아니라 위반행위를 통하여 간접적으로 얻게 될 이익을 위한 경우에도 영리의 목적이 인정된다"고 하였다(2020도8978). 즉, 법원은 아동·청소년 성착취물의 판매 등을 통해 직접 수익을 얻는 경우는 물론 어떠한 방법으로 수익을 얻든 아동·청소년 성착취물을 활용하였다면 아동·청소년 성착취물의 전시 등에 대한 영리의 목적을 인정하고 있다. 이런한 법원의 태도는 앞에서 살펴본 촬영물이나 허위영상물과 관련된 범죄에 있어서 가중처벌 요소인 영리의 목적에 대해서도 동일하게 유지될 것이라 생각한다.

DVD가 애니메이션이라 해도 그 내용이 아동·청소년으로 명백하게 인정되는 여자 고등학생의 성교나 강간 피해를 담고 있으므로 아동·청소년 성착취물에 해당합니다. 그 내용을 알면서도 DVD를 가지고 있으면 아동·청소년 성착취물 소지에 해당하여 형사처벌의 대상이 됩니다.

[청소년성보호법]

제2조(정의)   이 법에서 사용하는 용어의 뜻은 다음과 같다.

1. "아동 · 청소년"이란 19세 미만의 자를 말한다. 다만, 19세에 도달하는 연도의 1월 1일을 맞이한 자는 제외한다.

제12조(아동 · 청소년 매매행위)

① 아동 · 청소년의 성을 사는 행위 또는 아동 · 청소년이용음란물을 제작하는 행위의 대상이 될 것을 알면서 아동 · 청소년을 매매 또는 국외에 이송하거나 국외에 거주하는 아동 · 청소년을 국내에 이송한 자는 무기징역 또는 5년 이상의 징역에 처한다.

② 제1항의 미수범은 처벌한다.

제13조(아동 · **청소년의 성을 사는 행위 등**)   ① 아동 · 청소년의 성을 사는 행위를 한 자는 1년 이상 10년 이하의 징역 또는 2천만 원 이상 5천만 원 이하의 벌금에 처한다.

② 아동 · 청소년의 성을 사기 위하여 아동 · 청소년을 유인하거나 성을 팔도록 권유한 자는 1년 이하의 징역 또는 1천만 원 이하의 벌금에 처한다.

제14조(아동 · **청소년에 대한 강요행위 등**)   ① 다음 각 호의 어느 하나에 해당하는 자는 5년 이상의 유기징역에 처한다.

1. 폭행이나 협박으로 아동 · 청소년으로 하여금 아동 · 청소년의 성을 사는 행위의 상대방이 되게 한 자

2. 선불금(先拂金), 그 밖의 채무를 이용하는 등의 방법으로 아동 · 청소년을 곤경에 빠뜨리거나 위계 또는 위력으로 아동 · 청소년으로 하여금 아동 · 청소년의 성을 사는 행위의 상대방이 되게 한 자

3. 업무 · 고용이나 그 밖의 관계로 자신의 보호 또는 감독을 받는 것을 이용하여 아동 · 청소년으로 하여금 아동 · 청소년의 성을 사는 행위의 상대방이 되게 한 자

4. 영업으로 아동 · 청소년을 아동 · 청소년의 성을 사는 행위의 상대방이 되도록 유인 · 권유한 자

② 제1항 제1호부터 제3호까지의 죄를 범한 자가 그 대가의 전부 또는 일부를 받거나 이를 요구 또는 약속한 때에는 7년 이상의 유기징역에 처한다.

③ 아동 · 청소년의 성을 사는 행위의 상대방이 되도록 유인 · 권유한 자는 7년 이하의 징역 또는 5천만 원 이하의 벌금에 처한다.

④ 제1항과 제2항의 미수범은 처벌한다.

제15조(알선영업행위 등) ① 다음 각 호의 어느 하나에 해당하는 자는 7년 이상의 유기징역에 처한다.

1. 아동 · 청소년의 성을 사는 행위의 장소를 제공하는 행위를 업으로 하는 자

2. 아동 · 청소년의 성을 사는 행위를 알선하거나 정보통신망에서 알선정보를 제공하는 행위를 업으로 하는 자

3. 제1호 또는 제2호의 범죄에 사용되는 사실을 알면서 자금 · 토지 또는 건물을 제공한 자

4. 영업으로 아동 · 청소년의 성을 사는 행위의 장소를 제공 · 알선하는 업소에 아동 · 청소년을 고용하도록 한 자

② 다음 각 호의 어느 하나에 해당하는 자는 7년 이하의 징역 또는 5천만원 이하의 벌금에 처한다.

1. 영업으로 아동 · 청소년의 성을 사는 행위를 하도록 유인 · 권유 또는 강요한 자

2. 아동 · 청소년의 성을 사는 행위의 장소를 제공한 자

3. 아동 · 청소년의 성을 사는 행위를 알선하거나 정보통신망에서 알선정보를 제공한 자

4. 영업으로 제2호 또는 제3호의 행위를 약속한 자

③ 아동 · 청소년의 성을 사는 행위를 하도록 유인 · 권유 또는 강요한 자는 5년 이하의 징역 또는 3천만 원 이하의 벌금에 처한다.

청소년성보호법은 애초에 아동 · 청소년을 상대로 하는 성구매를 처벌하는 내용을 핵심으로 하고 있었다. 청소년성보호법 제12조 내지 제15조는 아동 · 청소년의 성매매와 관련된 매우 다양한 유형의 행위를 처벌할 수 있도록 규정하고 있는데 이를 분류해 보면 아동 · 청소년의 성구매자, 성구매자와 관련된 자, 성구매자의 상대방이 되는 아동 · 청소년과 관련된 자, 성구매의 알선자와 그 조력자 등으로 나눌 수 있다. 각 관련자를 중심으로 구성요건만을 간단히 정리하고, 구성요건으로 자주 등장하는 유인과 권유의 의미에 대해 짚어보겠다.

1) 성구매자

아동·청소년의 성을 사는 행위를 한 자(제12조 제1항)와 아동·청소년의 성을 사기 위하여 아동·청소년을 유인하거나 성을 팔도록 권유한 자(제12조 제2항)를 말한다. 유인 또는 권유는 성을 사기 위한 예비 또는 미수행위라 할 것이므로 이러한 자가 결국 성을 사는 행위까지 했다면 성을 사는 행위에 대해서만 처벌받는다. 청소년성보호법에는 성구매자의 상대방이 되는 자에 대한 처벌규정이 없고 성구매자와 그 상대방은 대향범의 관계에 있으므로 아동·청소년은 처벌되지 않는다.

(2) 성구매자와 관련된 자

아동·청소년의 성을 사는 행위를 하도록 유인·권유 또는 강요한 자(제15조 제3항)와 이를 업으로 하는 자(제15조 제2항 제1호) 및 사람에게 아동·청소년의 성을 구매를 하도록 하는 자를 말한다. 업으로 하는 자는 가중처벌된다.

(3) 성구매자의 상대방이 되는 아동·청소년과 관련된 자

아동·청소년의 성을 사는 행위의 상대방이 되도록 유인·권유한 자(제14조 제3항)와 이를 업으로 하는 자, 폭행이나 협박으로 아동·청소년으로 하여금 아동·청소년의 성을 사는 행위의 상대방이 되게 한 자, 선불금(先拂金), 그 밖의 채무를 이용하는 등의 방법으로 아동·청소년을 곤경에 빠뜨리거나 위계 또는 위력으로 아동·청소년으로 하여금 아동·청소년의 성을 사는 행위의 상대방이 되게 한 자, 업무·고용이나 그 밖의 관계로 자신의 보호 또는 감독을 받는 것을 이용하여 아동·청소년으로 하여금 아동·청소년의 성을 사는 행위의 상대방이 되게 한 자(이상 제14조 제1항), 및 아동·청소년에게 성구매의 상대방이 되도록 하는 자를 말한다. 업으로 하거나 강요하는 자는 가중 처벌된다.

또한 아동·청소년의 성을 사는 행위 또는 아동·청소년 이용 음란물을 제작하는 행위의 대상이 될 것을 알면서 아동·청소년을 매매 또는 국외에 이송하거나 국외에 거주하는 아동·청소년을 국내에 이송한 자(제12조 제1항) 및 아동·청소년이 성구매의 상대방이 되거나 음란물제작의 대상이 될 것을 알면서도 그를 매매하거나 국내외로 이송하는 자도 포함된다.

(4) 성구매의 알선자

아동·청소년의 성을 사는 행위를 알선하거나 정보통신망에서 알선정보를 제공한 자(제15조 제2항 제3호) 와 이를 업으로 하는 자(제15조 제1항 제2호) 및 아동·청소년 성구매를 알선하거나 정보통신망에서 알선정보를 제공한 자를 말한다. 이를 업으로 하는 자는 가중처벌 된다.

(5) 성구매 조력자

아동·청소년의 성을 사는 행위의 장소를 제공하는 자(제15조 제2항 제2호) 와 이를 업으로 하는 자(제15조 제1항 제1호), 아동·청소년의 성을 사는 행위를 알선하거나 정보통신망에서 알선정보를 제공하는 행위를 업으로 하거나 아동·청소년의 성을 사는 행위의 장소를 제공하는 행위를 업으로 하는 자임을 알면서도 그에게 자금·토지 또는 건물을 제공한 자(제15조 제1항 제3호), 영업으로 아동·청소년의 성을 사는 행위의 장소를 제공·알선하는 업소에 아동·청소년을 고용하도록 한 자(제15조 제1항 제4호), 아동·청소년 성구매의 장소제공자, 자금·토지·건물 제공자 및 관련 업소에 아동·청소년을 고용한 자를 말한다.

이를 그림으로 간단히 정리하면 〈그림 9〉와 같다. 〈그림 9〉와 같은 관계에 해당하는 사람으로 판단되면 각 구성요건에 해당하는 지 면밀히 검토해 본 후 해당 법조를 적용하기 바란다.

〈그림 9〉 아동 청소년 성매수 관련 형사처벌 대상자

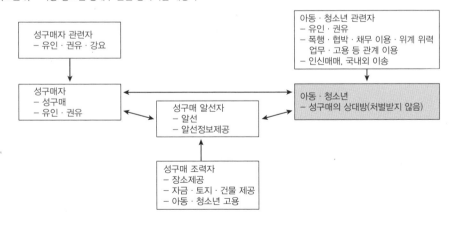

(6) 유인과 권유

아동·청소년의 성구매와 관련되는 여러 범죄는 유인과 권유를 구성요건으로 삼고 있다. 법원은 유인이란 기망 또는 유혹 등을 수단으로 사람을 꾀어 하자 있는 의사에 따라 그 사람을 자유로운 생활관계 또는 보호관계로부터 이탈하게 하여 자기 또는 제3자의 물리적·실질적 지배관계인 사실적 지배 아래로 옮기는 행위라면서, 이미 성매매 할 의사가 있는 피해자를 인터넷 채팅을 통하여 만나 가해자의 승용차에 잠시 태운 경우에는 유인에 해당하지 않는다고 하였다(2012도14776).

권유란 어떤 행위를 하도록 권하는 것으로서, 교사와는 달리 상대방이 이미 어떠한 결의를 가지고 있는 경우에도 성립할 수 있다(서울서부지방법원 2010노1409). 법원은 아동·청소년인 피해자가 인터넷에서 성구매 행위를 할 자를 물색하고 있었다고 하더라도, 가해자가 인터넷 채팅사이트에 접속하여 피해자와의 채팅을 통하여 성매매 장소, 대가, 연락방법 등에 관하여 구체적인 합의에 이른 다음, 약속 장소 인근에 도착하여 피해자에게 전화를 걸어 "속바지를 벗고 오라"고 지시한 일련의 행위는 아동·청소년에게 성을 팔도록 권유하는 행위에 해당한다고 하였다(2011도3934).

Q 제가 근무하는 경찰서의 관할 내에 여자 중학교가 있는데 그 학교 부근 골목길에 숨어 있다가 혼자서 하교하는 여학생에게 매우 가깝게 다가와서는 "얼마주면 나랑 한번 할 래"라는 말을 하고 도망가는 중년의 남성이 있다는 신고가 자주 접수됩니다. 어떠한 범죄가 성립할까요?

[아동복지법]

제3조(정의) 이 법에서 사용하는 용어의 뜻은 다음과 같다.

1. "아동"이란 18세 미만인 사람을 말한다.

7. "아동학대"란 보호자를 포함한 성인이 아동의 건강 또는 복지를 해치거나 정상적 발달을 저해할 수 있는 신체적·정신적·성적 폭력이나 가혹행위를 하는 것과 아동의 보호자가 아동을 유기하거나 방임하는 것을 말한다.

제17조(금지행위) 누구든지 다음 각 호의 어느 하나에 해당하는 행위를 하여서는 아니 된다.

2. 아동에게 음란한 행위를 시키거나 이를 매개하는 행위 또는 아동에게 성적 수치심을 주는 성희롱 등의 성적 학대행위

제71조(벌칙) ① 제17조를 위반한 자는 다음 각 호의 구분에 따라 처벌한다.

1의2. 제2호에 해당하는 행위를 한 자는 10년 이하의 징역 또는 1억 원 이하의 벌금에 처한다.

[양성평등기본법]

제3조(정의) 이 법에서 사용하는 용어의 뜻은 다음과 같다.

2. "성희롱"이란 업무, 고용, 그 밖의 관계에서 국가기관·지방자치단체 또는 대통령령으로 정하는 공공단체(이하 "국가기관 등"이라 한다)의 종사자, 사용자 또는 근로자가 다음 각 목

의 어느 하나에 해당하는 행위를 하는 경우를 말한다.

가. 지위를 이용하거나 업무 등과 관련하여 성적 언동 또는 성적 요구 등으로 상대방에게
성적 굴욕감이나 혐오감을 느끼게 하는 행위

나. 상대방이 성적 언동 또는 요구에 대한 불응을 이유로 불이익을 주거나 그에 따르는 것
을 조건으로 이익 공여의 의사표시를 하는 행위

[남녀고용평등과 일 · 가정 양립 지원에 관한 법률]

제2조(정의)   이 법에서 사용하는 용어의 뜻은 다음과 같다.

2. "직장 내 성희롱"이란 사업주 · 상급자 또는 근로자가 직장 내의 지위를 이용하거나 업무
와 관련하여 다른 근로자에게 성적 언동 등으로 성적 굴욕감 또는 혐오감을 느끼게 하거
나 성적 언동 또는 그 밖의 요구 등에 따르지 아니하였다는 이유로 근로조건 및 고용에서
불이익을 주는 것을 말한다.

이 죄의 구성요건은 "사람"이 "아동"에게 "음란한 행위"를 시키거나 이를 "매개
하는 행위" 또는 아동에게 "성적 수치심"을 주는 "성희롱" 등의 "성적 학대행위"를
하는 것이다. 사람, 음란한 행위, 성적수치심, 매개하는 행위 등은 이미 앞에서 동
일하거나 유사한 개념을 살펴보았다. "아동"은 만 18세 미만인 사람이고, "성희롱"
에 대한 정의는 양성평등기본법, 남녀고용평등과 일 · 가정 양립 지원에 관한 법률
등에서 찾을 수 있는데, "성적 언동 또는 성적 요구 등으로 상대방에게 성적 굴욕감
또는 혐오감을 느끼게 하는 행위"를 말한다. 따라서 "성적학대행위"는 보호자를 포
함한 성인이 성과 관련하여 아동의 건강 또는 복지를 해치거나 정상적 발달을 저해
할 수 있는 신체적 · 정신적 · 성적 폭력이나 가혹행위를 하는 것과 아동의 보호자가
아동을 유기하거나 방임하는 것으로, 그 예로 성적 언동 또는 성적 요구 등으로 상
대방에게 성적 굴욕감 또는 혐오감을 느끼게 하는 행위가 포함된다.

다음의 사례에 대해 어떠한 범죄가 성립될 수 있는지 생각해 보자.

    ❝만 10세 여성 아동인 피해자는 성인인 남성과 채팅을 통해 알
게 되었는데, 휴대전화로 영상전화를 하면서 성인 남성이 피해자에
게 음부를 보여달라고 하자 그 부탁을 들어주어 자신의 음부를 휴대
전화를 통해 보여주었다. 남성은 피해자에게 어떠한 협박이나 강요
를 하거나 피해자를 속인 것이 없었다.❞

기억을 되살려 추행과 관련된 범죄들부터 떠올려 보자. 위와 같은 가해자의 행위가 추행으로 인정된다면, 강제가 인정될 시 성폭력처벌법상 만 13세 미만 미성년자에 대한 강제추행죄가, 위계나 위력이 인정된다면 성폭력처벌법상 만 13세 미만 미성년자에 대한 위계·위력에의한추행죄가, 강제나 위계·위력이 모두 인정되지 않는다면 형법상 미성년자의제추행죄가 성립할 것이다. 피해자는 가해자의 부탁을 들어 주었고 가해자가 협박이나 강요 또는 성적인 행위에 대해 속인 것이 없기 때문에 강제나 위계 또는 위력이 있다고 보기는 어렵다고 생각된다. 따라서 추행이 인정된다면 형법상 미성년자의제추행죄가 성립할 것이다.

하지만 법원의 태도에 따르면 위와 같이 피해자가 자신의 음부를 보여준 행위만으로는 가해자는 물론 피해자도 피해자의 몸에 신체접촉을 한 것이 없으므로 추행으로 인정하기 어려울 것이다. 그래서일까? 우리 법원은 위와 같은 경우 아동복지법상 성적학대죄의 성립을 인정하였다(2013도7787). 법원은 위 사례에서 가해자의 행위를 아동에게 음란한 행위를 하도록 시킨 것으로 보았다. 또한 피해 아동이 성적 가치관과 판단능력이 충분히 형성되지 아니하여 성적 자기결정권을 행사하거나 자신을 보호할 능력이 상당히 부족한 경우라면 자신의 성적 행위에 관한 자기결정권을 자발적이고 진지하게 행사할 것이라 기대하기는 어려우므로, 행위자의 요구에 피해 아동이 명시적인 반대 의사를 표시하지 아니하였다고 해도 이러한 사정만으로 '성적 학대행위'에 해당하지 아니한다고 단정할 것은 아니라고 하여 피해자인 아동의 동의는 범죄의 성립과는 무관하다고 하였다.

또 다른 사례를 살펴보자.

> **"** 가해자는 돈을 주겠다며 만 16세인 피해자(비장애인)에게 자위를 하는 동영상을 촬영하여 자신에게 보내달라고 하였다. 피해자는 가해자의 제안에 동의하여 자위를 하는 동영상을 스스로 촬영한 후 이를 가해자에게 전송해 주었다. 어떠한 죄가 성립하는가? **"**

이 사례에서는 피해자가 자신의 몸을 스스로 만졌으므로 신체적 접촉이 있다. 따라서 추행은 성립할 수 있다. 하지만 가해자가 피해자에게 폭행이나 협박을 했거나, 위력을 행사하였다거나 위계를 쓴 것은 보이지 않으므로 강제추행죄나 위계·위력에의한추행죄는 성립할 수 없다. 피해자는 만 16세인 비장애인으로 의제범죄에 해당하지도 않는다. 피해자는 돈을 벌기 위해서 가해자의 제안을 받아들여 스스로 자위 동영상을 촬영한 것이다. 따라서 추행과 관련된 범죄는 성립하기 어렵다.

이에 대해 법원은 청소년성보호법상 아동 · 청소년성착취물제작죄가 성립한다고 하였다(2018도9340). 피해자는 만 16세이므로 아동 · 청소년에 해당하고, 피해자가 스스로 음란행위를 촬영하고 이를 전송해 주었다 하더라도 범죄의 성립과는 무관하다고 하였다. 그런데, 가해자의 행위가 성적 언동 또는 성적 요구 등으로 상대방에게 성적 굴욕감 또는 혐오감을 느끼게 하는 행위로서 성과 관련하여 아동의 건강 또는 복지를 해치거나 정상적 발달을 저해할 수 있는 신체적 · 정신적 · 성적 폭력이나 가혹행위를 하는 것이라 볼 수는 없을까? 앞의 사례와 마찬가지로 충분히 인정될 가능성이 있다고 생각한다. 물론 이 죄의 법정형은 "10년 이하의 징역 또는 1억 원 이하의 벌금"으로 아동 · 청소년성착취물제작죄의 법정형인 "무기징역 또는 5년 이상의 징역"에 비해 낮고, 양자의 입법목적과 범죄행위를 볼 때 양자가 실체적 경합의 관계에 있다고 보기는 어렵기 때문에 법정형이 낮은 아동복지법상 성적학대죄만을 적용해서는 안 될 것이다.

아동복지법상 성적학대죄는 가해자가 피해자를 성희롱한 것까지 처벌할 수 있도록 하고 있고, 성희롱은 언어와 행동이 모두 포함되므로 거의 모든 종류의 성적 가해행위가 성적 학대로 인정될 수 있을 것이다. 따라서 피해자가 아동인 경우, 주요 성폭력 범죄나 다른 기타 성폭력 범죄의 구성요건을 충족시키지 못하는 성적 가해행위가 있다면 최종적으로 이 죄에 해당하지 않는지를 검토해 보기 바란다. 특히, 최근 자주 문제되는 소위 그루밍 범죄의 피해자가 아동이라면 이 죄의 성립 여부를 반드시 살펴보자.

Ⓐ 가해자가 그와 같은 말을 했을 뿐이라면 신체적 접촉이 없기 때문에 추행으로 인정되기는 어려울 것입니다.

한편 청소년성보호법에는 연 19세 미만인 사람에게 성을 팔도록 권유하면 형사처벌을 받도록 규정하고 있고 중년의 남성이 여학생에게 "얼마주면 나랑 한번 할래"라는 말은 성매매를 의미하는 말임이 명백합니다. 하지만 가해자는 그런 말을 한 후 즉시 도망을 가버렸기 때문에 피해자에게 성을 팔도록 권유할 생각이 있었다고 인정되기는 쉽지 않을 것입니다.

이러한 경우에는 아동복지법 제17조 제2호가 금지하고 있는 성적 학대 행위에는 해당할 수 있다고 생각합니다. 가해자가 한 말은 아동인 피해자에게 성적 수치심을 주기에 충분한 성희롱으로서 성적 학대행위에 해당하기 때문입니다.

부록

연도별 주요 성폭력 범죄 죄명표 및 법정형표

〈죄 명 표〉

가해자/피해자	행위/결과	강간(강제간음)	유사강간(강제유사간음)	강제추행	준강간/유사강간/강제추행	위계·위력 간음	위계·위력 유사간음	위계·위력 추행	상해치상	살인	치사
가해자	주침, 야주점(미), 특절(미)	성§3①	성§3①	성§3①	성§3①	X	X	X	성§8①	성§9①	X
가해자	특수강도(야주, 흉, 합)(미)	성§3②	성§3②	성§3②	성§3②	X	X	X	X	성§9①	X
가해자	특수(흉, 합)	성§4①	X	성§4②	성§4③ (단, 유사X)	X	X	X	성§8①	성§9①	성§9②
가해자	친족	성§5①	X	성§5②	성§5③ (단, 유사X)	X	X	X	성§8②	성§9①	성§9②
가해자	장애인※1	성§6①	성§6②	성§6③	성§6④	성§6⑤	X	성§6⑥	성§8①	성§9①	성§9③
피해자(나이)	만 13 미만	성§7①	성§7②	성§7③	성§7④	성§7⑤	성§7⑤	성§7⑤	성§8①	성§9①	성§9③
피해자(나이)	만 13 이상 ~연 19 미만	청§7①	청§7②	청§7③	청§7④	청§7⑤	청§7⑤	청§7⑤	청§9	청§10①	청§10②
	가중처벌 요소 없음	형§297	형§297-2	형§298	형§299	형§302 만19세 미만, 심신미약자 / 형§303① 피보호자	X	형§302 만19세 미만, 심신미약자 / 성§10① 피보호자	형§301	형§301-2	형§301-2

성: 성폭력 범죄의 처벌 등에 관한 특례법 청: 아동·청소년의 성보호에 관한 법률 형: 형법 특례법: 특별법 X: 처벌 근거 없음 (미): 미수범도 주체에 포함

〈법정형표〉

/: 또는 ↑: 이상 ↓: 이하 수~수: 수 이상~수 이하
사: 사형 무: 무기징역 1 내지10: 그 수에 해당하는 년의 징역 100만원 이상의 수~: 그 수에 해당하는 만 원의 벌금

가해자/피해자	행위/결과	강간(강제간음)	유사강간(강제유사간음)	강제추행	준강간/유사강간/강제추행	위계·위력 간음	유사간음	추행	상해치상	살인	치사
가해자	주취, 야주절(미), 특절(미)	무7↑	X	무/5↑		X			무/10↑	사/무	X
가해자	특수강도(야주, 흉, 합)(미)			사/무/10↑					X	사/무	X
피해자	특수(흉, 합)	무7↑	5↑	5↑	좌측 각 법정형과 동일	X			무/10↑	사/무	무/10↑
피해자	친족	7↑	7↑	5↑	좌측 각 법정형과 동일	5↑	X	1↑/1천~3천	무/7↑	사/무	무/10↑
피해자	장애인※1	무7↑	5↑	3↑/3천~5천	좌측 각 법정형과 동일	좌측 각 법정형과 동일			무/10↑	사/무	사/무/10↑
피해자 (나이)	만 13 미만	무10↑	7↑	2↑/1천~3천	좌측 각 법정형과 동일	좌측 각 법정형과 동일			무/7↑	사/무	사/무/10↑
피해자 (나이)	만 13 이상 ~연 19 미만※2	무5↑	5↑		좌측 각 법정형과 동일	7↑/3,000↓	X	3↓/1,500↓	무/7↑	사/무	사/무/10↑
	기중처벌 요소 없음	3↑	2↑	10↓/1,500↓	좌측 각 법정형과 동일	5↑	X	5↓	무/5↑	사/무	무/10↑

※1. 성폭6⑦: 장애인 보호 등 목적 시설장 등이 보호·감독의 대상인 장애인에 대해 제8⑧ 내지 제6⑦의 죄를 범한 경우 법정형 1.5배 가중
※2. 아동18: 신고의무 있는 기관장 등이 보호 등을 받는 아동·청소년 대상으로 성범죄를 범한 경우 법정형 1.5배 가중

〈죄 명 표〉

성: 성폭력 범죄의 처벌 등에 관한 특례법 특: 특가법 형: 형법 청: 아동·청소년의 성보호에 관한 법률 X: 처벌 근거 없음 (미): 미수범도 주체에 포함

가해자/피해자 (행위·절차)	강간 (강제간음)	유사강간 (강제유사간음)	강제추행	준강간/유사강간/강제추행	위계·위력: 간음	위계·위력: 유사간음	위계·위력: 추행	상해·치상	살해: 살인	살해: 치사
가해자 주침, 야주절(미), 특절(미)	성§3① (강간~준강간 병합)				X (간음~추행 병합)			성§8①	성§9①	X
가해자 특수강도 (야주, 흉, 합)(미)	성§3② (강간~준강간 병합)				X (간음~추행 병합)			X	성§9①	X
가해자 특수 (흉, 함)	성§4①	X	성§4②	성§4③ (단, 유사X)	X (간음~추행 병합)			성§8①	성§9①	성§9②
피해자 친족	성§5①	X	성§5②	성§5③ (단, 유사X)	X (간음~추행 병합)			성§8①	성§9①	성§9②
피해자 장애인※1	성§6①	성§6②	성§6③	성§6④	성§6⑤	X	성§6⑥	성§8②	성§9①	성§9③
피해자 나이 만 13 미만	성§7①	성§7②	성§7③	성§7④	성§7⑤ (간음~추행 병합)			성§8①	성§9①	성§9③
피해자 나이 만 13 이상 ~ 연 19 미만	청§7①	청§7②	청§7③	청§7④	청§7⑤ (간음~추행 병합)			청§9	청§10①	청§10②
가중처벌 요소 없음	형§297	형§297-2	형§298	형§299	형§302 만 19세 미만 / 형§303① 피보호자	X	형§302 만 19세 미만 / 성§10① 피보호자	형§301	성§9① 형§301-2	형§301-2

※1. 심신미약자에 대한 위계·위력 간음과 강제추행: 형§302 / 5년 이하의 징역

〈법정형표〉

/: 또는　↑:이상　↓:이하　수→수→수 이상→수 이하
사: 사형　무: 무기징역　1 내지 10: 그 수에 해당하는 년의 징역　100단위 이상의 수: 그 수에 해당하는 만 원의 벌금

가해자/피해자	행위/결과	강간 (강제간음)	유사강간 (강제유사간음)	강제추행	준강간/유사강간/ 강제추행	위계·위력 간음	위계·위력 유사간음	위계·위력 추행	상해치상	살인	치사
가해자	주침, 야간절(미), 특절(미)	무/5↑					X		무/10↑	사/무	X
가해자	특수강도(야주, 흉, 합)(미)	사/무/10↑					X		X	사/무	X
피해자	특수(흉, 합)	무/5↑	X	3↑	좌측 각 법정형과 동일		X		무/10↑	사/무	무/10↑
피해자	친족	7↑	X	5↑	좌측 각 법정형과 동일		X		무/7↑	사/무	무/10↑
피해자	장애인※1	무/7↑	5↑	3↑/2천~5천	좌측 각 법정형과 동일	5↑	X	1↑/1천~3천	무/10↑	사/무	사/무/10↑
피해자 나이	만 13 미만	무/10↑	7↑	5↑/3천~5천	좌측 각 법정형과 동일	좌측 각 법정형과 동일			무/10↑	사/무	사/무/10↑
피해자 나이	만 13 이상 ~연 19 미만※2	무/5↑	5↑	2↑/1천~3천	좌측 각 법정형과 동일	좌측 각 법정형과 동일			무/7↑	사/무	사/무/10↑
피해자	가중처벌 요소 없음	3↑	2↑	10↑/1,500↓	좌측 각 법정형과 동일	5↑ 7↑/3,000↓	X	5↑ 3↑/1,500↓	무/5↑	사/무	무/10↑

※1. 성폭6⑦: 장애인 보호 등 목적 시설장 등이 보호감독의 대상인 장애인에 대해 제6항 내지 제6항의 죄를 범한 경우 법정형 1.5배 가중
※2. 이§18: 신고의무 있는 기관장 등이 보호 등을 받는 아동 청소년 대상으로 성범죄를 범한 경우 법정형 1.5배 가중

성: 성폭력 범죄의 처벌 등에 관한 특례법   형: 형법   청: 아동·청소년의 성보호에 관한 법률   X: 처벌 근거 없음   (미): 미수범도 주체에 포함

〈죄명표〉

가해자 / 피해자 (행위·결과)	강간 (강제간음)	유사강간 (강제유사간음)	강제추행	준강간/유사강간/강제추행	위계·위력 간음	위계·위력 유사간음	위계·위력 추행	상해치상	살인	치사
가해자 — 주침, 야주절(미), 특절(미)	성§3①	X	성§3①	성§3①	X	X	X	성§8①	성§9①	X
특수강도 (야주·흉·합)(미)	성§3②	X	성§3②	성§3②	X	X	X	X	성§9①	X
특수(흉, 합)	성§4①	X	성§4②	성§4③ (단, 유사X)	X	X	X	성§8①	성§9①	성§9②
피해자 — 친족	성§5①	X	성§5②	성§5③ (단, 유사X)	X	X	X	성§8②	성§9①	성§9②
장애인※1	성§6①	성§6②	성§6③	성§6④	성§6⑤	X	성§6⑥	성§8①	성§9①	성§9③
만 13 미만	성§7①	성§7②	성§7③	성§7④	성§7⑤	성§7⑤	성§7⑤	성§8①	성§9①	성§9③
만 13 이상 ~연 19 미만	청§7①	청§7②	청§7③	청§7④	청§7⑤	청§7⑤	청§7⑤	청§9	청§10①	청§10②
가중처벌 요소 없음	형§297	형§297-2	형§298	형§299	형§302 (만19세 미만) / 형§303① (피보호자)	X	형§302 (만19세 미만) / 성§10① (피보호자)	형§301	형§301-2	형§301-2

※1. 심신미약자에 대한 위계·위력 간음과 강제추행 형§302 / 5년 이하의 징역

/ : 또는 ↑ : 이상 ↓ : 이하 수~수 : 수 이상~수 이하
사 : 사형 무 : 무기징역 1 내지 10 : 그 수에 해당하는 년의 징역 100만위 이상의 수 : 그 수에 해당하는 만 원의 벌금

가해자/피해자 \ 행위/결과	강간 (강제간음)	유사강간 (강제유사간음)	강제추행	준강간/유사강간강제추행	위계·위력 간음	위계·위력 유사간음	위계·위력 추행	상해치상	살해 살인	살해 치사
가해자: 주침, 야주침(미), 특절(미)	무/5↑	X	무5↑	무5↑				무/10↑	사/무	X
가해자: 특수강도(야주,흉,합)(미)	사/무/10↑	X	사/무/10↑	사/무/10↑				X	사/무	X
가해자: 특수(흉,합)	무/5↑	X	3↑	좌측 각 법정형과 동일				무/10↑	사/무	무/10↑
피해자: 친족	7↑	X	5↑	좌측 각 법정형과 동일				무/7↑	사/무	무/10↑
피해자: 장애인※1	무/7↑	5↑	3↑ 2000-5000	좌측 각 법정형과 동일	5↑	X	1↑ 1000-3000	무/10↑	사/무	사/무/10↑
피해자 나이: 만 13 미만	무/10↑	7↑	5↑ 3000-5000	좌측 각 법정형과 동일	좌측 각 법정형과 동일			무/10↑	사/무	사/무/10↑
피해자 나이: 만 13 이상~연 19 미만※2	무/5↑	5↑	2↑ 1000-3000	좌측 각 법정형과 동일	좌측 각 법정형과 동일			무/7↑	사/무	사/무/10↑
가중처벌 요소 없음	3↑	2↑	10↓ 1500↓	좌측 각 법정형과 동일	5↑ 1500↓	X	2↑ 500↓	무/5↑	사/무	무/10↑

※1. 성§6⑦ : 장애인 보호·감독 등을 목적 시설장 등이 보호감독의 대상인 장애인에 대해 제6항 내지 제6항의 죄를 범한 경우 법정형 1.5배 가중
※2. 아§18 : 신고의무 있는 기관장 등이 보호 등을 받는 아동 청소년을 대상으로 성범죄를 범한 경우 법정형 1.5배 가중

〈죄명표〉

성: 성폭력범죄의 처벌 등에 관한 특례법 형: 형법 청: 아동·청소년의 성보호에 관한 법률 ×: 처벌 근거 없음 (미): 미수범도 주체에 포함

가해자/피해자		강간 (강제간음)	유사강간 (강제유사간음)	강제추행	준강간/유사강간/ 강제추행	위계·위력 간음	위계·위력 유사간음	위계·위력 추행	상해치상	실해 살인	실해 치사
가해자	주침, 0주절(미), 특절(미)	성§3①	×	성§3①		×			성§8①	성§9①	×
	특수강도 (0주, 흉, 합)(미)	성§3②	×	성§3②		×			×	성§9①	×
	특수(흉, 합)	성§4①	×	성§4②	성§4③ (단, 유사×)	×			성§8①	성§9②	성§9②
	친족	성§5①	×	성§5②	성§5③ (단, 유사×)	×			성§8②	성§9①	성§9②
피해자	장애인※1	성§6①	성§6②	성§6③	성§6④	성§6⑤	×	성§6⑥	성§8①	성§9①	성§9③
	만 13 미만	성§7①	성§7②	성§7③	성§7④	성§7⑤	성§7⑤		성§8①	성§9①	성§9③
	만 13 이상~연 19 미만	청§7①	청§7②	청§7③	청§7④	청§7⑤	청§7⑤		청§9	청§10①	청§10②
가중처벌 요소 없음		형§297	형§297-2	형§298	형§299	형§302 만 19세 미만 형§303① 피보호자	×	형§302 만19세 미만 성§10① 피보호자	형§301	성§9① 형§301-2	형§301-2

※1. 심신미약자에 대한 위계·위력 간음과 강제추행 형§302 / 5년 이하의 징역

〈법정형표〉

/:또는 1:이상 ↓:이하 수~수:수 이상~수 이하
사:사형 무:무기징역 1 내지 10: 그 수에 해당하는 년의 징역 100단위 이상인 수: 그 수에 해당하는 만 원의 벌금

가해자/피해자		강간 (강제간음)	유사강간 (강제유사간음)	강제추행	준강간/유사강간/ 강제추행	위계·위력 간음	위계·위력 유사간음	위계·위력 추행	상해치상	살해 살인	살해 치사
가해자	주취, 0I주절(미), 특절(미)	무/5↑	X		무/5↑		X		무/10↑	사/무	X
	특수강도 (0I주, 흉, 합)(미)	사/무/10↑	X		사/무/10↑				X	사/무	X
	특수(흉, 합)	무/5↑	X	3↑	죄족 각 법정형과 동일		X		무/10↑	사/무	무/10↑
	친족	7↑	X	5↑	죄족 각 법정형과 동일				무/7↑	사/무	사/무/10↑
	장애인※1	무/7↑	5↑	3↑/ 2000~5000	죄족 각 법정형과 동일	5↑	X	1↑/ 1000~3000	무/10↑	사/무	사/무/10↑
피해자 나이	만 13 미만	무/10↑	7↑	5↑/ 3000~5000	죄족 각 법정형과 동일	죄족 각 법정형과 동일			무/10↑	사/무	사/무/10↑
	만 13 이상 ~연 19 미만	무/5↑	5↑	2↑/ 1000~3000	죄족 각 법정형과 동일	죄족 각 법정형과 동일			무/7↑	사/무	사/무/10↑
가중처벌 요소 없음		3↑	2↑	10↑/ 1500↓	죄족 각 법정형과 동일	5↑/ 1500↓	X	5↑ 2↑/500↓	무/5↑	사/무	무/10↑

※1. 성6②⑦: 장애인 보호·교육 등 목적 시설장 등이 보호감독의 대상인 장애인에 대해 제1항 내지 제6항의 죄를 범한 경우 법정형 1.5배 가중

〈죄 명 표〉

성: 성폭력 범죄의 처벌 등에 관한 특례법 형: 형법 청: 아동·청소년의 성보호에 관한 법률 X: 처벌 근거 없음 (미): 미수범도 주체에 포함

행위/결과 가해자/피해자	강간 (강제간음)	유사강간 (강제유사간음)	강제추행	준강간/유사강간/ 강제추행	위계·위력 간음	위계·위력 유사간음	위계·위력 추행	상해·치상	살인	치사
가해자 — 주침, 야주절(미), 특침(미)	성§3①	X	성§3①	성§3①	X	X		성§8①	성§9①	X
가해자 — 특수강도 (아주·흉, 합)(미)	성§3②	X	성§3②	성§3②	X	X		X	성§9①	X
가해자 — 특수(흉, 합)	성§4①	X	성§4②	성§4③ (단, 유사X)	X	X		성§8①	성§9①	성§9②
피해자 — 친족	성§5①	X	성§5②	성§5③ (단, 유사X)	X	X		성§8②	성§9①	성§9②
피해자 — 장애인 ※1	성§6①	성§6②	성§6③	성§6④	성§6⑤	X	성§6⑥	성§8①	성§9①	성§9③
피해자 — 만 13 미만	성§7①	성§7②	성§7③	성§7④	성§7⑤			성§8①	성§9①	성§9③
피해자 — 만 13 이상 ~연 19 미만	청§7①	청§7②	청§7③	청§7④	청§7⑤			청§9	청§10①	청§10②
가중처벌 요소 없음	형§297	형§297-2	형§298	형§299	형§302 만 19세 미만 / 형§303① 피보호자	X	형§302 만 19세 미만 / 성§10① 피보호자	형§301	성§9① 형§301-2	형§301-2

※1. 심신미약자에 대한 위계·위력 간음과 강제추행 형§302 / 5년 이하의 징역

〈법정형표〉

/: 또는 ↑: 이상 ↓: 이하 수~수: 수 이상~수 이하
사: 사형 무: 무기징역 1 내지 10: 그 수에 해당하는 년의 징역 100단위 이상의 수: 그 수에 해당하는 만 원의 벌금

가해자/피해자	행위/결과	강간 (강제간음)	유사강간 (강제유사간음)	강제추행	준강간/유사강간/ 강제추행	위계·위력 간음	위계·위력 유사간음	위계·위력 추행	상해치상	살해 살인	살해 치사
가해자	주침, 야간주절(미), 특절(미)	무/5↑	X		무/5↑	X			무/10↑	사/무	X
	특수강도(야주, 흉, 합)(미)	사/무/10↑	X		사/무/10↑	X			X	사/무	X
	특수(흉, 합)	무/5↑	X	3↑	좌측 각 법정형과 동일	X			무/10↑	사/무	무/10↑
피해자	친족	7↑	X	5↑	좌측 각 법정형과 동일	X			무/7↑	사/무	무/10↑
	장애인※1	무/7↑	5↑	3↑/2000~5000	좌측 각 법정형과 동일	5↑	X	1↑/1000~3000	무/10↑	사/무	사/무/10↑
	만 13 미만	무/10↑	7↑	5↑/3000~5000	좌측 각 법정형과 동일	좌측 각 법정형과 동일			무/10↑	사/무	사/무/10↑
	만 13 이상~연 19 미만	무/5↑	5↑	2↑/1000~3000	좌측 각 법정형과 동일	좌측 각 법정형과 동일			무/7↑	사/무	사/무/10↑
	가중처벌 요소 없음	3↑	2↑	10↑/1500↓	좌측 각 법정형과 동일	5↑/1500↓	X	5↓ 2↑/500↓	무/5↑	사/무	무/10↑

※1. 성§6⑦: 장애인 보호·감독 등 목적 시설장 등이 보호·감독의 대상인 장애인에 대해 제1항 내지 제6항의 죄를 범한 경우 법정형 1.5배 가중

〈죄명표〉

성: 성폭력범죄의 처벌 등에 관한 특례법　형: 형법　청: 아동·청소년의 성보호에 관한 법률　X: 처벌 근거 없음　(미): 미수범도 주체에 포함

가해자/피해자 · 행위/결과	강간 (강제간음)	유사강간 (강제유사간음)	강제추행	준강간/유사강간/ 강제추행	위계·위력 간음	위계·위력 유사간음	위계·위력 추행	상해치상	살해 살인	살해 치사
가해자 주침, 0주절(미), 특절(미)	성§3①	X		성§3①	X	X	X	성§8①	성§9①	X
가해자 특수강도 (이주, 흉, 합)(미)	성§3②	X		성§3②	X	X	X	X	성§9①	X
가해자 특수절도 (흉, 합)	성§4①	X	성§4②	성§4③ (단, 유사X)	X	X	X	성§8①	성§9①	성§9②
가해자 친족	성§5①	X	성§5②	성§5③ (단, 유사X)	X	X	X	성§8②	성§9①	성§9②
피해자 장애인※1	성§6①	성§6②	성§6③	성§6④	성§6⑤	X	성§6⑥	성§8①	성§9①	성§9③
피해자 나이 만 13 미만	성§7①	성§7②	성§7③	성§7④	성§7⑤	성§7⑤	성§7⑤	성§8①	성§9①	성§9③
피해자 나이 만 13 이상 ~연 19 미만	청§7①	청§7②	청§7③	청§7④	청§7⑤	청§7⑤	청§7⑤	X	X	X
가중처벌 요소 없음	형§297	X	형§298	형§299	형§302 만 19세 미만 / 형§303① 피보호자	X	형§302 만 19세 미만 / 성§10① 피보호자	형§301	성§9① / 형§301-2	형§301-2

※1. 심신미약자에 대한 위계·위력 간음과 강제추행: 형§302 / 5년 이하의 징역

〈법정형표〉

가해자/피해자		강간 (강제간음)	유사강간 (강제유사간음)	강제추행	준강간/유사강간/ 강제추행	간음	유사간음	추행	성해치상	살인	치사
가해자	주침. 이주절(미), 특절(미)	무/5↑	X	무/5↑	무/5↑		X		무/10↑	사/무	X
가해자	특수강도(아주, 중, 함)(미)	사/무/10↑	X	사/무/10↑	사/무/10↑				X	사/무	X
피해자	특수(흉, 합)	무/5↑	X	3↑	좌측 각 법정형과 동일		X		무/10↑	사/무	무/10↑
피해자	친족	7↑	5↑	5↑	좌측 각 법정형과 동일				무/7↑	사/무	무/10↑
피해자	장애인※1	무/7↑	5↑	3↑/2000-5000	좌측 각 법정형과 동일	5↑	X	1↑/1000-3000	무/10↑	사/무	사/무/10↑
피해자	나이: 만 13 미만	무/10↑	7↑	5↑/3000-5000	좌측 각 법정형과 동일	좌측 각 법정형과 동일			무/10↑	사/무	사/무/10↑
피해자	나이: 만 13 이상 ~연 19 미만	5↑	3↑	1↑/500-2000	좌측 각 법정형과 동일	좌측 각 법정형과 동일			X	X	X
피해자	가중처벌 요소 없음	3↑	X	10↑/1500↓	좌측 각 법정형과 동일	5↑/1500↓	X	2↑/500↓	무/5↑	사/무	무/10↑

※1. 성8조⑦ : 장애인 보호 등 목적 시설장 등이 보호감독의 대상인 장애인에게 대해 제1항 내지 제6항의 죄를 범한 경우 법정형 1.5배 가중

2010. 4. 15.부터 2011. 11. 16.까지

〈죄 명 표〉

성: 성폭력 범죄의 처벌 등에 관한 특례법 청: 아동·청소년의 성보호에 관한 법률 형: 형법 (미): 미수범도 주체에 포함 X: 처벌 근거 없음

가해자/피해자	행위/결과	강간 (강제간음)	유사강간 (강제유사간음)	강제추행	준강간/유사강간/ 강제추행	위계·위력 간음	위계·위력 유사간음	위계·위력 추행	상해치상	살해 살인	살해 치사
가해자	주침, 아주침(미), 특절(미)	성§3①	X	성§3①	성§3①	X	X	X	성§8①	성§9①	X
가해자	특수강도 (아주, 흉, 합)(미)	성§3②	X	성§3②	성§3②	X	X	X	X	성§9①	X
가해자	특수강간 (흉, 합)	성§4①	X	성§4②	성§4③ (단, 유사X)	X	X	X	성§8①	성§9①	성§9②
피해자	친족	성§5①	X	성§5②	성§5③ (단, 유사X)	X	X	X	성§8②	성§9①	성§9②
피해자	장애인※1	X	X	X	성§6	X	X	X	성§8②	성§9①	성§9②
피해자 나이	만 13 미만	성§7①	성§7②	성§7③	성§7④	성§7⑤	성§7⑤	성§7⑤	성§8①	성§9①	성§9③
피해자 나이	만 13 이상 ~만 19 미만	청§7①	청§7②	청§7③	청§7④	청§7⑤	청§7⑤	청§7⑤	성§8①	성§9①	X
가중처벌 요소 없음		형§297	X	형§298	형§299	형§302 만19세 미만 / 형§303① 피보호자	X	형§302 만19세 미만 / 성§10① 피보호자	형§301	성§9① / 형§301-2	형§301-2

※1. 심신미약자에 대한 위계·위력 간음과 강제추행: 형§302 / 5년 이하의 징역

/:또는 ↑:이상 ↓:이하 수~수: 수 이상~수 이하
사:사형 무:무기징역 1 내지 10: 그 수에 해당하는 년의 징역 100단위 이상의 수: 그 수에 해당하는 만 원의 벌금

행위/결과		강간 (강제간음)	유사강간 (강제유사간음)	강제추행	준강간/유사강간/ 강제추행	위계·위력			상해치상	살해	
가해자/피해자						간음	유사간음	추행		살인	치사
가해자	주침, 야주절(미), 특절(미)	무/5↑	X		무/5↑	X			무/10↑	사/무	X
가해자	특수강도(야주, 흉, 합)(미)	사/무/10↑	X		사/무/10↑	X			X	사/무	X
가해자	특수(흉, 합)	무/5↑	X	3↑	좌측 각 법정형과 동일	X			무/10↑	사/무	무/10↑
피해자	친족	7↑	X	5↑	좌측 각 법정형과 동일	X			무/7↑	사/무	무/10↑
피해자	장애인	X	X	X	강간 3↑ 강제추행 10↓/1500↓	X			무/7↑	사/무	무/10↑
피해자 (나이)	만13 미만	10↑	7↑	5↑/3000~5000	좌측 각 법정형과 동일	좌측 각 법정형과 동일			무/10↑	사/무	사/무/10↑
피해자 (나이)	만13 이상~연19 미만	5↑	3↑	1↑/500~2000	좌측 각 법정형과 동일	5↑	X	5↑	X	X	X
	가중처벌 요소 없음	3↑	X	10↓/1500↓	좌측 각 법정형과 동일	5↑/1500↓	X	2↓/500↓	무/5↑	사/무	무/10↑

〈죄명표〉

성:성폭력 범죄의처벌및피해자보호등에관한법률 행:형법 청:아동청소년의성보호에관한법률 X:처벌 근거 없음 (미):미수범도 주체에 포함

가해자/피해자 \ 행위/결과	강간 (강제간음)	유사강간 (강제유사간음)	강제추행	준강간/유사강간/강제추행	위계·위력 간음	위계·위력 유사간음	위계·위력 추행	상해치상	살해 살인	살해 치사
가해자 — 주취, 야주결(미), 특결(미)	성§5①	X	성§5①	성§5①	X	X	X	성§9①	성§10①	X
가해자 — 특수강도 (야주, 흉, 합)(미)	성§5②	X	성§5②	성§5②	X	X	X	X	성§10①	X
가해자 — 특수(흉, 합)	성§6①	X	성§6②	성§4③ (단, 유사시)	X	X	X	성§9①	성§10①	성§10②
가해자 — 친족	성§7①	X	성§7②	성§5③ (단, 유사시)	X	X	X	성§9②	성§10①	성§10②
피해자 — 장애인※1	X	X	X	성§8	X	X	X	성§9②	성§10①	성§10②
피해자 나이 — 만 13 미만	성§8-2①	성§8-2②	성§8-2③	성§8-2④	성§8-2⑤	성§8-2⑤	성§8-2⑤	성§9①	성§10①	성§10③
피해자 나이 — 만 13 이상 ~만 19 미만	청§7①	청§7②	청§7③	청§7④	청§7⑤	청§7⑤	청§7⑤	X	X	X
가중처벌 요소 없음	형§297	X	형§298	형§299	형§302 만 19세 미만 / 형§303① 피보호자	X	형§302 만 19세 미만 / 성§11① 피보호자	형§301	성§10① / 형§301-2	형§301-2

※1. 심신미약자에 대한 위계·위력: 위력 간음과 강제추행: 형§302 / 5년 이하의 징역

〈법정형표〉

/:또는 ↗:이상 ↘:이하 수~수:수 이상~수 이하
※사형 무:무기징역 1 내지 10: 그 수에 해당하는 년의 징역 100만원 이상의 수: 그 수에 해당하는 만 원의 벌금

가해자/피해자 행위/결과		강간(강제간음)	유사강간(강제유사간음)	강제추행	준강간/유사강간/강제추행	위계·위력 간음	위계·위력 유사간음	위계·위력 추행	상해치상	살인	치사
가해자	주취, 이주취(미), 특질(미)	무/5↗	X		무/5↗		X		무/7↗	사/무	X
	특수강도(이주,흥,흉, 합)(미)	사/무/10↗	X		사/무/10↗		X		X	사/무	X
	특수(흥, 합)	무/5↗	X	3↗	좌측 각 법정형과 동일		X		무/7↗	사/무	무/10↗
피해자	친족	5↗	X	3↗	좌측 각 법정형과 동일		X		무/5↗	사/무	무/10↗
	장애인	X	X	X	강간 3↗ / 강제추행 10↓/1500↓		X		무/5↗	사/무	무/10↗
	나이 만13 미만	7↗	5↗	3↗ 1000~3000	좌측 각 법정형과 동일	좌측 각 법정형과 동일			무/7↗	사/무	사/무/10↗
	나이 만 13 이상~만 19 미만	5↗	3↗	1↗ 500~2000	좌측 각 법정형과 동일	좌측 각 법정형과 동일			X	X	X
	가중처벌 요소 없음	3↗	X	10↓/1500↓	좌측 각 법정형과 동일	5↗ 1500↓	X	5↓ / 2↓ 500↓	무/5↗	사/무	무/10↗

2008. 6. 13.부터 2009. 12. 31.까지

〈죄명표〉

성: 성폭력 범죄의 처벌 및 피해자보호 등에 관한 법률 형: 형법 청: 청소년의 성보호에 관한 법률 X: 처벌 근거 없음 (미): 미수범도 주제에 포함

가해자/피해자 \ 행위/결과	강간 (강제간음)	유사강간 (강제유사간음)	강제추행	준강간/강제추행	위계·위력 간음	위계·위력 유사간음	위계·위력 추행	상해치상	살해 살인	살해 치사
가해자 주침, 야주침(미), 특칠(미)	성§5①	X		성§5①	X	X	X	성§9①	성§10①	X
가해자 특수강도 (야주, 흉, 합)(미)	성§5②	X		성§5②	X	X	X	X	성§10①	X
가해자 특수(흉, 합)	성§6①	X	성§6②	성§6③	X	X	X	성§9①	성§10①	성§10②
피해자 친족	성§7①	X	성§7②	성§7③	X	X	X	성§9②	성§10①	성§10②
피해자 장애인※1	X	X	X	성§8	X	X	X	성§9②	성§10①	성§10②
피해자 나이 만 13 미만	성§8-2①	성§8-2②	성§8-2③	성§8-2④ (단, 유사0)	성§8-2⑤	성§8-2⑤	성§8-2⑤	성§9①	성§10①	성§10③
피해자 나이 만 13 이상 ~만 19 미만	청§7①	X	청§7②	청§7③	청§7④	X	청§7④	X	X	X
가중처벌 요소 없음	형§297	X	형§298	형§299	형§302 만 19세 미만 / 형§303① 피보호자	X	형§302 만 19세 미만 / 성§11① 피보호자	형§301	성§10① / 형§301-2	형§301-2

※1. 심신미약자에 대한 위계 · 위력 간음과 강제추행 형§302 / 5년 이하의 징역

〈법정형표〉

↑:이상 ↓:이하 수~수:수 이상~수 이하
사:사형 무:무기징역 1 내지 10: 그 수에 해당하는 년의 징역 100만원 이상의 수:그 수에 해당하는 만 원의 벌금

가해자/피해자		강간 (강제간음)	유사강간 (강제유사간음)	강제추행	준강간/강제추행	위계·위력 간음	위계·위력 유사간음	위계·위력 추행	상해치상	살인	치사
가해자	존속, 이주친절(미), 특절(미)	무/5↑	X	무/5↑	무/5↑				무/7↑	사/무	X
	특수강도(이주, 흉, 합)(미)	사/무/10↑	X	사/무/10↑	사/무/10↑	X	X	X	X	사/무	X
	특수(흉, 합)	무/5↑	X	3↑	좌측 각 법정형과 동일	X	X	X	무/7↑	사/무	무/10↑
피해자	친족	5↑	X	3↑	좌측 각 법정형과 동일	X	X	X	무/5↑	사/무	무/10↑
	장애인	X	X	X	강간 3↑ / 강제추행 10↓/1500↓	X	X	X	무/5↑	사/무	무/10↑
	나이 만 13 미만	7↑	5↑	3↑/1000~3000	좌측 각 법정형과 동일	좌측 각 법정형과 동일			무/7↑	사/무	사/무/10↑
	나이 만 13 이상~만 19 미만	5↑	X	1↑/500~2000	좌측 각 법정형과 동일	5↑	X	1↑/500~2000	X	X	X
	가중처벌 요소 없음	3↑	X	10↓/1500↓	좌측 각 법정형과 동일	5↑/1500↓	X	2↓/500↓	무/5↑	사/무	무/10↑

2008. 2. 4.부터 2008. 6. 12.까지

〈죄명표〉

성: 성폭력 범죄의 처벌 및 피해자보호 등에 관한 법률 형: 형법 청: 청소년의 성보호에 관한 법률 X: 처벌 근거 없음 (미): 미수범도 주체에 포함

가해자/피해자		강간 (강제간음)	유사강간 (강제유사간음)	강제추행	준강간/강제추행	위계·위력 간음	위계·위력 유사간음	위계·위력 추행	상해치상	살인	치사
가해자	주거, 야간절도(미), 특절(미)	성§5①	X	성§5①	성§5①				성§9①	성§10①	X
	특수강도 (야간, 흉, 합)(미)	성§5②	X	성§5②	성§5②		X		X	성§10①	X
	특수(흉, 합)	성§6①	X	성§6②	성§6③		X		성§9①	성§10①	성§10②
	친족	성§7①	X	성§7②	성§7③		X		성§9②	성§10①	성§10②
	장애인※1	X	X	X	성§8		X		성§9②	성§10①	성§10②
피해자	만 13 미만	성§8-2①	성§8-2②	성§8-2③	성§8-2④ (단, 유사X)	성§8-2⑤	X	성§8-2⑤	X	X	X
	만 13 이상 ~만 19 미만	청§7①	X	청§7②	청§7③	청§7④	X	청§7④	X	X	X
가중처벌 요소 없음		형§297	X	형§298	형§299	형§302 만 19세 미만 / 형§303① 피보호자	X	형§302 만 19세 미만 / 성§11① 피보호자	형§301 형§301	성§10① 형§301-2	형§301-2

※1. 심신미약자에 대한 위계·위력 간음과 강제추행: 형§302 / 5년 이하의 징역

〈법정형표〉

/.또는 ↑:이상 ↓:이하 수－수~수 이상～수 이하

사:사형 무:무기징역 1 내지 10: 그 수에 해당하는 년의 징역 100단위 이상의 수: 그 수에 해당하는 만 원의 벌금

가해자/피해자 （행위/결과）		강간 (강제간음)	유사강간 (강제유사간음)	강제추행	준강간/강제추행	위계·위력 간음	위계·위력 유사간음	위계·위력 추행	상해치상	살해 살인	살해 치사
가해자	주침, 야주절(미), 특절(미)	무/5↑	X	무/5↑	무/5↑				무/7↑	사/무	X
	특수강도(야주, 흥, 합)(미)	사/무/10↑	X	사/무/10↑	사/무/10↑		X		X	사/무	X
	특수(흥, 합)	무/5↑	X	3↑	좌측 각 범정형과 동일				무/7↑	사/무	무/10↑
피해자	친족	5↑	X	3↑	좌측 각 범정형과 동일		X		무/5↑	사/무	무/10↑
	장애인	X	X	X	강간 3↑ / 강제추행 10↑/1500↓		X		무/5↑	사/무	무/10↑
	나이 만 13 미만	5↑	3↑	1↑/500-3000	강간5↑ / 강제추행 1↑/500-3000	5↑	X	1↑/500-3000	X	X	X
	나이 만 13 이상~만 19 미만	5↑	X	1↑/500-2000	좌측 각 범정형과 동일	5↑	X	1↑/500-2000	X	X	X
	가중처벌 요소 없음	3↑	X	10↑/1500	좌측 각 범정형과 동일	5↑ / 1500↓	X	5↓ / 2↑/500↓	무/5↑	사/무	무/10↑

〈죄명표〉

성: 성폭력 범죄의 처벌 및 피해자보호 등에 관한 법률 형: 형법 청: 청소년의 성보호에 관한 법률 X: 처벌 근거 없음 (미): 미수범도 주체에 포함

행위/결과 가해자/피해자	강간 (강제간음)	유사강간 (강제유사간음)	강제추행	준강간/ 강제추행	위계·위력 간음	위계·위력 유사간음	위계·위력 추행	상해치상	살해 살인	살해 치사
가해자 — 주침, 야주절(미), 특절(미)	성§5①	X	성§5①			X		성§9①	성§10①	X
가해자 — 특수강도 (야주, 흉, 합)(미)	성§5②	X	성§5②					X	성§10①	X
가해자 — 특수(흉, 합)	성§6①	X	성§6②	성§6③				성§9①	성§10②	성§10②
가해자 — 친족	성§7①	X	성§7②	성§7③	X	X		성§9②	성§10①	성§10②
피해자 — 장애인※1	X	X	X	성§8				성§9②	성§10①	성§10②
피해자 나이 — 만 13 미만	성§8-2①	성§8-2②	성§8-2③	성§8-2④ (단, 유사X)	성§8-2⑤	X	성§8-2⑤	X	X	X
피해자 나이 — 만 13 이상 ~만 19 미만	청§10①	X	청§10②	청§10③	청§10④	X	청§10④	X	X	X
가중처벌 요소 없음	형§297	X	형§298	형§299 형§299	형§302 만 19세 미만 형§303① 피보호자	X	형§302 만 19세 미만 성§11① 피보호자	형§301	성§10① 형§301-2	형§301-2

※1. 심신미약자에 대한 위계·위력 간음과 강제추행: 형§302 / 5년 이하의 징역

〈법정형표〉

人/또는 1: 이상 ↓:이하 수~수~수 이상~수 이하
사:사형 무:무기징역 1 내지 10: 그 수에 해당하는 년의 징역 100만위 이상의 수: 그 수에 해당하는 만 원의 벌금

가해자/피해자		강간 (강제간음)	유사강간 (강제유사간음)	강제추행	준강간/강제추행	위계·위력 간음	위계·위력 유사간음	위계·위력 추행	상해치상	살해 살인	살해 치사
가해자	주침, 야주절(미), 특절(미)	무/5↑	X	무/5↑					무/7↑	사/무	X
가해자	특수강도(야주, 흉, 합)(미)	사/무/10↑	X	사/무/10↑			X		X	사/무	X
가해자	특수(흉, 합)	무/5↑	X	3↑	좌측 각 법정형과 동일		X		무/7↑	사/무	무/10↑
피해자	친족	5↑	X	3↑	좌측 각 법정형과 동일		X		무/5↑	사/무	무/10↑
피해자	장애인	X	3↑	X	강간 3↑ / 강제추행 10↑/1500↑	X	X	X	무/5↑	사/무	무/10↑
피해자 나이	만 13 미만	5↑	3↑	1↑/500~3000	강간 5↑ / 강제추행 1↑/500~3000	5↑	X	1↑/500~3000	X	X	X
피해자 나이	만 13 이상 ~만 19 미만	5↑	X	1↑/500~2000	좌측 각 법정형과 동일	5↑	X	1↑/500~2000	X	X	X
	가중처벌 요소 없음	3↑	X	10↓/1500↓	좌측 각 법정형과 동일	5↓/1500↓	X	5↓ / 2↓/500↓	무/5↑	사/무	무/10↑

〈죄명표〉

성: 성폭력 범죄의 처벌 및 피해자보호 등에 관한 법률 청: 청소년의 성보호에 관한 법률 형: 형법 항: 항 ×: 처벌 근거 없음 (미): 미수범도 주체에 포함

가해자/피해자	행위/결과	강간 (강제간음)	유사강간 (강제유사간음)	강제추행	준강간/ 강제추행	위계·위력 간음	위계·위력 유사간음	위계·위력 추행	상해치상	살인	치사
가해자	주취, 약취정(미), 특절(미)	성§5①	×	성§5①		×	×	×	성§9①	성§10①	×
	특수강도 (야주, 흉, 합)(미)	성§5②	×	성§5②					×	성§10①	×
	특수(흉, 합)	성§6①	×	성§6②	성§6③		×		성§9①	성§10①	성§10②
	친족	성§7①	×	성§7②	성§7③		×		성§9②	성§10①	성§10②
	장애인※1	성§6④	×	성§6④	성§8	×	×		성§6→성§9① 성§8→성§9②	성§10①	성§10②
피해자 나이	만 13 미만	성§8-2①	×	성§8-2②	성§8-2③	성§8-2④	×	성§8-2④	×	×	×
	만 13 이상 ~만 19 미만	청§10①	×	청§10②	청§10③	청§10④	×	청§10④	×	×	×
	가중처벌 요소 없음	형§297	×	형§298	형§299	형§302 만 19세 미만 형§303① 피보호자	×	형§302 만 19세 미만 형§11① 피보호자	형§301	성§10① 형§301-2	형§301-2

※1. 심신미약자에 대한 위계·위력 간음과 강제추행 형§302 / 5년 이하의 징역

〈법정형표〉

※보는 ↑:이상 ↓:이하 수~수:수 이상~수 이하
※사:사형 무:무기징역 1 내지 10: 그 수에 해당하는 년의 징역 100단위 이상의 수: 그 수에 해당하는 만 원의 벌금

가해자 / 피해자 (행위·결과)	강간 (강제간음)	유사강간 (강제유사간음)	강제추행	준강간/강제추행	위계·위력 간음	위계·위력 유사간음	위계·위력 추행	상해치상	살해 살인	살해 치사
가해자 – 주침, 야주절(미), 특절(미)	무/5↑	X	무/5↑			X		무/7↑	사/무	X
가해자 – 특수강도(야주, 흉, 합)(미)	사/무/10↑	X	사/무/10↑			X		X	사/무	X
가해자 – 특수(흉, 합)	무/5↑	X	3↑	좌측 각 법정형과 동일		X		무/7↑	사/무	무/10↑
피해자 – 친족	5↑	X	3↑	좌측 각 법정형과 동일		X		무/5↑	사/무	무/10↑
피해자 – 장애인	5↑	X	3↑	강간 3↑ / 강제추행 10↓/1500↓	5↑	X	1↑/500~2000	성§6→무/7↑ 성§8→무/5↑	사/무	무/10↑
피해자 – 나이 만 13 미만	5↑	X	1↑/500~2000	좌측 각 법정형과 동일	5↑	X	1↑/500~2000	X	X	X
피해자 – 나이 만 13 이상~만 19 미만	5↑	X	1↑/500~2000	좌측 각 법정형과 동일	5↑	X	5↓	X	X	X
가중처벌 요소 없음	3↑	X	10↑/1500↓	좌측 각 법정형과 동일	5↓/1500↓	X	2↓/500↓	무/5↑	사/무	무/10↑

〈죄 명 표〉

상: 성폭력 범죄의 처벌 및 피해자보호 등에 관한 법률   형: 형법   刑: 처벌 근거 없음   (미): 미수범도 주체에 포함

행위/결과 가해자/피해자		강간 (강제간음)	유사강간 (강제유사간음)	강제추행	준강간/ 강제추행	위계·위력 간음	위계·위력 유사간음	위계·위력 추행	상해치상	살해 살인	살해 치사
가해자	주취, 아주절(미), 특절(미)	성§5①	X	성§5①	성§5①	X	X	X	성§9①	성§10①	X
	특수강도 (아주·흉·합)(미)	성§5②	X	성§5②	성§5②	X	X	X	X	성§10①	X
	특수강간(흉, 합)	성§6①	X	성§6②	성§6③	X	X	X	성§9①	성§10①	성§10②
피해자	친족	성§7①	X	성§7②	성§7③	X	X	X	성§9②	성§10①	성§10②
	장애인※1	성§6④	X	성§6④	성§8	X	X	X	성§6→§9① 성§8→§9②	성§10①	성§10②
	나이 만 13 미만	성§8-2①	X	성§8-2②	성§8-2③	성§8-2④	X	성§8-2④	X	X	X
가중처벌 요소 없음		형§297	X	형§298	형§299	형§302 만 19세 미만 형§303① 피보호자	X	형§302 만 19세 미만 성§11① 피보호자	형§301	성§10① 형§301-2	형§301-2

※1. 심신미약자에 대한 위계 · 위력 간음과 강제추행: 형§302 / 5년 이하의 징역

〈법정형표〉

/: 또는 ↑:이상 ↓:이하 수~수:수 이상~수 이하

사: 사형 무: 무기징역 1 내지 10: 그 수에 해당하는 년의 징역 100단위 이상의 수: 그 수에 해당하는 만 원의 벌금

행위/결과 가해자/피해자	강간 (강제간음)	유사강간 (강제유사간음)	강제추행	준강간/강제추행	위계·위력 간음	위계·위력 유사간음	위계·위력 추행	상해치상	살인	치사
가해자 주침, 야주절(미), 특절(미)	무/5↑	X	무/5↑	무/5↑				무/7↑	사/무	X
가해자 특수강도(야주, 흉, 합)(미)	사/무/10↑	X	사/무/10↑	사/무/10↑		X		X	사/무	X
가해자 특수(흉, 합)	무/5↑	X	3↑	좌측 각 범정형과 동일		X		무/7↑	사/무	무/10↑
피해자 친족	5↑	X	3↑	좌측 각 범정형과 동일		X		무/5↑	사/무	무/10↑
피해자 장애인	5↑	X	3↑	강간 3↑ 강제추행 10↑/1500↓		X		성6→무/7↑ 성8→무/5↑	사/무	무/10↑
피해자 나이 만 13 미만	5↑	X	1↑/500-2000	좌측 각 범정형과 동일	5↑	X	1↑/500-2000	X	X	X
가중처벌 요소 없음	3↑	X	10↑/1500↓	좌측 각 범정형과 동일	5↑/1500↓	X	2↑/500	무/5↑	사/무	무/10↑

1996. 7. 1.부터 1998. 3. 31.까지

〈죄 명 표〉

상: 성폭력 범죄의 처벌 및 피해자보호 등에 관한 법률 형: 형법 X: 처벌 근거 없음

가해자/피해자 \ 행위/결과	강간 (강제간음)	유사강간 (강제유사간음)	강제추행	준강간/ 강제추행	위계·위력 간음	위계·위력 유사간음	위계·위력 추행	상해·치상	살해 살인	살해 치사
가해자 야간주거, 특수	성§5①	X	성§5①	성§5①				X	성§10①	X
특수강도 (야주, 흉, 합)	성§5②	X	성§5②	성§5②		X		X	성§10①	X
특수(흉, 합)	성§6①	X	성§6②	성§6③				성§9①	성§10①	성§10②
연장자인 친족	성§7①	X	성§7②	X		X		성§9②	성§10①	성§10③
신체장애 ※1	성§6④	X	성§6④	성§8		X		성§6 → 성§9① 성§8 → 성§9②	성§10①	성§6 → 성§10② 성§8 → 성§10③
피해자 나 이					만20세 미만인에 대해서만 위계위력 범죄성립 / 만 20세 이상에 대해서는 피보호자에 대해서는 위계위력 범죄 성립 나이는 가중처벌 요소 이외 다른 가중처벌 요소 없을 시 각 행위에 대해 형법이 적용됨					
가중처벌 요소 없음	형§297	X	형§298	형§299	형§302 만 19세 미만 형§303① 피보호자	X	형§302 만19세 미만 성§11① 피보호자	형§301	성§10① 형§301-2	형§301-2

※1. 심신미약자에 대한 위계·위력 간음과 강제추행: 형§302 / 5년 이하의 징역

〈법정형표〉

↑: 이상 ↓: 이하 수~수: 수 이상~수 이하
사: 사형 무: 무기징역 1 내지 10: 그 수에 해당하는 년의 징역 100단위 이상의 수: 그 수에 해당하는 만 원의 벌금

가해자/피해자		강간 (강제간음)	유사강간 (강제유사간음)	강제추행	준강간/강제추행	위계·위력 간음	유사간음	추행	상해치상	살인	치사
가해자	이주친, 특설	사/무/5↑	X	사/무/5↑	사/무/5↑		X		X	사/무	X
	특수강도(이주, 흉, 합)	사/무/10↑	X	사/무/10↑	사/무/10↑				X	사/무	X
	특수(흉, 합)	무/5↑	X	3↑	초즉 각 법정형과 동일		X		무/7↑	사/무	무/10↑
피해자	연장자인 친족	5↑	X	3↑	X		X		무/5↑	사/무	무/7↑
	신체장애	5↑	X	3↑	강간 3↑ 강제추행 10↓/5민환↑		X		성§6→무/7↑ 성§8→무/5↑	사/무	성§6→무/10↑ 성§8→무/7↑
	나이				나이는 가중처벌 요소 이님 / 만20세 미만에 대해서만 위계위력 범죄성립 / 민 20세 이상에 대해서는 피보호자에 대해서는 위계위력 범죄 성립 / 다른 가중처벌 요소 없을 시 각 행위에 대해 형량이 적용됨						
가중처벌 요소 없음		3↑	X	10↓/1500↓	초즉 각 법정형과 동일	5↑/1500↓	X	5↓/2↓/500↓	무/5↑	사/무	무/10↑

〈죄명표〉

성: 성폭력 범죄의 처벌 및 피해자보호 등에 관한 법률 형: 형법 X: 처벌 근거 없음

가해자/피해자		강간 (강제간음)	유사강간 (강제유사간음)	강제추행 추행	준강간/ 강제추행	간음	유사간음	추행	상해치상	살인	치사
가해자	야주적 특절	성§5①	X	성§5①	성§5①				X	성§10①	X
	특수강도 (야주·흉·합)	성§5②	X	성§5②	성§5②				X	성§10①	X
	특수(흉·합)	성§6①	X	성§6②	성§6③		X		성§9①	성§10①	성§10②
	연장자인 친족	성§7①	X	성§7②	X		X		성§9②	성§10①	성§10③
피해자	신체장애 ※1	성§6④	X	성§6④	성§8		X		성§6→성§9① 성§8→성§9②	성§10①	성§6→성§10② 성§8→성§10③
	나 이					*만20세 미만에 대해서만 위계위력 범죄성립 / 만 20세 이상에 대해서는 피보호자에 대해서만 위계위력 범죄 성립 나이는 가중처벌 요소 이급 다른 가중처벌 요소 없음 시 각 행위에 대해 행위에 대해 행위만이 적용됨					
가중처벌 요소 없음		형§297	X	형§298	형§299	형§302 만 19세 미만 / 형§303① 피보호자	X	형§302 만 19세 미만 / 성§11① 피보호자	형§301	성§10①	X

※1. 심신미약자에 대한 위계·위력 간음과 강제추행 형§302 / 5년 이하의 징역

〈법정형표〉

가해자/피해자	행위/결과	강간 (강제간음)	유사강간 (강제유사간음)	강제추행	준강간/강제추행	위계·위력 간음	위계·위력 유사간음	위계·위력 추행	성해치상	상해 살인	상해 치사
가해자	2주 이상 특결	사/무5↑	X		사/무5↑				X	사/무	X
	특수강도(2주,흉,합)	사/무10↑	X		사/무10↑	X			X	사/무	X
	특수(흉,합)	무5↑	X	3↑	좌측 각 법정형과 동일				무7↑	사/무	무10↑
피해자	연장자인 친족	5↑	X	3↑	X		X		무5↑	사/무	무7↑
	신체장애	5↑	X	3↑	강간 3↑ 강제추행 10↑/5만원↑		X		성6→무7↑ 성8→무5↑	사/무	성6→무10↑ 성8→무7↑
	나이	만20세 미만에 대해서만 위계위력 범죄성립 / 만 20세 이상에 대해서는 피보호자에 대해서만 위계위력 범죄 성립 다른 가중처벌 요소 없을 시 각 행위에 대해 형법이 적용됨 나이는 가중처벌 요소 이유									
가중처벌 요소 없음		3↑	X	10↑/5만원↓	좌측 각 법정형과 동일	5↑	X	5↑/2만5천원↓ 2↓/500↓	무5↑	사/무	X

판례 색인

※ 본문에서 인용된 순서대로 정리하였습니다.

주요 성폭력 범죄의 법리분석 체계

대법원 1997. 4. 17. 선고 96도3376 판결

대법원 2015. 5. 28. 선고 2015도1362, 2015전도19 판결

추행

대법원 2002. 4. 26. 선고 2001도2417 판결

대법원 2004. 4. 16. 선고 2004도52 판결

대법원 2020. 12. 24. 선고 2020도7981 판결

대법원 2010. 2. 25. 선고 2009도13716 판결

대법원 2103. 1. 16. 선고 2011도7164 판결

서울중앙지방법원 2011. 11. 28. 선고 2011노4270 판결

대법원 2012. 7. 26. 선고 2011도8805 판결

서울서부지방법원 2011. 10. 13. 선고 2011노846 판결

강제의 의미

대법원 2007. 1. 25. 선고 2006도5979 판결

대법원 2002. 4. 26. 선고 2001도2417 판결

대법원 2007. 1. 25. 선고 2006도5979 판결

대법원 2011. 12. 22. 선고 2011도14125 판결

대법원 2016. 12. 15. 선고 2016도14099 판결

강간죄

대법원 2005. 7. 28. 선고 2005도3071 판결

대법원 2012. 7. 12. 선고 2012도4031 판결

대법원 2017. 10. 12. 선고 2016도16948 판결

대법원 1988. 11. 8. 선고 88도1628 판결

대법원 2000. 6. 9. 선고 2000도1253 판결

대법원 2018. 2. 28. 선고 2017도21249 판결

대법원 1999. 4. 9. 선고 99도519 판결

대법원 2000. 8. 18. 선고 2000도1914 판결

대법원 2007. 1. 25. 선고 2006도5979 판결

대법원 1991. 5. 28. 선고 91도546 판결

대법원 1992. 4. 14. 선고 92도259 판결

대법원 1999. 9. 21. 선고 99도2608 판결

대법원 2009. 9. 10. 선고 2009도3580 판결

대법원 1970. 3. 10. 선고 70도29 판결

대법원 2013. 5. 16. 선고 2012도14788, 2012전도252 판결

대법원 2020. 10. 29. 선고 2018도16466 판결

대법원 1991. 4. 9. 선고 91도288 판결

대법원 2017. 10. 12. 선고 2016도16948 판결

유사강간죄

대법원 2017. 1. 12. 선고 2016도15085, 2016전도142(병합)판결

대법원 2016. 12. 15. 선고 2016도14099 판결

강제추행죄

대법원 1983. 6. 28. 선고 83도399 판결

대법원 1994. 8. 23. 선고 94도630 판결

대법원 2002. 4. 26. 선고 2001도2417 판결

대법원 2002. 8. 23. 선고 2002도2860 판결

대법원 2011. 12. 22. 선고 2011도14125 판결

대법원 2020. 10. 29. 선고 2019도4047 판결

대법원 2020. 3. 26. 선고 2019도15994 판결

대법원 2021. 3. 11. 선고 2020도15259 판결

대법원 2015. 9. 10. 선고 2015도6980, 2015모2524 판결

대법원 2018. 2. 8. 선고 2016도17733 판결

대법원 2020. 3. 26. 선고 2019도15994 판결

준강간 · 유사강간 · 강제추행죄

대법원 2021. 2. 4. 선고 2018도9781 판결

대법원 1976. 12. 14. 선고 76도3673 판결

대법원 2012. 6. 28. 선고 2012도2631 판결

대법원 2009. 4. 23. 선고 2009도2001 판결

대법원 2000. 1. 14. 선고 99도5187 판결

대법원 2019. 3. 28. 선고 2018도16002 판결

대법원 2016. 8. 24. 선고 2016도6650 판결

대법원 2005. 12. 8. 선고 2005도8105 판결

위계 · 위력의 의미

대법원 2014. 9. 4. 선고 2014도8423, 2014전도151 판결

대법원 2016. 11. 25. 선고 2016도13604 판결

대법원 2002. 7. 12. 선고 2002도2029 판결

대법원 2001. 12. 24. 선고 2001도5074 판결

대법원 2020. 8. 27 선고 2015도9436 전원합의체 판결

대법원 2013. 1. 16. 선고 2011도7164 판결

대법원 2008. 7. 24. 선고 2008도4069 판결

대법원 2014. 1. 16. 선고 2013도11815 판결

대법원 2007. 8. 23. 선고 2007도4818 판결

대법원 2013. 1. 16. 선고 2011도7164 판결

대법원 2019. 9. 9. 선고 2019도2562 판결

대법원 2020. 7. 9. 선고 2020도5646 판결

업무상 위력 등에 의한 간음 · 추행죄

대법원 1998. 1. 23. 선고 97도2506 판결

대법원 2019. 9. 9. 선고 2019도2562 판결

대법원 2004. 4. 16. 선고 2004도52 판결

대법원 2005. 7. 14. 선고 2003도1707 판결

대법원 1976. 2. 10. 선고 74도1519 판결

대법원 2007.11.29 선고 2007도8135 판결

대법원 2020. 7. 9. 선고 2020도5646 판결

미성년자 의제강간 · 유사강간 · 추행죄 · 각 살인상해죄 · 치사상죄

대법원 2012. 8. 30. 선고 2012도7377 판결

주요 성폭력 범죄의 상해 · 치상죄, 살인 · 치사죄

대법원 2016. 11. 25. 선고 2016도15018 판결

대법원 1991. 10. 22. 선고 91도1832 판결

대법원 1969. 3. 11. 선고 69도161 판결

대법원 2017. 7. 11. 선고 2015도3939 판결

대법원 2003. 9. 26. 선고 2003도4606 판결

대법원 2016. 6. 9. 선고 2016도4618 판결

대법원 1990. 4. 13. 선고 90도154 판결

대법원 1989. 12. 22. 선고 89도1079 판결

대법원 2000. 2. 11. 선고 99도4794 판결

대법원 1983. 7. 12. 선고 83도1258 판결

대법원 2008. 5. 29. 선고 2007도3936 판결

대법원 2005. 3. 10. 선고 2005도259 판결

대법원 1997. 9. 5. 선고 97도1725 판결

대법원 1970. 2. 10. 선고 69도2213 판결

대법원 2006. 10. 13. 선고 2006도3639 판결

대법원 2000. 3. 23. 선고 99도3099 판결

대법원 2004. 3. 11. 선고 2004도483 판결

대법원 1986. 7. 8. 선고 85도2042 판결

대법원 1987. 10. 26. 선고 87도1880 판결

대법원 1989. 1. 31. 선고 88도831 판결

대법원 1994. 11. 4. 선고 94도1311 판결

대법원 2004. 3. 11. 선고 2004도483 판결

대법원 1995. 5. 12. 선고 95도425 판결

대법원 2008. 2. 29. 선고 2007도10120 판결

대법원 1993. 4. 27. 선고 92도3229 판결

대법원1988. 4. 12. 선고 88도178 판결

대법원 1982. 11. 23. 선고 82도1446 판결

대법원 2008. 4. 24. 선고 2007도10058 판결

주체관련 가중처벌 요소

대법원 1991. 12. 27. 선고 91도2527 판결

대법원 1997. 5. 30. 선고 97도597 판결

대법원 1989. 12. 22. 선고 89도1570 판결

대법원 2004. 5. 14. 선고 2004도176 판결

대법원 1981. 7. 28. 선고 81도1046 판결

대법원 2009. 3. 26. 선고 2007도3520 판결

대법원 2004. 6. 11. 선고 2004도2018 판결

대법원 2004. 8. 20. 선고 2004도2870 판결

대법원 1996. 7. 12. 선고 95도2655 판결

부산고등법원 1994. 4. 20. 선고 94노39 판결

대법원 2004. 8. 20. 2004도2870 판결

대법원 1994. 11. 25. 선고 94도1622 판결

대법원 1998. 2. 24. 선고 97도3390 판결

객체관련 가중처벌 요소

대법원 2020. 11. 5. 선고 2020도10806 판결

대법원 2000. 2. 8. 선고 99도5395 판결

서울고등법원 1999. 11. 23. 선고 99노2400 판결

대법원 2000. 2. 8. 선고 99도5395 판결

대법원 2021. 2. 25. 선고 2016도4404, 2016전도49 판결

대법원 2007. 7. 27. 선고 2005도2994 판결

대법원 2013. 4. 11. 선고 2012도12714 판결

소추요건

부산지방법원 2008. 4. 25 선고 2007고합705 판결

죄수의 일반론, 주요 성폭력 범죄 상호간의 관계 및 타 죄와의 관계

대법원 1970. 9. 29. 선고 70도1516 판결

대법원 1987. 5. 12. 선고 87도694 판결

대법원 2002. 2. 8.선고 2001도6425 판결

대법원 1988. 6. 28. 선고 88도820 판결

성폭력범죄의 죄수 정리표

대법원 2012. 8. 30. 선고 2012도6503 판결

대법원 1999. 4. 23. 선고 99도354 판결

공소사실의 특정

대법원 1989. 6. 13. 선고 89도112 판결

대법원 1997. 8. 22. 선고 97도1211 판결

서울중앙지방법원 2014. 3. 24. 선고 2013고합1024, 2013전고58(병합) 판결

대법원 1982. 12. 14. 선고 82도2442 판결

사실인정과 범행의 증명

대법원 2010. 11. 11. 선고 2010도9633 판결

대법원 2001. 2. 23. 선고 2000도5395 판결

대법원 2001. 10. 30. 선고 2001도4462 판결

대법원 1990. 9. 28. 선고 90도1562 판결

대법원 2006. 11. 23. 선고 2006도5407 판결

대법원 2018. 4. 12. 선고 2017두74702 판결

대법원 2018. 10. 25. 선고 2018도7709 판결

대법원 2019. 2. 28. 선고 2018도20835 판결

대법원 2020. 8. 20. 선고 2020도6965 판결

대법원 2020. 9. 7. 선고 2020도8016 판결

대법원 2020. 5. 14. 선고 2020도2433 판결

대법원 2020. 9. 24. 선고 2020도7869 판결

대법원 2020. 10. 29. 선고 2019도4047 판결

대법원 2021. 3. 11. 선고 2020도15259 판결

공중밀집장소추행죄

대법원 2009. 10. 29. 선고 2009도5704 판결

대법원 2009. 10. 29. 선고 2009도5704 판결

서울 동부지방법원 2018. 4.19. 선고 2017노1446 판결

울산지방법원 2013. 12. 12. 선고 2013고단3069 판결

울산지방법원 2013. 7. 4. 선고 2013고단1709 판결

서울남부지방법원 2013. 7. 2. 선고 2013고정1532 판결

대구지방법원 2009. 1. 9. 선고 2008고합651 판결

대구고등법원 2009. 6. 11. 선고 2009노36 판결

대법원 2009. 10. 29. 선\고 2009도5704 판결

창원지방법원 2015. 4. 2. 선고 2015노377 판결

성적 목적 다중이용장소침입죄

대법원 2018. 9. 13. 선고 2018도9775 판결

울산지방법원 2015. 3. 19. 선고 2014고단3506 판결

대전지방법원 2014. 10. 15. 선고 2014고단2723 판결

광주지방법원 2014. 4. 23. 선고 2013고단6387 판결

대법원 1995. 9. 15. 선고 94도2561 판결

대법원 1991. 8. 13. 선고 91도1324 판결

대법원 2005. 10. 7. 선고 2005도5351 판결

대법원 1997. 3. 28. 선고 95도2674 판결

대법원 1978. 10. 10. 선고 75도2665 판결

대법원 2003. 5. 30. 선고 2003도1256 판결

대법원 2009. 9. 10. 선고 2009도4335 판결

서울 고등법원 2016. 4. 5. 선고 2015노3433 판결

통신매체이용음란죄

대법원 2018. 9. 13. 선고 2018도9775 판결

대법원 2016. 3. 10. 선고 2015도17847 판결

대법원 2017. 6. 8. 선고 2016도21389 판결

대법원 2019. 1. 10. 선고 2016도8783 판결

대법원 20118. 11. 15 선고 2018도14610 판결

촬영물 또는 허위 영상물과 관련된 범죄

대법원 2011. 6. 9. 선고 2010도10677 판결

대법원 2008. 9. 25. 선고 2008도7007 판결

대법원 2014. 2. 27. 선고 2013도8619 판결

대법원 2014. 7. 24. 선고 2014도6309 판결

대법원 2020. 12. 24. 선고 2019도16258 판결

서울중앙지방법원 2014. 7. 4. 선고 2013고합1438 판결

대법원 2013. 6. 27. 선고 2013도4279 판결

대법원 2018. 8. 30. 선고 2017도3443 판결대법원 2021. 3. 25. 선고 2021도749 판결

대법원 2011. 6. 9. 선고 2010도10677 판결

대법원 2018. 8. 1. 선고 2018도1481 판결

서울북부지방법원 2013. 9. 26. 선고 2013고단1213 판결

청소년성보호법상 아동 · 청소년 성착취물 관련범죄

대법원 2014. 9. 24. 선고 13도4503 판결

대법원 2013. 9. 12. 선고 2013도502 판결

대법원 2018. 9. 13. 선고 2018도9340 판결

대법원 2021. 3. 25. 선고 2020도18285 판결

대법원 2015. 2. 12. 선고 2014도11501 판결

대법원 2020. 9. 24. 선고 2020도8978 판결

아동 · 청소년 성구매 관련 범죄

대법원 2013. 6. 13. 선고 2012도14776 판결

서울서부지방법원 2011. 3. 22. 선고 2010노1409 판결

대법원 2011. 11. 10. 선고 2011도3934 판결

아동복지법상 성적학대죄

대법원 2015. 7. 9. 선고 2013도7787 판결

대법원 2018. 9. 13. 선고 2018도9340 판결

```
┌─────────────┐
│  표 및 그림   │
│   색인       │
└─────────────┘
```

〈표 1〉 성폭력처벌법상 성폭력 범죄에 해당하는 범죄 / 4

〈표 2〉 청소년성보호법상 아동·청소년 대상 성폭력 범죄에 해당하는 범죄   / 4

〈표 3〉 1-3단계. 가중처벌 요소의 확인 및 적용법조의 특정 / 23

〈표 4〉 1-3단계. 법정형 / 23

〈표 5〉 주요 성폭력 범죄의 구성 / 26

〈표 6〉 추행의 구체적인 인정범위 / 30

〈표 7〉   유사간음의 의미 / 32

〈표 8〉 강제의 의미 / 36

〈표 9〉 강간죄 구성요건 / 38

〈표 10〉 유사강간죄 구성요건 / 45

〈표 11〉 강제추행죄 구성요건 / 47

〈표 12〉 위계나 위력에 의한 성폭력 범죄의 구성요건 / 65

〈표 13〉 의제범죄 죄명표   / 75

〈표 14〉 의제범죄 법정형표 / 75

〈표 15〉 법원의 상해 인정기준 / 87

〈표 16〉 예비, 음모, 미수죄 정리   / 93

〈표 17〉 성폭력처벌법 제3조의 신분을 얻는 시점 / 98

〈표 18〉 성폭력처벌법상 친족 개념의 변천 / 106

〈표 19〉 피해자가 연 19세 미만(2010. 4. 14.까지는 만 19세)인 경우 성폭력 범죄의 소추요건   / 126

〈표 20〉 성폭력 범죄의 일반적인 소추요건 / 126

〈표 21〉 형사소송법 제249조 공소시효 / 132

〈표 22〉 2007.12.21. 기준 공소시효 비교 / 133

〈표 23〉 공소시효 계산식 / 135

〈표 24〉 강도강간죄 또는 특수강도강간죄와 상해·살인·치사상죄의 관계 / 147

〈표 25〉 죄수 정리 / 150

〈표 26〉 강제추행죄, 준강제추행죄, 공중밀집장소 추행죄 비교 / 188

〈표 27〉 주거침입죄와 성적목적다중이용장소침입죄의 비교 / 191

〈표 28〉 통신매체이용음란죄, 음란물유포죄, 제3호위반죄, 성착취목적대화죄 비교 / 200

〈표 29〉 카메라 등 이용촬영죄와 아동·청소년이용음란물 관련 범죄 법정형 비교 / 203

〈표 30〉 서울중앙지방법원 2014. 7. 4. 선고 2013고합1438 판결 범죄일람표 중 일부 / 206

〈표 31〉 촬영물의반포등죄 비교 / 208

〈그림 1〉 주요 성폭력 범죄의 체계적 검토 순서 / 18

〈그림 2〉 1-1단계. 간음, 유사간음, 추행 여부 검토 / 19

〈그림 3〉 1-2단계. 강제, 준, 위계·위력 여부 검토 / 21

〈그림 4〉 피해자 보호의 필요성, 수단의 강도 및 피해자 의사와의 관계 / 74

〈그림 5〉 기본적 성폭력 범죄의 결합범, 결과적 가중범의 구조 / 84

〈그림 6〉 주요 성폭력 범죄의 기본구조 / 95

〈그림 7〉 주요 성폭력 범죄의 가중처벌 구조 / 95

〈그림 8〉 2단계: 소추요건의 검토 / 127

〈그림 9〉 아동 청소년 성매수 관련 형사처벌 대상자 / 227

김형규

경찰대학 경찰학과 교수요원, 경찰수사연수원 · 경찰인재개발원 · 중앙경찰학교 · 법무연수원 강사
동아 · 성균관 · 전북 · 제주대학교 법학전문대학원 겸임교수 등
前 고려 · 경북 · 경희 · 부산 · 서강 · 서울 · 서울시립 · 아주 · 연세 · 영남 · 이화여자 · 인하 · 원광 · 충남 · 충북 · 한국
외국어 · 한양대학교 법학전문대학원 겸임교수 등
前 부산사하 · 사상경찰서, 울산남부경찰서 수사과 등 수사 실무부서 10년 근무

경찰대학 법학과 졸업(법학사)
The College of William & Mary Law School(VA) 석사과정 졸업(법학석사, LL.M)
부산대학교 대학원 박사과정 수료(법학박사)

미국 뉴욕 주 변호사 시험 합격
前 경찰 공무원 채용시험 출제위원(경찰간부후보, 순경)
前 변호사시험 모의시험 출제위원

경찰실무(2015, 경찰대학 출판부, 공저)
수사사례연구(2021, 박영사)
중대재해처벌법(2021, 박영사, 공저)
경찰관직무집행법(2021, 경찰대학 출판부)

제2판
성폭력 범죄 법률가이드

초판발행	2019년 9월 4일
제2판발행	2021년 9월 10일
지은이	김형규
펴낸이	안종만 · 안상준
편 집	정은희
기획/마케팅	오치웅
표지디자인	이수빈
제 작	고철민 · 조영환
펴낸곳	(주) **박영사**
	서울특별시 금천구 가산디지털2로 53, 210호(가산동, 한라시그마밸리)
	등록 1959.3.11. 제300-1959-1호(倫)
전 화	02) 733-6771
fax	02) 736-4818
e-mail	pys@pybook.co.kr
homepage	www.pybook.co.kr
ISBN	979-11-303-3998-6 93360

copyright©김형규, 2021, Printed in Korea

정 가	19,000원